AFRIKA-KARTENWERK Serie N, Beiheft zu Blatt 8

Die dazugehörigen Karten befinden sich in der Kartensammlung !!!

AFRIKA-KARTENWERK

Herausgegeben im Auftrage der Deutschen Forschungsgemeinschaft
Edited on behalf of the German Research Society
Edité au nom de l'Association Allemande de la Recherche Scientifique
von/by/par Ulrich Freitag, Kurt Kayser, Walther Manshard,
Horst Mensching, Ludwig Schätzl, Joachim H. Schultze †

Redakteure, Assistant Editors, Editeurs adjoints: Gerd J. Bruschek, Dietrich O. Müller

Serie, Series, Série N
Nordafrika (Tunesien, Algerien)
North Africa (Tunisia, Algeria)
Afrique du Nord (Tunisie, Algérie)
Obmann, Chairman, Directeur: Horst Mensching

Serie, Series, Série W
Westafrika (Nigeria, Kamerun)
West Africa (Nigeria, Cameroon)
Afrique occidentale (Nigéria, Cameroun)
Obmänner, Chairmen, Directeurs: Ulrich Freitag, Walther Manshard

Serie, Series, Série E
Ostafrika (Kenya, Uganda, Tanzania)
East Africa (Kenya, Uganda, Tanzania)
Afrique orientale (Kenya, Ouganda, Tanzanie)
Obmänner, Chairmen, Directeurs: Ludwig Schätzl, Joachim H. Schultze †

Serie, Series, Série S
Südafrika (Moçambique, Swaziland, Republik Südafrika)
South Africa (Mozambique, Swaziland, Republic of South Africa)
África do Sul (Moçambique, Suazilândia, República da África do Sul)
Obmänner, Chairmen, Directores: Diethard Cech, Kurt Kayser

GEBRÜDER BORNTRAEGER · BERLIN · STUTTGART

AFRIKA-KARTENWERK

N 8

Serie N: Beiheft zu Blatt 8
Series N: Monograph to Sheet 8
Série N: Monographie accompagnant la feuille 8

Redakteur, Assistant Editor, Editeur adjoint: Gerd J. Bruschek

Horst-Günter Wagner

Bevölkerungsgeographie — Nordafrika (Tunesien, Algerien) 32°—37° 30 N, 6°—12° E

Population Geography — North Africa (Tunisia, Algeria)
Géographie de la population — Afrique du Nord (Tunisie, Algérie)

Bevölkerung

Mit 22 Figuren und 43 Tabellen sowie Summary und Résumé

1981

GEBRÜDER BORNTRAEGER · BERLIN · STUTTGART

Für den Inhalt der Karte und des Beiheftes ist der Autor verantwortlich.

Gedruckt im Auftrage und mit Unterstützung der Deutschen Forschungsgemeinschaft sowie mit Unterstützung (Übersetzungskosten) durch das Bundesministerium für Wirtschaftliche Zusammenarbeit (BMZ).

© Deutsche Forschungsgemeinschaft, Bonn-Bad Godesberg 1981
Publishers: Gebrüder Borntraeger, Berlin · Stuttgart
Alle Rechte, auch die der Übersetzung, des auszugsweisen Nachdrucks, der photomechanischen Wiedergabe und der Herstellung von Mikrofilmen, vorbehalten
Umschlagentwurf: G. J. Bruschek, D. O. Müller
Satz und Druck: H. Heenemann GmbH & Co, D-1000 Berlin 42 — Printed in Germany

ISBN 3 443 28303 9

Inhalt

Verzeichnis der Figuren	VI
Verzeichnis der Tabellen	VII
Contents	IX
List of Figures	X
List of Tables	X
Table des matières	XII
Table des figures	XIII
Table des tableaux	XIII

1	**Einführung**	1
2	**Tunesien. Analyse der bevölkerungsgeographischen Situation**	2
2.1	Genese der präkolonialen räumlichen Bevölkerungsverteilung	3
2.2	Räumliche Bevölkerungsentwicklung während der Protektoratszeit	3
	2.2.1 Städtische Zentren	4
	2.2.2 Agrarräume ackerbäuerlicher Struktur	4
	2.2.3 Nomadisch geprägte Wirtschaftsräume und Oasenkulturen	5
2.3	Entwicklung der räumlichen Bevölkerungsverteilung bis 1966	6
	2.3.1 Kleinräumliche Veränderungen im innerstädtischen Bereich	6
	2.3.2 Großräumliche Umverteilung der Bevölkerung in Tunesien	7
	2.3.2.1 Analyse der Wanderungsprozesse	8
	2.3.2.2 Der Großraum Tunis als Wanderungsziel	8
	2.3.2.3 Die übrigen kleineren Stadtregionen als Wanderungsziel	15
2.4	Räumliche Veränderung der Bevölkerungsverteilung 1966—1975	20
	2.4.1 Stadtregionen	20
	2.4.2 Stadtumlandgebiete und junge Agrarräume	20
	2.4.3 Agrarräume des Nordwestens	24
	2.4.4 Infrastrukturell benachteiligte Gebiete	24
2.5	Hinweise auf Wanderungsprozesse 1975	25
2.6	Überproportionale Zunahme der kommunalen Bevölkerung („Urbanisierungsgrad")	25
2.7	Wichtige Determinanten der jüngeren Bevölkerungszunahme	27
2.8	Natürliches Bevölkerungswachstum, Altersstruktur und Erwerbstätigkeit	29
3	**Algerien. Skizze bevölkerungsgeographischer Determinanten**	38
3.1	Allgemeine Situation	38
3.2	Bevölkerungsentwicklung	39
3.3	Sprachlich-ethnische Gliederung	41
3.4	Generatives Verhalten	41
3.5	Altersaufbau und Erwerbsstruktur	45
3.6	Bevölkerungspolitische Grundkonzeption	47
4	**Methodische Konzeption der Karte N 8 Bevölkerungsgeographie**	47
4.1	Auswertung der Bevölkerungszählungen in Tunesien und Algerien	49
4.2	Darstellungsmethode	50
4.3	Geländearbeiten	52

5	**Räumlich differenzierte Analyse der Bevölkerungsverteilung**		53
5.1	Methodische Vorbemerkung		53
5.2	Analyse der bevölkerungsgeographischen Situation in räumlicher Differenzierung		55
	5.2.1	Gebirgs- und Berglandschaften der Kleinen Kabylei, der Kroumirie und der Mogods	55
	5.2.2	Berg- und Hügellandschaften der Medjerdaregion	61
	5.2.3	Küsten- und Küstenrandlandschaften der unteren Medjerda sowie der Golfe von Bizerte und Tunis	63
	5.2.4	Halbinsel Cap Bon	68
	5.2.5	Hochflächenlandschaften des Hohen Tell und des Constantinois	69
	5.2.6	Berg- und Gebirgslandschaften der tunesischen Dorsale und ihres Vorlandes	72
	5.2.7	Gebirgslandschaften des Aurès	73
	5.2.8	Steppenhochland Zentraltunesiens und Ostalgeriens	75
		5.2.8.1 Tunesische Hochsteppengebiete	75
		5.2.8.2 Ostalgerische Hochsteppengebiete	80
	5.2.9	Steppentiefland in Tunesien	84
	5.2.10	Sahel von Sousse	88
	5.2.11	Sahel von Sfax	93
	5.2.12	Der aride Süden Tunesiens und Ostalgeriens	95
		5.2.12.1 Oasengebiete	96
		5.2.12.2 Halbnomadengebiete	99
		5.2.12.3 Phosphatbergbaugebiete und Insel Djerba als Sonderräume	102

Literaturverzeichnis 104
Kartenverzeichnis 111
Summary 112
Résumé 116

Verzeichnis der Figuren

Fig. 1:	Tunesien. Anteil der Zugewanderten an der Wohnbevölkerung 1966	10
Fig. 2:	Herkunft der bis 1966 zugewanderten Einwohner des Gouvernorates Tunis	12
Fig. 3:	Gouvernorat Tunis. Altersstruktur der bis 1966 Zugewanderten in Promille aller Einwohner	13
Fig. 4:	Gouvernorat Tunis. Anteil der bis 1966 Zugewanderten in Prozent aller Einwohner je Altersgruppe	14
Fig. 5:	Herkunft der bis 1966 zugewanderten Einwohner des Gouvernorates Bizerte	16
Fig. 6:	Herkunft der bis 1966 zugewanderten Einwohner des Gouvernorates Sfax	17
Fig. 7:	Wanderungsbilanzen der Gouvernorate 1966	19
Fig. 8:	Tunesien. Bevölkerungszunahme 1966—1975 nach Delegationen	22
Fig. 9:	Tunesien. Verwaltungsgliederung nach dem Gebietsstand 1975	23
Fig. 10:	Tunesien. Ortsabwesende männliche Bevölkerung am 8. 5. 1975	26
Fig. 11:	Tunesien. Generatives Verhalten 1955—1973	30
Fig. 12:	Altersgruppengefüge ausgewählter Länder (1973/75)	33
Fig. 13 a:	Tunesien. Bevölkerung im erwerbsfähigen Alter 1956	36
Fig. 13 b:	Tunesien. Bevölkerung im erwerbsfähigen Alter 1966	36
Fig. 14:	Tunesien. Erwerbstätige nach Wirtschaftssektoren und Gouvernoraten 1956—1966	37
Fig. 15:	Bevölkerungszahl und mittlere jährliche Bevölkerungszunahme ausgewählter Länder 1970—1976	43
Fig. 16:	Algerien: Generatives Verhalten 1936—1978	44
Fig. 17:	Algerien. Altersaufbau 1966	45
Fig. 18:	Übersicht der bevölkerungsgeographisch relevanten Raumeinheiten	54
Fig. 19:	Tunesien. Erwerbsfähige Bevölkerung nach Kommunen und Wirtschaftsbranchen	66

Fig. 20: Tunesien. Veränderung des Verstädterungsgrades 1966—1975 67
Fig. 21: Ostalgerien. Halbnomadische Bevölkerung in der Nememcha 81
Fig. 22: Osttunesien. Bevölkerungszunahme nach Delegationen 1956—1966 90

Verzeichnis der Tabellen

Tab. 1: Regionale Verteilung der Bevölkerung Tunesiens 1936—1966 9
Tab. 2: Herkunft der bis 1966 zugewanderten Einwohner des Gouvernorates Tunis nach Gouvernoraten 13
Tab. 3: Herkunft der bis 1966 zugewanderten Einwohner ausgewählter Gouvernorate nach Gouvernoraten 18
Tab. 4: Tunesien. Bevölkerungsverteilung nach Gouvernoraten 1966 und 1975. Gebietsstand 1975. Ortsanwesende Bevölkerung („population présente") 21
Tab. 5: Tunesien. Zunahme der tunesischen Bevölkerung 1926—1975 in Zehnjahreszeiträumen 27
Tab. 6: Tunesien. Ausgewählte nicht-tunesische Bevölkerungsgruppen 28
Tab. 7: Tunesien. Bilanz der Außenwanderung in ausgewählten Jahren 29
Tab. 8: Tunesien. Geburten- und Sterberaten nach Gouvernoraten. Mittelwerte 1966—1969 31
Tab. 9: Tunesien. Registrierte und wahrscheinliche Todesfälle 1965—1973 32
Tab. 10: Tunesien. Altersgruppengliederung der Gesamtbevölkerung 1966 und 1975 34
Tab. 11: Tunesien. Erwerbstätigkeit 1966 und 1975 35
Tab. 12: Tunesien. Erwerbspersonen nach Wirtschaftsbranchen 1966 und 1975 35
Tab. 13: Algerien. Zunahme einzelner Bevölkerungsgruppen 41
Tab. 14: Algerien. Sprachliche Gliederung der Bevölkerung 1966 42
Tab. 15: Algerien. Sprachgruppenanteile ausgewählter Wilayate 1966 42
Tab. 16: Algerien. Mittlerer jährlicher Zuwachs der muselmanischen Bevölkerung 1856—1976 42
Tab. 17: Algerien. Altersgruppengliederung der Gesamtbevölkerung 44
Tab. 18: Kinder unter 15 Jahren (ausgewählte Länder) 46
Tab. 19: Ostalgerien. Bevölkerungsentwicklung ausgewählter Städte und Wilayate 1966—1977 47
Tab. 20: Entwicklungsindikatoren ausgewählter afrikanischer Staaten 48
Tab. 21: Gesamtübersicht der Landschaftsgliederung 56
Tab. 22: Tunesien. Delegation Jendouba: Vorübergehend zugewanderte/abgewanderte Bevölkerung 1975 63
Tab. 23: Bevölkerungsentwicklung in Bizerte-Ville und im Großraum Tunis 1936—1975 .. 65
Tab. 24: Gouvernorat Tunis 1966. Erwerbspersonen nach Wirtschaftsbranchen 68
Tab. 25: Tunesien. Bevölkerungsentwicklung in den zentralen Hochsteppenlandschaften 1956—1975 79
Tab. 26: Ostalgerien. Bevölkerungsentwicklung der Städte Khenchela und Tébessa 1946—1974 80
Tab. 27: Ostalgerien. Nememcha. Halbnomadische Bevölkerung 1966 82
Tab. 28: Ostalgerien. Angenäherter Anteil der Halbnomaden und Halbseßhaften an der gesamten agrarischen Bevölkerung (1966) im Gebiet der ostalgerischen Steppenregion Nememcha 83
Tab. 29: Tunesien. Bevölkerungsentwicklung ausgewählter Delegationen des Gouvernorates Kairouan 1956—1975 85
Tab. 30: Tunesien. Bevölkerungsentwicklung des Gouvernorates Kairouan 1956—1975 .. 86
Tab. 31: Tunesien. Bevölkerungsentwicklung der Stadt Kairouan 86
Tab. 32: Tunesien. Bevölkerungsentwicklung im südlichen Teil des Steppentieflandes ... 87
Tab. 33: Tunesien. Bevölkerungsentwicklung im Kernsahel und im Gouvernorat Kairouan . 89
Tab. 34: Tunesien. Zunahme des Verstädterungsgrades 1966—1975 92
Tab. 35: Tunesien. Bevölkerungsentwicklung im Großraum Sfax 94

Tab. 36:	Tunesien. Erwerbsbevölkerung der Delegation Sfax 1966	94
Tab. 37:	Tunesien. Bevölkerungsentwicklung ausgewählter Oasenstädte 1931—1975	97
Tab. 38:	Tunesien. Bevölkerungsentwicklung ausgewählter mittlerer Verwaltungsbezirke (Delegationen) im Oasengebiet 1956—1975	98
Tab. 39:	Tunesien. Wachstumsraten der Zentrenbevölkerung („communes") und Gesamtbevölkerung südtunesischer Gouvernorate 1966—1975	99
Tab. 40:	Tunesien. Entwicklung der örtlichen Wohnbevölkerung ausgewählter zentraler Orte im Gouvernorat Médénine 1931—1975	100
Tab. 41:	Tunesien. Bevölkerungsentwicklung ausgewählter Delegationen im Gouvernorat Médénine 1966—1975	101
Tab. 42:	Tunesien. Differenz zwischen ortsanwesender („population présente") und langfristig gemeldeter Wohnbevölkerung („population résidente") 8. Mai 1975	101
Tab. 43:	Tunesien. Bevölkerungsentwicklung ausgewählter Delegationen 1956—1975	102

Contents

List of Figures		X
List of Tables		X
1	**Introduction**	1
2	**Tunisia. Analysis of the demographic-geographical situation**	2
2.1	Genesis of the pre-colonial spatial distribution of population	3
2.2	Spatial population development during the Protectorate period	3
	2.2.1 Urban centres	4
	2.2.2 Agricultural areas of farming structure	4
	2.2.3 Nomadic pasture areas and oasis cultivation	5
2.3	Development of the spatial distribution of population until 1966	6
	2.3.1 Small-scale changes in the inner urban zone	6
	2.3.2 Large-scale redistribution of the Tunisian population	7
	2.3.2.1 Analysis of the migration processes	8
	2.3.2.2 The region around Tunis as immigrant destination	8
	2.3.2.3 The remaining smaller urban areas as focal points of migration	15
2.4	Spatial changes in the population distribution from 1966—1975	20
	2.4.1 Urban areas	20
	2.4.2 Peripheral urban zones and recently developed agricultural areas	20
	2.4.3 Agricultural areas of the north-west	24
	2.4.4 Areas with disadvantaged infrastructures	24
2.5	Information about migration processes in 1975	25
2.6	Over-proportional increase in the municipal population ("degree of urbanization")	25
2.7	Important determinants of the more recent population increase	27
2.8	Natural population growth, age structure and employment	29
3	**Algeria. Outline of demographic-geographical determinants**	38
3.1	General situation	38
3.2	Population development	39
3.3	Linguistic and ethnic classification	41
3.4	Reproductive pattern	41
3.5	Age and employment structure	45
3.6	Basic concept of the population policy	47
4	**Methodological concept of map N 8, population geography**	47
4.1	Analysis of the censuses in Tunisia and Algeria	49
4.2	Method of representation	50
4.3	Fieldwork	52
5	**Spatially-differentiated analysis of the population distribution**	53
5.1	Preliminary remarks on methodology	53
5.2	Analysis of the demographic-geographical situation, with spatial differentiation	55
	5.2.1 High and low mountain areas of the Small Kabylia, the Kroumirie and the Mogods	55
	5.2.2 Mountainous and hilly areas of the Medjerda region	61
	5.2.3 Coastal and peripheral-coastal areas of the lower Medjerda and of the Gulfs of Bizerte and Tunis	63
	5.2.4 Cape Bon peninsula	68
	5.2.5 Highland areas of the High Tell and Constantinois	69
	5.2.6 Low and high mountain areas of the Tunisian Dorsale and its foreland	72
	5.2.7 Mountain areas of the Aurès	73
	5.2.8 Steppe highlands of Central Tunisia and East Algeria	75

		5.2.8.1	Tunisian high steppe areas	75
		5.2.8.2	East Algerian high steppe areas	80
	5.2.9		Low steppe areas in Tunisia	84
	5.2.10		Sahel of Sousse	88
	5.2.11		Sahel of Sfax	93
	5.2.12		The arid south of Tunisia and East Algeria	95
		5.2.12.1	Oasis areas	96
		5.2.12.2	Semi-nomad areas	99
		5.2.12.3	Phosphate-mining areas and the Island of Djerba as special areas	102

Bibliography 104
List of Maps 111
Summary 112
Résumé 116

List of Figures

Fig. 1:	Tunisia. Proportion of immigrants in the residential population, 1966	10
Fig. 2:	Origin of the immigrants to the governorate of Tunis until 1966	12
Fig. 3:	Governorate of Tunis. Age structure of immigrants until 1966 per thousand of the total population	13
Fig. 4:	Governorate of Tunis. Proportion of immigrants until 1966 as a percentage of all inhabitants according to age group	14
Fig. 5:	Origin of immigrants to the governorate of Bizerte until 1966	16
Fig. 6:	Origin of immigrants to the governorate of Sfax until 1966	17
Fig. 7:	Migration balances of the governorates, 1966	19
Fig. 8:	Tunisia. Population increase from 1966—1975 according to delegations	22
Fig. 9:	Tunisia. Administrative structure according to the regional boundaries of 1975	23
Fig. 10:	Tunisia. Locally absent male population on May 8, 1975	26
Fig. 11:	Tunisia. Reproductive pattern, 1955—1973	30
Fig. 12:	Age-group structure in selected countries (1973/75)	33
Fig. 13 a:	Tunisia. Population of working age, 1956	36
Fig. 13 b:	Tunisia. Population of working age, 1966	36
Fig. 14:	Tunisia. Number employed according to economic sectors and governorates, 1956—1966	37
Fig. 15:	Total population and average annual population increase in selected countries, 1970—1976	43
Fig. 16:	Algeria. Reproductive pattern, 1936—1978	44
Fig. 17:	Algeria. Age structure, 1966	45
Fig. 18:	Survey of spatial units relevant for population geography	54
Fig. 19:	Tunisia. Number employed according to municipal districts and economic branches	66
Fig. 20:	Tunisia. Changes in the degree of urbanization, 1966—1975	67
Fig. 21:	East Algeria. Semi-nomadic population in the Nememcha	81
Fig. 22:	East Tunisia. Population increase according to delegations, 1956—1966	90

List of Tables

Table 1:	Regional distribution of the population of Tunisia, 1936—1966	9
Table 2:	Origin of the immigrants to the governorate of Tunis until 1966, according to governorates	13
Table 3:	Origin of the immigrants to selected governorates until 1966, according to governorates	18
Table 4:	Tunisia. Population distribution according to governorates in 1966 and 1975. Regional boundaries of 1975. Locally present population ("population présente")	21

Table 5:	Tunisia. Population increase from 1926—1975 in periods of ten years	27
Table 6:	Tunisia. Selected non-Tunisian population groups	28
Table 7:	Tunisia. Emigration balance in selected years	29
Table 8:	Birth and death rates according to governorates. Average figures, 1966—1969	31
Table 9:	Tunisia. Registered and probable deaths, 1965—1973	32
Table 10:	Tunisia. Age-group structure of the total population, 1966 and 1975	34
Table 11:	Tunisia. Employment, 1966 and 1975	35
Table 12:	Tunisia. Number employed according to economic branches, 1966 and 1975	35
Table 13:	Algeria. Increase in individual population groups	41
Table 14:	Algeria. Linguistic structure of the population, 1966	42
Table 15:	Algeria. Proportion of linguistic groups in selected wilayas, 1966	42
Table 16:	Algeria. Mean annual increase in the Moslem population, 1856—1976	42
Table 17:	Algeria. Age-group structure of the total population	44
Table 18:	Number of children under the age of 15 in selected countries	46
Table 19:	East Algeria. Population development in selected towns and wilayas, 1966—1977	47
Table 20:	Development indicators in selected African states	48
Table 21:	General survey of the landscape classification	56
Table 22:	Tunisia. Delegation of Jendouba: temporary immigrant and emigrant population, 1975	63
Table 23:	Population development in Bizerte-Ville and the larger area around Tunis, 1936—1975	65
Table 24:	Governorate of Tunis, 1966. Number of working population according to economic sectors	68
Table 25:	Tunisia. Population development in the central high steppe areas, 1956—1975	79
Table 26:	East Algeria. Population development in the towns of Khenchela and Tébessa, 1946—1974	80
Table 27:	East Algeria. Nememcha. Semi-nomadic population, 1966	82
Table 28:	East Algeria. Approximate proportion of semi-nomads and semi-settled people in the total agrarian population (1966) in the area of the East Algerian steppe region of Nememcha	83
Table 29:	Tunisia. Population development in selected delegations of the governorate of Kairouan, 1956—1975	85
Table 30:	Tunisia. Population development in the governorate of Kairouan, 1956—1975	86
Table 31:	Tunisia. Population development in the city of Kairouan	86
Table 32:	Tunisia. Population development in the southern parts of the lowland steppe areas	87
Table 33:	Tunisia. Population development in the central Sahel and the governorate of Kairouan	89
Table 34:	Tunisia. Increase in the degree of urbanization, 1966—1975	92
Table 35:	Tunisia. Population development in the area around Sfax	94
Table 36:	Tunisia. Number of working population in the delegation of Sfax, 1966	94
Table 37:	Tunisia. Population development in selected oasis towns, 1931—1975	97
Table 38:	Tunisia. Population development in selected medium-sized administrative districts in the oasis region, 1956—1975	98
Table 39:	Tunisia. Growth rates of the population in the centres ("communes") and total population of the South Tunisian governorates, 1966—1975	99
Table 40:	Tunisia. Development of the local resident population in selected central places in the governorate of Médénine, 1931—1975	100
Table 41:	Tunisia. Population development in selected delegations in the governorate of Médénine, 1966—1975	101
Table 42:	Tunisia. Difference between locally present ("population présente") and long-term registered resident population ("population résidente"), May 8, 1975	101
Table 43:	Tunisia. Population development in selected delegations, 1956—1975	102

Table des matières

Table des figures	XIII
Table des tableaux	XIII

1	**Introduction**	1
2	**La Tunisie. Analyse de la situation du point de vue de la géographie de la population**	2
2.1	Genèse de la répartition spatiale précoloniale de la population	3
2.2	Evolution spatiale de la population sous le protectorat	3
	2.2.1 Centres urbains	4
	2.2.2 Espaces agraires de structure agricole	4
	2.2.3 Espaces économiques marqués par le nomadisme et par les cultures des oasis	5
2.3	Développement de la répartition spatiale de la population jusqu'en 1966	6
	2.3.1 Changements sur des petites étendues dans les centres des villes	6
	2.3.2 Redistribution de la population sur des grandes étendues	7
	2.3.2.1 Analyse des processus de migration	8
	2.3.2.2 Le Grand Tunis en tant que but de migration	8
	2.3.2.3 Les autres régions urbaines plus petites en tant que but de migration	15
2.4	Changement spatial de la répartition de la population entre 1966 et 1975	20
	2.4.1 Régions urbaines	20
	2.4.2 Zones autour des villes et jeunes régions agricoles	20
	2.4.3 Régions agricoles du Nord-Quest	24
	2.4.4 Régions défavorisées du point de vue de l'infrastructure	24
2.5	Renseignements sur les processus de migrations en 1975	25
2.6	Accroissement plus que proportionnel de la population communale («degré d'urbanisation»)	25
2.7	Facteurs importants, déterminant la croissance plus récentes de la population	27
2.8	Croissance naturelle de la population, structure des âges et activités rémunérées	29
3	**L'Algérie. Schéma des facteurs déterminants de la géographie de la population**	38
3.1	Situation générale	38
3.2	Evolution démographique	39
3.3	Division linguistique et ethnique	41
3.4	Comportement générateur	41
3.5	Pyramide des âges et structure des activités rémunérées	45
3.6	Conception de base de la politique démographique	47
4	**Conception méthodique de la carte N 8 Géographie de la population**	47
4.1	Exploitation des recensements de la population en Tunisie et en Algérie	49
4.2	Méthode de présentation	50
4.3	Travaux sur le terrain	52
5	**Analyse, différenciée au point de vue de l'espace, de la répartition de la population**	53
5.1	Remarques préliminaires concernant la méthode	53
5.2	Analyse de la situation du point de vue de la géographie de la population dans une différenciation spatiale	55
	5.2.1 Régions montagneuses de la Petite Kabylie, de la Kroumirie et des Mogods	55
	5.2.2 Régions de montagnes et de collines de la Medjerda	61
	5.2.3 Régions littorales et bords côtiers limitrophes de la Medjerda inférieure ainsi que des Golfes de Bizerte et de Tunis	63
	5.2.4 La presqu'île du Cap Bon	68
	5.2.5 Régions de Hauts Plateaux du Haut Tell et du Constantinois	69
	5.2.6 Régions montagneuses de la Dorsale tunisienne et de son avant-pays	72
	5.2.7 Régions montagneuses des Aurès	73

5.2.8	Hautes Steppes de la Tunisie centrale et de l'Algérie de l'Est	75
	5.2.8.1 Régions de Haute Steppe de la Tunisie	75
	5.2.8.2 Régions de Haute Steppe de l'Algérie de l'Est	80
5.2.9	La Basse Steppe en Tunisie	84
5.2.10	Le Sahel de Sousse	88
5.2.11	Le Sahel de Sfax	93
5.2.12	Le Sud aride de la Tunisie et de l'Algérie de l'Est	95
	5.2.12.1 Régions des oasis	96
	5.2.12.2 Régions semi-nomades	99
	5.2.12.3 Régions des mines de phosphate et l'île de Djerba en tant que régions particulières	102

Bibliographie 104
Index des cartes 111
Summary 112
Résumé 116

Table des figures

Fig. 1:	Tunisie. Part des immigrés par rapport à la population résidente, 1966	10
Fig. 2:	Origine des habitants du Gouvernorat de Tunis ayant immigré jusqu'en 1966	12
Fig. 3:	Gouvernorat de Tunis. Structure des âges de la population immigrée jusqu'en 1966, chiffres exprimés en pour mille, par rapport à la totalité des habitants	13
Fig. 4:	Gouvernorat de Tunis. Part de la population immigrée jusqu'en 1966 en pourcentage par rapport à la population totale suivant les tranches d'âges	14
Fig. 5:	Origine des habitants du Gouvernorat de Bizerte ayant immigré jusqu'en 1966	16
Fig. 6:	Origine des habitants du Gouvernorat de Sfax ayant immigré jusqu'en 1966	17
Fig. 7:	Bilan du mouvement migratoire des gouvernorats en 1966	19
Fig. 8:	Tunisie. Accroissement de la population de 1966 à 1975, par Délégation	22
Fig. 9:	Tunisie. Division administrative selon la situation territoriale, 1975	23
Fig. 10:	Tunisie. Résidents masculins absents le 8 Mai 1975	26
Fig. 11:	Tunisie. Comportement générateur de 1955 à 1973	30
Fig. 12:	Population par groupes d'âge de pays choisis (1973/75)	33
Fig. 13 a:	Tunisie. Population active 1956	36
Fig. 13 b:	Tunisie. Population active 1966	36
Fig. 14:	Tunisie. Population active par grands secteurs d'activité économique et gouvernorats	37
Fig. 15:	Nombre d'habitants et accroissement moyen annuel dans des pays choisis, de 1970 à 1976	43
Fig. 16:	Algérie. Comportement générateur de 1936 à 1978	44
Fig. 17:	Algérie. Structure des âges, 1966	45
Fig. 18:	Aperçu des unités spatiales importantes du point de vue de la géographie de la population	54
Fig. 19:	Tunisie. Population active, par commune et par secteur d'activité économique	66
Fig. 20:	Tunisie. Modification du taux d'urbanisation de 1966 à 1975	67
Fig. 21:	Algérie de l'Est. Population semi-nomade dans les Nememcha	81
Fig. 22:	Tunisie de l'Est. Accroissement de la population, par Délégation, de 1956 à 1966	90

Table des tableaux

Tab. 1:	Répartition régionale de la population de la Tunisie de 1936 à 1966	9
Tab. 2:	Origine des habitants du Gouvernorat de Tunis ayant immigré jusqu'en 1966, par Gouvernorat	13

Tab. 3:	Origine des habitants de Gouvernorats choisis ayant immigré jusqu'en 1966, par Gouvernorat	18
Tab. 4:	Tunisie. Répartition de la population par Gouvernorat en 1966 et en 1975. Situation territoriale 1975. Population présente	21
Tab. 5:	Tunisie. Accroissement de la population tunisienne de 1926 à 1975 par périodes décennales	27
Tab. 6:	Tunisie. Groupes choisis de population non-tunisienne	28
Tab. 7:	Tunisie. Bilan de l'émigration/immigration pour des années choisis	29
Tab. 8:	Tunisie. Taux de natalité et de mortalité par Gouvernorats. Valeurs moyennes de 1966 à 1969	31
Tab. 9:	Tunisie. Décès enregistrés et décès probables de 1965 à 1969	32
Tab. 10:	Tunisie. Structure de la population totale par groupes d'âge en 1966 et en 1975	34
Tab. 11:	Tunisie. Activités rémunérées en 1966 et en 1975	35
Tab. 12:	Tunisie. Salariés, par branche d'activité économique, en 1966 et en 1975	35
Tab. 13:	Algérie. Accroissement de quelques groupes de population	41
Tab. 14:	Algérie. Division linguistique de la population en 1966	42
Tab. 15:	Algérie. Part des groupes linguistiques dans des wilayate choisies en 1966	42
Tab. 16:	Algérie. Accroissement moyen annuel de la population musulmane de 1856 à 1976	42
Tab. 17:	Algérie. Structure de la population totale par groupes d'âge	44
Tab. 18:	Enfants âgés de moins de 15 ans (pays choisis)	46
Tab. 19:	Algérie de l'Est. Evolution démographique dans des villes et des wilayate choisies, de 1966 à 1977	47
Tab. 20:	Indicateurs de développement pour des pays africains choisis	48
Tab. 21:	Vue d'ensemble de la structure des paysages	56
Tab. 22:	Tunisie. Délégation de Jendouba. Population immigrée et émigrée temporairement en 1975	63
Tab. 23:	Evolution démographique à Bizerte-Ville et dans le Grand Tunis de 1936 à 1975	65
Tab. 24:	Gouvernorat de Tunis 1966. Salariés, par secteur d'activité économique	68
Tab. 25:	Tunisie. Evolution démographique dans les régions centrales de la Haute Steppe de 1956 à 1975	79
Tab. 26:	Algérie de l'Est. Evolution démographique dans les villes de Khenchela et de Tébessa, de 1946 à 1974	80
Tab. 27:	Algérie de l'Est. Nememcha. Population semi-nomade 1966	82
Tab. 28:	Algérie de l'Est. Part approximative de la population semi-nomade et semi-sédentaire par rapport à la population agricole totale (1966) dans la région de la steppe de l'Est algérien	83
Tab. 29:	Tunisie. Evolution démographique dans des Délégations choisies du Gouvernorat de Kairouan, de 1956 à 1975	85
Tab. 30:	Tunisie. Evolution démographique dans le Gouvernorat de Kairouan, de 1956 à 1975	86
Tab. 31:	Tunisie. Evolution démographique dans la ville de Kairouan	86
Tab. 32:	Tunisie. Evolution démographique dans la partie Sud de la Basse Steppe	87
Tab. 33:	Tunisie. Evolution démographique dans le centre du Sahel et dans le Gouvernorat de Kairouan	89
Tab. 34:	Tunisie. Augmentation du taux d'urbanisation de 1966 à 1975	92
Tab. 35:	Tunisie. Evolution démographique dans le Grand Sfax	94
Tab. 36:	Tunisie. Population active dans la Délégation de Sfax en 1966	94
Tab. 37:	Tunisie. Evolution démographique de quelques villes choisies des oasis, de 1931 à 1975	97
Tab. 38:	Tunisie. Evolution démographique de circonscriptions administratives moyennes choisies (Délégations) dans la région des oasis	98
Tab. 39:	Tunisie. Taux d'accroissement de la population des centres («communes») et de la population totale de Gouvernorats du Sud tunisien, de 1966 à 1975	99

Tab. 40:	Tunisie. Evolution de la population résidente dans des lieux centraux choisis («Zentrale Orte») dans le Gouvernorat de Médénine, de 1931 à 1975	100
Tab. 41:	Tunisie. Evolution démographique de Délégations choisies dans le Gouvernorat de Médénine, de 1966 à 1975	101
Tab. 42:	Tunisie. Différence entre «population présente» et «population résidente» au 8 Mai 1975	101
Tab. 43:	Tunisie. Evolution démographique dans des Délégations choisies, de 1956 à 1975	102

1 Einführung

Die hier vorgelegte Analyse der bevölkerungsgeographischen Situation Tunesiens und Ostalgeriens ist als Erläuterung der Bevölkerungskarte N 8 der Serie Nord des AFRIKA-KARTENWERKES der Deutschen Forschungsgemeinschaft konzipiert. Basierend auf empirischen Geländearbeiten und den verfügbaren statistischen Unterlagen wurde der Versuch unternommen, eine räumlich differenzierte Darstellung und Wertung derjenigen Faktoren vorzunehmen, die den Wohn- und Arbeitsstandort der Menschen einer in wirtschaftlicher Entwicklung begriffenen Region bestimmen. Von diesem bevölkerungsgeographischen Ansatz her war es notwendig, eine gebietlich jeweils unterschiedliche Anzahl von Determinanten der Bevölkerungsverteilung auf ihren konkurrierenden Stellenwert zu überprüfen. In einem semihumid bis vollariden Klimagebiet üben, auch in zeitlich-genetischem Wandel gesehen, ökologische Faktoren eine bedeutende Steuerwirkung auf die räumliche Standortentscheidung des Menschen aus. Damit werden Fragen der agrarischen Tragfähigkeit aufgeworfen. Gleichzeitig müssen jedoch auch die gesellschaftlichen und politischen Bedingungen der räumlichen Bevölkerungsverteilung in die Analyse mit einbezogen werden. Die zunehmende Mobilitätsbereitschaft, die in der letzten Bevölkerungszählung Tunesiens (1975) relativ gut erfaßt wird, zeigt, daß geändertes gruppenmäßiges und individuelles sozioökonomisches Verhalten die Standortentscheidungen im Bereich der Arbeitswelt maßgebend beeinflussen. Damit entstehen neue Verteilungsmuster der Wohnfunktion und der Siedlungsstruktur. Insofern greifen die Erläuterungen zur Bevölkerungskarte N 8 in die Problematik ein, die im Zusammenhang mit der Interpretation des Blattes N 9, Siedlungsgeographie des AFRIKA-KARTENWERKES näher dargestellt wird. Deshalb sei darauf verwiesen, daß insbesondere die Prozesse der Verstädterung als Folgen regionaler Migrationsvorgänge vorwiegend im Beiheft N 9 zur siedlungsgeographischen Karte behandelt werden.

Im vorliegenden Erläuterungstext wurde nicht das Ziel einer demographisch-ökonomischen Gesamtbilanz verfolgt, um beispielsweise arbeitsmarktpolitische Probleme sowie die Chancen des wirtschaftlichen Wachstums der untersuchten Region zu verfolgen. Analysen dieser Art, wie sie von WANDER für Indonesien (1965) und Jordanien (1969) veröffentlicht wurden, müssen einer gesonderten Bearbeitung vorbehalten werden.

Im übrigen seien Beiheft und Karte Wirtschaftsgeographie N 12 des AFRIKA-KARTENWERKES von A. ARNOLD zur ergänzenden Information empfohlen. Für den hier vorgelegten Erläuterungstext der Bevölkerungskarte N 8 war dem Verfasser durch die Richtlinien des AFRIKA-KARTENWERKES einerseits und die Vorgabe des zur Verfügung stehenden Seitenumfangs andererseits der einzuschlagende Weg einer regional differenzierenden Analyse relativ klar vorgegeben.

2 Tunesien. Analyse der bevölkerungsgeographischen Situation

Aus wirtschaftsgeographischer Sicht sind zwei Aspekte der jüngeren Bevölkerungsentwicklung Tunesiens von entscheidender Bedeutung: die zunehmende Wachstumsrate und die regional relativ ungleichmäßige räumliche Verteilung. Verläßt man sich auf die vorliegenden Schätzungen, so umfaßte die tunesische Bevölkerung vor Beginn der Protektoratszeit (1881) etwa 1,5 Mio. Einwohner, erreichte um 1950 eine Einwohnerzahl von 3 Mio. (ohne Europäer) und zählt nach einer zweiten Verdoppelung in rund 28 Jahren heute (1979) ca. 6 Mio. Menschen. Diese Wachstumsrate liegt zwar etwas unter der Zunahmegeschwindigkeit anderer Länder der dritten Welt, stellt jedoch auch Tunesien vor sehr schwierige arbeitsmarktpolitische Zukunftsaufgaben. Die regionale Verteilung ist durch abnehmende Dichtewerte im Nord-Süd-Profil sowie hohe Konzentration im Küstensaum gekennzeichnet und spiegelt den Ablauf einer ungleichgewichtigen wirtschaftsräumlichen Entwicklung wider.

Als Ursache der disparitären Bevölkerungsverteilung, die für viele Entwicklungsländer der Erde typisch ist, macht man in der Regel eine dualistische Wirtschaftsentwicklung verantwortlich. Darunter versteht man das unverbundene Nebeneinander traditioneller und moderner Formen von Produktionsweise und sozialökonomischem Gefüge, die als Folge einer mit großer Geschwindigkeit vorangetriebenen, räumlich isolierten Industrialisierung und Verstädterung zu sehen ist. Dadurch entstehen regionale Disparitäten zwischen infrastrukturell, gewerblich und kaufkraftmäßig gut ausgestatteten, deshalb chancenreichen Wirtschaftsräumen und wenig marktorientierten, verkehrsgeographisch abgelegenen und planerisch benachteiligten peripheren Räumen. So zutreffend dieses Schema für zahlreiche Raumtypen der dritten Welt sein mag, im Falle Tunesiens reicht es weder zur Erklärung der Bevölkerungsverteilung noch der wirtschaftsräumlichen Entwicklung aus und würde überdies die für dieses Land zu konstatierenden Erfolge der regionalpolitischen Maßnahmen zur Abschwächung der regionalökonomischen Disparitäten zu wenig sichtbar werden lassen.

Der räumliche Kontrast der Bevölkerungsverteilung in Tunesien, insbesondere der Gegensatz zwischen den küstennahen Verstädterungsgebieten und den binnenländischen, unterschiedlich strukturierten Agrarlandschaften ist nur zum Teil ein Ergebnis der jüngsten Wirtschaftsentwicklung sowie der etwas zurückliegenden kolonialen, protektoratszeitlichen Überformung der Kulturlandschaft. Die regional unterschiedliche Bevölkerungsdichte ist wesentlich älteren Ursprungs und resultiert aus dem relativ nahen Nebeneinander antiker, in ihren wichtigsten Teilen bis heute persistenten Stadtkultur neben den agrarisch-nomadischen Wirtschaftsformen in Zentral- und Südtunesien. Sozialgeschichtliche und politische Faktoren haben zur Entstehung dieses Raumgefüges beigetragen. Außerdem spielten die naturräumlichen Bedingungen der agrarwirtschaftlichen Erschließung Tunesiens stets eine entscheidende Rolle. Die im Nord-Süd-Profil und — abgeschwächt — auch von den Küsten zu den Zentrallandschaften ausgeprägte Zunahme von Aridität und Niederschlagsunsicherheit (Variabilität) haben die wirtschaftsräumliche Erschließung und damit auch die historische Entwicklung der räumlichen Bevölkerungsverteilung nachhaltig gesteuert.

2.1 Genese der präkolonialen räumlichen Bevölkerungsverteilung

Einige der heute wichtigen städtischen Zentren im Norden und Osten Tunesiens haben seit der Antike in z. T. zeitlich ununterbrochener Folge die Kulturlandschaft geprägt (Bizerte, Karthago/Tunis, Sousse, Sfax, Gabès). Die Städte selbst, ihr Nahbereich und die umgebenden Agrarregionen bildeten die wirtschaftliche Grundlage einer im Vergleich zum Hinterland stets deutlich höheren Bevölkerungsdichte.

Bereits während der römischen Periode lebte ein Drittel der Gesamtbevölkerung in städtischen Siedlungen, die durch gute Infrastruktureinrichtungen miteinander verbunden und versorgt waren (Straßen und Wasserleitungen). Von hier aus wurde die Erschließung von Getreideanbauflächen und die Vermarktung von Agrarprodukten organisiert. Während im Zuge der folgenden byzantinischen Herrschaft zahlreiche Küstenstädte als Festungen überdauerten, konnten sich binnenländische urbane Siedlungen allerdings nur in geringem Umfang halten. Der Vorstoß der arabisch islamischen Invasion aus dem Osten gegen die berberische Bevölkerung im 7. Jahrhundert führte zwar zunächst auch zur Zerstörung städtischer Siedlungen. Dennoch erfolgte ein regional ausgewählter, vorwiegend auf den Osten des Landes konzentrierter erneuter Aufbau von fest ummauerten Herrschaftszentren (Medina-Typ) mit agrarwirtschaftlich aufblühendem Umland. Dem zweiten, nunmehr ausschließlich kriegerischen Einfall der nomadischen Beni-Hilal aus östlicher Richtung um 1050 konnten sich zwar wiederum nur wenige größere Städte an der Küste widersetzen, aber gerade sie bildeten die ökonomisch lebensfähig gebliebenen Erneuerungszellen der städtischen und ackerbaulichen Kulturlandschaft auf der Halbinsel Cap Bon und im Sahel von Sousse. Nicht nur die Stadtentwicklung, sondern auch die agrarischen Spezialkulturen im Nordosten Tunesiens erhielten bedeutende Impulse durch die im 17. Jahrhundert von der Iberischen Halbinsel vertriebenen Anhänger des islamischen Glaubens („Andalusier"). Die in der Folgezeit zwar langsame und durch Rückschläge belastete, letztlich aber doch kontinuierliche Festigung städtisch-gewerblicher und agrarischer Wirtschaftsräume mit seßhafter Fellachenbevölkerung bewirkte ein erstes bleibendes Grundmuster der heutigen Bevölkerungsverteilung: Zu Beginn der Protektoratszeit waren die küstennahen östlichen und die nordöstlichen Regionen Tunesiens durch höhere Bevölkerungsdichte mit städtischen Schwerpunkten gekennzeichnet. Die zentralen und südlichen Landesteile besaßen — abgesehen von Oasensiedlungen und einzelnen Berberstädte der Dorsale — auf Grund der vorherrschend nomadischen Wirtschaftsformen mit geringer Tragfähigkeit nur niedrige Bevölkerungsdichtewerte. Erkennt man etwas generalisiert in diesem Verteilungsmuster eine demographisch-räumliche Zweigliederung Tunesiens, so bahnte sich während der älteren Phase der Protektoratszeit eine Differenzierung dieses Bildes an.

2.2 Räumliche Bevölkerungsentwicklung während der Protektoratszeit

Seit Beginn der kolonialzeitlichen Überformung der traditionellen tunesischen Kulturlandschaft lassen sich — schrittweise deutlicher — drei Raumtypen erkennen. Sie unterscheiden sich hinsichtlich ihrer wirtschaftlichen Substanz, ihrer sozialen

Ordnung und ihrer bevölkerungsgeographischen Grunddaten (Seßhaftigkeit, Dichte, Erwerbsstruktur, Mobilität).

2.2.1 Städtische Zentren

Die städtischen Zentren im Nordosten und im Ostküstenbereich nahmen einschließlich ihrer agrarischen Nahbereiche hinsichtlich ihrer Einwohnerzahl rasch zu. Diese Entwicklung vollzog sich jedoch in zwei unterschiedlichen Formen. Neben den alten ummauerten islamischen Stadtkernen (Medina) entstanden in funktionaler Anlehnung an die vorhandene Verkehrsinfrastruktur europäische Neustädte (Villes Nouvelles). Beide Stadtkulturen existierten wirtschaftlich und sozial weitgehend unverbunden nebeneinander und repräsentierten damit sozioökonomisch ein dualistisches System. Die Bevölkerungsentwicklung dieser Doppelzentren verlief zunächst in den Europäer-Quartieren schneller. Die hier steigende wirtschaftliche Prosperität wirkte sich jedoch schließlich auf die islamischen Altstadtzentren aus und führte auch hier zu Wanderungsgewinnen. 1921 lebten in Tunis etwa ebensoviel Europäer (Türken, Malteser, Juden, Spanier, Franzosen, Italiener) wie Tunesier (PICOUET 1971 a, S. 127). Die Verdichtung der Bebauung innerhalb der Medinen und in den Vorstädten (Tunis) ist als unmittelbare Folge dieses Vorgangs für die Stadtstruktur anzusehen. Auch in den nichtstädtischen, vorwiegend agrarisch geprägten Nahbereichen der wachsenden urbanen Zentren setzte eine Zunahme der Bevölkerungsdichte ein, die aus den wachsenden Versorgungsaufgaben des Umlandes für die zentralen städtischen Märkte resultierte.

2.2.2 Agrarräume ackerbäuerlicher Struktur

Ein zweiter bevölkerungsgeographisch relevanter Raumtyp entwickelte sich außerhalb der geschilderten Stadtregionen in den Agrarräumen ackerbäuerlicher Struktur. Hier setzte mit der Umwandlung ehemals kleinbäuerlich genutzter Agrarflächen und der daran anschließenden Weideflächen nomadischer Wirtschaftssysteme in Getreidebau-Großbetriebe der Colons, bei gleichzeitiger Verdrängung der Nichtseßhaften (Nomaden) eine Erhöhung der Bevölkerungsdichte ein. Ein Teil der ehemaligen nomadischen Bevölkerung, aber auch der vormaligen tunesischen Kleinbauern wurde als Landarbeiter in kleinen Lehmhüttensiedlungen (Gourbi-Dörfer) am Rande der europäisch geführten Großfarmen angesiedelt.

Räumlich erstreckte sich diese Entwicklung auf das Flußgebiet der Medjerda, z. T. auf die Halbinsel Cap Bon, auf die nördlichen Teile der Tellhochflächen zwischen Le Kef und Maktar, auf das Milianegebiet; in allen diesen Bereichen wurde durch die Einführung europäisierter Formen der Bodennutzung auf Kosten der traditionellen nomadischen Viehhaltung die komplexe Tragfähigkeit zweifellos gesteigert. Die Dichte der tunesischen Agrarbevölkerung dürfte sich in der Frühphase der Protektoratszeit jedoch nur geringfügig erhöht haben. In den randlichen Bereichen des Sahels von Sousse und der Region von Sfax wurde die Umwandlung ehemaligen Nomaden-Weidelandes in Getreidegebiete und später in Olivenkulturen von europäischen und tunesischen Domänenbetrieben vorangetrieben. Im Gegensatz zum Kern der alten Sahel-Kulturlandschaft mit stets seßhafter

Bauernbevölkerung in Großdörfern entwickelte sich hier zunächst nur eine Streusiedlung mit geringer Bevölkerungsdichte, deren Wert im Vergleich zu dem westlich anschließenden Steppentiefland des Beckens von Kairouan jedoch noch relativ hoch zu veranschlagen ist (Despois 1955, S. 288; Taubert 1967, S. 82).

Im Gegensatz zu Nordalgerien entstand in den kolonialen agrarischen Neulandgebieten Tunesiens nur in geringem Umfang ein Netz von neugegründeten, europäisch geprägten Landstädten. Durch die Anlage von Straßen und Eisenbahnen entwickelte sich jedoch an Stationen und Kreuzungspunkten in Akkordanz an das vorkoloniale System der Nomaden-Souks (Wochenmärkte) und deren radial-sternförmige Wegenetze ein europäisch-tunesisches Mischsystem von Siedlungsstrukturen, das schrittweise eine ansteigende Bevölkerungsdichte zur Folge hatte.

Eine wirtschafts- und bevölkerungsgeographische Gesamtbilanz dieses zweiten sich während der Protektoratszeit herausbildenden Raumtyps ist jedoch annäherungsweise nur dann vorzunehmen, wenn zwei Tatsachen Berücksichtigung finden:

Zunächst hat die Expansion europäisierter Formen der landwirtschaftlichen Bodennutzung (koloniale Getreide-Großbetriebe) zu einer Zurückdrängung nomadischer Wirtschaftsformen in die weniger tragfähigen und stärker ariden Südgebiete geführt. Ein Teil der traditionellen tunesischen Kleinbauernbevölkerung mußte in die für Europäer wenig interessanten Bergland- und Gebirgsgebiete ausweichen. Dadurch entstand hier jeweils ein Bevölkerungsdruck, dem die natürlichen Grundlagen der landwirtschaftlichen Nahrungsgüterproduktion nicht annähernd gewachsen waren. Die kolonialzeitlich ausgelöste räumliche Umverteilung von Nutzungssystemen und Bevölkerung hat damit zu regionalen Ungleichgewichten geführt, deren Folgen noch in den gegenwärtigen Migrationsströmen erkennbar sind.

Zweitens ist das zeitliche Schwanken der Bevölkerungsdichte innerhalb des breiten Übergangssaumes der agronomischen Trockengrenze zu beachten. In diesem Raum wurden seit Beginn der Protektoratszeit nomadische Gruppen eingeengt und mindestens zur Semiseßhaftigkeit gezwungen, obwohl die verschiedenen Getreidebausysteme infolge der hier bedeutenden Variabilität der Niederschläge (Trockenjahre) wesentlich geringere ökologische Eignung besitzen als die regional flexiblere nomadische Viehhaltung. Eine Verringerung des naturgeographisch bedingten Risikos stellte sich in diesen Räumen junger Seßhaftigkeit erst in der postkolonialen Periode ein, als man durch Einführung von stärker trockenheitsresistenten Baumkulturen die ökonomische Basis der zentraltunesischen Steppen stabilisierte.

2.2.3 Nomadisch geprägte Wirtschaftsräume und Oasenkulturen

Als dritter bevölkerungsgeographischer Raumtyp stellt sich in der ersten Phase der Protektoratszeit der Süden Tunesiens mit Wirtschaftsräumen nomadischer Viehhaltungssysteme und Oasenregionen mit seßhafter Fellachenbevölkerung dar. Man schätzt, daß um 1880 etwa ein Viertel der tunesischen Bevölkerung einer nomadisierenden Lebens- und Wirtschaftsweise zugehörte. Diese Zahlenangabe ist jedoch mit Vorsicht zu interpretieren, da die zahlreichen Übergangsformen zwischen Nomadismus und Seßhaftigkeit eine eindeutige Abgrenzung nicht zulassen. Insgesamt zeichnet sich dieser Raum im Vergleich zu allen anderen Teilregionen Tunesiens durch ein relativ ungestörtes Fortdauern traditioneller Wirtschaftsformen und demographischer Verhaltensweisen aus.

In der jüngeren Phase der Protektoratszeit, die man mit den ersten offiziellen Zählungen 1926 beginnen lassen könnte, hat sich das demographische Bild der räumlichen Bevölkerungsverteilung in Tunesien gegenüber den oben beschriebenen Raumtypen nicht wesentlich gewandelt. Eine Verschärfung trat jedoch hinsichtlich der Ausprägung der einzelnen geschilderten Merkmale ein. Insbesondere wuchs die Stadtbevölkerung seit 1926 etwa dreimal so schnell wie diejenige der ländlich-agrarischen Gebiete (MENSCHING 1968, S. 70). Verantwortlich waren hierfür zunächst die steigenden Geburtenüberschüsse und die beginnende Abwanderung aus den Gebieten mit landwirtschaftlicher Übervölkerung. Bildete in den größeren Küstenstädten die durch Europäer forcierte Entwicklung von Gewerbe und Industrie zumindest ein attraktives Wunschmotiv für die aus den ländlichen Bereichen zuströmenden Menschen, so boten die mittleren und kleineren Zentralen Orte des Hinterlandes durch zunehmende Bedeutung von Funktionen des tertiären Sektors wenigstens partielle Erwerbsmöglichkeiten (ATTIA 1972, S. 15). Insgesamt nahm der Trend der Seßhaftmachung von Nomaden und Halbnomaden in den zentralen Steppenlandschaften zu („Fixation", „Pacification"), wenn dabei auch im Gefüge der weiträumlichen Streusiedlung traditionelle, vor-seßhafte Siedlungsweisen zunächst bewahrt wurden. Erst in der postkolonialen Neuorganisation des ländlichen Siedlungswesens durch die Entwicklung von geschlossenen Neusiedlungen und Zentralen Orten änderte sich dieses Strukturgefüge.

2.3 Entwicklung der räumlichen Bevölkerungsverteilung bis 1966

2.3.1 Kleinräumliche Veränderungen im innerstädtischen Bereich

Mit Beginn der staatlichen Unabhängigkeit Tunesiens setzten mehrere Vorgänge ein, die nicht nur für die demographische Entwicklung insgesamt, sondern speziell für die räumliche Bevölkerungsverteilung von größter Bedeutung werden sollten. Einen ersten Impuls brachte die rasche Emigration der Europäer aus den Villes Nouvelles der größeren Stadtregionen. Das dadurch geschaffene Vakuum konnte zwar durch Zuwanderung gehobener Mittelschichten und Oberschichten aus den islamischen Altstädten relativ bald aufgefüllt werden. Auch die damit verbundene soziale Umgliederung sowie die Orientierung auf neue Aufgaben in Politik und Verwaltung waren relativ schnell vollzogen. Als wesentlich unüberschaubarer und folgenschwerer stellte sich jedoch die Zuwanderung von bislang nichtstädtischen Bevölkerungsgruppen in die frei gewordenen Medina-Quartiere heraus. Ausgelöst wurde dadurch ein Absinken der Wohngebiete des Altstadtbereiches in der sozialen Bewertungsskala. Außerdem büßten die islamischen Stadtkerne an Standortqualität für eine Reihe modernisierungsfähiger Gewerbe und höherwertiger Warenangebote ein, die mehr und mehr in die Neustadt verlagert wurden (H.-G. WAGNER 1973, S. 123). Schließlich verursachte das schwindende Interesse an der Erhaltung der Bausubstanz ihre Degradierung als Wohnumfeld. Damit vollzog sich ein demographischer und sozialer Bevölkerungstausch im Altstadtkern (Medina), der deshalb wie manche Vorstadtviertel zum Zielgebiet der sich verstärkenden Land-Stadt-Wanderung wurde (vgl. H. ECKERT 1970, 1972; PICOUET 1971 b, S. 136).

Die frei gewordenen Wohnquartiere im Nahbereich der Kernstädte bildeten nun ihrerseits ein attraktives Ziel für Zuwanderer aus weiter entfernt liegenden Agrarräumen. Die so in Gang gekommene Wanderung verstärkte sich in den sechziger Jahren und konzentrierte z. B. im unmittelbaren Umkreis der Landeshauptstadt Tunis 1966 etwa 100 000 Menschen in selbsterrichteten, wildwuchernden Lehmhüttensiedlungen („gourbivilles, bidonvilles").

2.3.2 Großräumliche Umverteilung der Bevölkerung in Tunesien

Ein zweiter Impuls für die Entwicklung neuer Grundmuster der räumlichen Bevölkerungsverteilung ging unmittelbar von demographischen Verhaltensänderungen aus. Bedingt durch die Verbesserung der medizinischen Versorgung und infolge des Rückgangs der Sterberate, stiegen die Geburtenüberschüsse an. Dieser Vorgang hatte bereits während der Protektoratszeit begonnen, verstärkte sich jedoch nach Erlangung der staatlichen Unabhängigkeit Tunesiens (1956) erheblich. Er hielt bis 1964 an und ging dann dank einer sorgfältig betriebenen Familienpolitik langsam zurück (s. *Fig. 11*). Der phasenverschoben dennoch eintretende Mehrbedarf an Beschäftigungsmöglichkeiten konnte jedoch trotz großer Erfolge der tunesischen Wirtschaftsförderung und Arbeitsplatzbeschaffung nur teilweise gedeckt werden. **Infolgedessen mußten sich die seit etwa 1936 mehr und mehr erkennbaren Fernwanderungen aus den agrarischen Räumen in die Stadtregionen vervielfachen.** Hinsichtlich ihrer Reichweite ergänzten sie die oben erwähnten Kurzstreckenwanderungen zwischen Umland und Stadtkern.

Als Gesamtergebnis dieser großräumlichen Bevölkerungsumverteilung ist die kontinuierliche Bedeutungszunahme des nordöstlichen Landesteils, insbesondere der Großregion Tunis, zu sehen. Ergab sich — wie die *Tabelle 1* zeigt — 1936 noch eine relativ gleichgewichtige Zuordnung der Bevölkerung auf alle wichtigen Landschaftstypen (Nordosten, Gebirgsregion des Nordens und Sahel), wobei lediglich die Zentralregion und der Süden etwas nachhinkten, begann bereits wenig später der Nordosten als Wanderungsziel attraktiv zu werden. Die zentralistisch-einseitige wirtschaftliche Entwicklung von Tunis und Bizerte während der Hochphase der Protektoratszeit muß hierfür als entscheidende Ursache angesehen werden. Alle übrigen Regionen verloren — trotz absoluter Bevölkerungszunahme — z. T. erhebliche prozentuale Anteile. Relativ konstant blieben zwischen 1936 und 1966 lediglich die Gouvernorate Sfax (9,4 % Anteil an der Gesamtbevölkerung Tunesiens) und Jendouba (5,6 %), während im gleichen Zeitraum der Bevölkerungsanteil des Gouvernorates Médénine von 7,6 % auf 5,4 % absank, analog Le Kef von 8, 6 % auf 6,9 %, Kairouan von 7,1 % auf 6,2 %. Als wichtigster Gewinner rangiert für den genannten Zeitraum das Gouvernorat Tunis mit einer Steigerung von 8,1 % auf 17,2 % Anteil an der Gesamtbevölkerung Tunesiens an erster Stelle (Picouet 1971 a, S. 127). Eine auffällige Position nahm das Gouvernorat Sousse ein: auch sein Bevölkerungsanteil nahm zwischen 1936 und 1966 relativ von 13,6 % auf 11,5 % ab. Der Grund muß wohl in einer auf Tunis und Sfax ausgerichteten negativen Abwanderungsbilanz gesehen werden. In der traditionell gewerbereichen Kulturlandschaft des Sahel, in seinen zahlreichen Großdörfern sowie in der Stadt Sousse selbst war stets ein hoher Ausbildungsgrad an handwerklichen

Fähigkeiten vorhanden. Erwerbspersonen mit solcher vergleichsweise großer Arbeitserfahrung fanden als Zuwanderer in anderen urban-gewerblichen Zentren gute Aufstiegschancen.

Die in *Tabelle 1* zusammengefaßten regionalen Einheiten lehnen sich hinsichtlich ihrer administrativen Abgrenzung an wichtige physisch-geographische Gegebenheiten an. Mit dieser räumlichen Gliederung werden gleichzeitig auch dominante Wirtschaftsraumtypen erfaßt, deren ökonomische und soziale Grundstrukturen im Zusammenhang mit den einzelnen Migrationsprozessen von Bedeutung sind. Angesichts der Schwierigkeiten, die sich einer exakten Bevölkerungszählung verständlicherweise entgegenstellen, können die in *Tabelle 1* aufgeführten Daten zwar nur Richtwerte sein; sie geben aber dennoch eine erste Vorstellung von Umfang und Richtung der großen Wanderungen, die seit Mitte der Dreißiger Jahre das räumliche Verteilungsmuster der tunesischen Bevölkerung nachhaltig verändert haben.

2.3.2.1 Analyse der Wanderungsprozesse

Die bis zum Jahr 1966 innerhalb Tunesiens abgelaufenen Wanderungen lassen sich in drei Gruppen einordnen:
— Fernwanderungen, ausgerichtet auf die größeren Stadtregionen Tunis, Sfax, Bizerte, Sousse.
— Wanderungen mit mittlerer Reichweite, orientiert auf die Gouvernoratshauptorte oder andere attraktive Zentren, z. B. die Bergbauregion im Gouvernorat Gafsa (Metlaoui, Redeyef).
— Kurzstreckenwanderungen innerhalb der größeren Stadtregionen.

Den Fernwanderungen kommt als Motor für die Entwicklung des heutigen Verteilungsmusters der Bevölkerung entscheidende Bedeutung zu. In den *Tabellen 2* und *3* wird dieser Migrationstyp am Beispiel der fünf wichtigsten Wanderungsziele dargestellt. Die Daten entstammen dem Zensus 1966 und differenzieren die bis zum Zählzeitpunkt definitiv zugezogene Wohnbevölkerung nach Herkunftsregion (Gouvernorate). Die am Wanderungsziel festgestellten Zuzüge wurden dem Herkunftsgouvernorat als Verluste (Wegzug) angerechnet. Der erfaßte Wanderungszeitraum war zeitlich nicht näher definiert, sondern man versuchte den Zuzugszeitpunkt jeder befragten Person zu erfassen. Angesichts der mit dieser Methode verbundenen Unsicherheiten muß auf eine nähere regionale Analyse des Zeitpunkts der Wanderungsfälle verzichtet werden. Im Durchschnitt aller Gouvernorate fand ein Viertel bis ein Drittel aller Wanderungsfälle in der Zeit vor Erlangung der staatlichen Unabhängigkeit Tunesiens (1956) statt (Landesmittel 31 %); etwa 40 % sollen zwischen 1962 und 1966 erfolgt sein. Das quantitative Verhältnis von alteingesessener Bevölkerung und Zugezogenen verdeutlicht *Figur 1*.

2.3.2.2 Der Großraum Tunis als Wanderungsziel

Analysiert man die Migrationsgewinne im Gouvernorat Tunis (s. *Tab. 2*), so zeigt sich, daß etwa ein Drittel der Wohnbevölkerung des Jahres 1966 aus anderen Gouvernoraten

Tabelle 1   Regionale Verteilung der Bevölkerung Tunesiens 1936—1966

	1936 absolut	%	1946 absolut	%	1956 absolut	%	1966 absolut	%
Nordosten[a]	517 500	22,2	873 500	30,0	999 700	29,0	1 443 400	31,8
Sahel	543 000	23,3	592 300	20,5	759 300	21,9	946 200	20,8
Gebirgsregion des Nordens	491 700	21,2	591 700	20,4	671 800	20,0	886 600	19,8
Zentralregion	413 200	17,8	438 000	15,1	554 800	16,0	769 300	16,8
Süden	359 700	15,5	409 000	14,0	455 500	13,1	487 800	10,8
	2 325 100	100,0	2 904 500	100,0	3 441 100	100,0	4 533 300	100,0

[a] Regionale Zusammenfassung der Gouvernorate bezogen auf den Gebietsstand 1966:
Nordosten: Tunis, Bizerte, Nabeul
Sahel: Sousse, Sfax
Gebirgsregion des Nordens: Béja, Jendouba
Zentralregion: Kasserine, Kairouan, Gafsa Nord
Süden: Gafsa Süd, Gabès, Médénine
Quelle   Die absoluten Daten dieser Tabelle nach M. SEKLANI, 1974, S. 119.

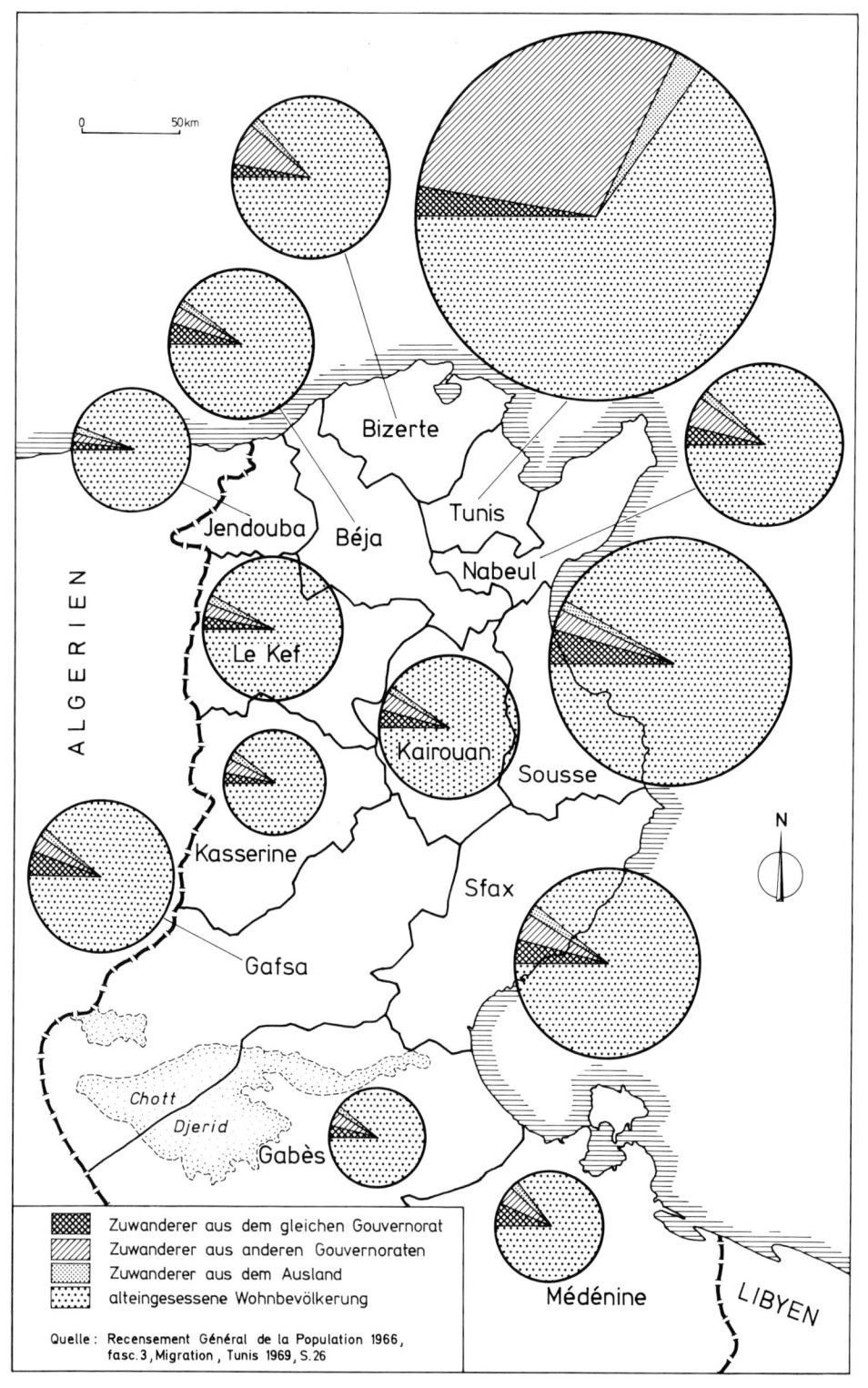

Figur 1   Tunesien. Anteil der Zugewanderten an der Wohnbevölkerung 1966

zugewandert ist. Entsprechend den Herkunftsräumen müssen die auf Tunis ausgerichteten Fernwanderungen nach drei Typen differenziert werden. In *Figur 2* sind diese Abwanderungsströme graphisch dargestellt. Zu beachten ist dabei der zeichentechnisch unterschiedliche Mengenmaßstab der *Figur 2* einerseits und der *Figuren 5* und *6* andererseits.

— Aus der Gebirgsregion des Tell (Gouvernorate Béja, Jendouba, Le Kef) stammen 36 % aller nach Tunis Zugewanderten. Ihr Anteil an der Wohnbevölkerung des Gouvernorates Tunis betrug (1966) 11,4 % und stellt damit den höchsten Beitrag aller Abwanderungsgebiete dar. Die Abwanderer stammen vorwiegend aus sehr dichtbesiedelten, agrarisch strukturierten, wenig verstädterten Hochflächenregionen (Le Kef), Tallandschaften (Medjerda) und Gebirgen (Kroumerie, Mogods), verfügen nur selten über gewerbliche Arbeitserfahrung und stellen damit eine bedeutende Komponente des „Exode rural" Tunesiens dar. Zum gleichen Typ gehören die Wanderungsströme, die aus dem Bereich der zentralen Hochsteppenlandschaften (z. B. Gouvernorat Kasserine) und aus dem Süden auf Tunis gerichtet sind. Hierbei handelt es sich (außerhalb der Oasen und abgesehen von der Insel Djerba) um Gebiete mit geringer Bevölkerungsdichte, in denen 1966 die Seßhaftwerdung ehemals (halb)nomadischer Gruppen noch nicht vollständig abgeschlossen war. Infolge der „Fixation" (Seßhaftwerdung) der Nomaden und ihrer sich anbahnenden siedlungsgeographischen Konzentration in geschlossenen Neusiedlungen, waren die zentralen Hochsteppen und die Südgebiete Räume besonders starken wirtschaftlichen und sozialen Umbruchs, anläßlich dessen ein Entschluß zur Abwanderung offensichtlich relativ leicht gefaßt wurde.

Allerdings fanden Migranten aus diesen Regionen aufgrund ihrer in der Regel geringen beruflichen Bildung im Großraum Tunis keine dauerhafte Beschäftigung. Auch wohnmäßig konnten sie eine Außenseitersituation zunächst nicht überwinden. Sie faßten in den zahlreichen „gourbivilles" (Lehmhüttensiedlungen) am Stadtrand von Tunis Fuß, wo sie häufig in räumlich engem Kontakt mit anderen Sippen- und Stammeszugehörigen in eigenen Quartierbereichen lebten.

— Teilweise aus agrarischem, teilweise aus städtischem Milieu stammten die nach Tunis gekommenen Zuwanderer aus den Gouvernoraten Nabeul und Bizerte. Es handelt sich dabei um Wirtschaftsräume, die bereits traditionell durch vielseitige Beziehungen an Tunis gebunden waren (Halbinsel Cap Bon), so daß hohe Rückwanderungs- und Fluktuationsraten verständlich sind.

— Überwiegend aus städtisch-gewerblichem Umfeld stammen (folgt man der Argumentation von Picouet 1971 a u. b) die Zuwanderer, die aus den Gouvernoraten Sousse, Sfax und Kairouan nach Tunis gelangten. Dabei ist von einem hohen Anteil an bereits kommerziell oder gewerblich ausgebildeten Erwerbspersonen auszugehen, die im Großraum Tunis aufgrund ihrer Arbeitserfahrung relativ gute Existenzmöglichkeiten finden konnten.

— Dieser Gruppe sind auch die von der Insel Djerba nach Tunis Wandernden zuzurechnen. Es handelt sich bei den „Djerbis" vorwiegend um kaufmännisch tätige Erwerbspersonen, die im Groß- und Einzelhandel ganz Tunesiens noch heute eine führende Rolle spielen. Die hohen Abwanderungszahlen des Gouvernorates Médénine umfassen nach Angaben des Recensements 1966 etwa zu zwei Dritteln „Djerbis".

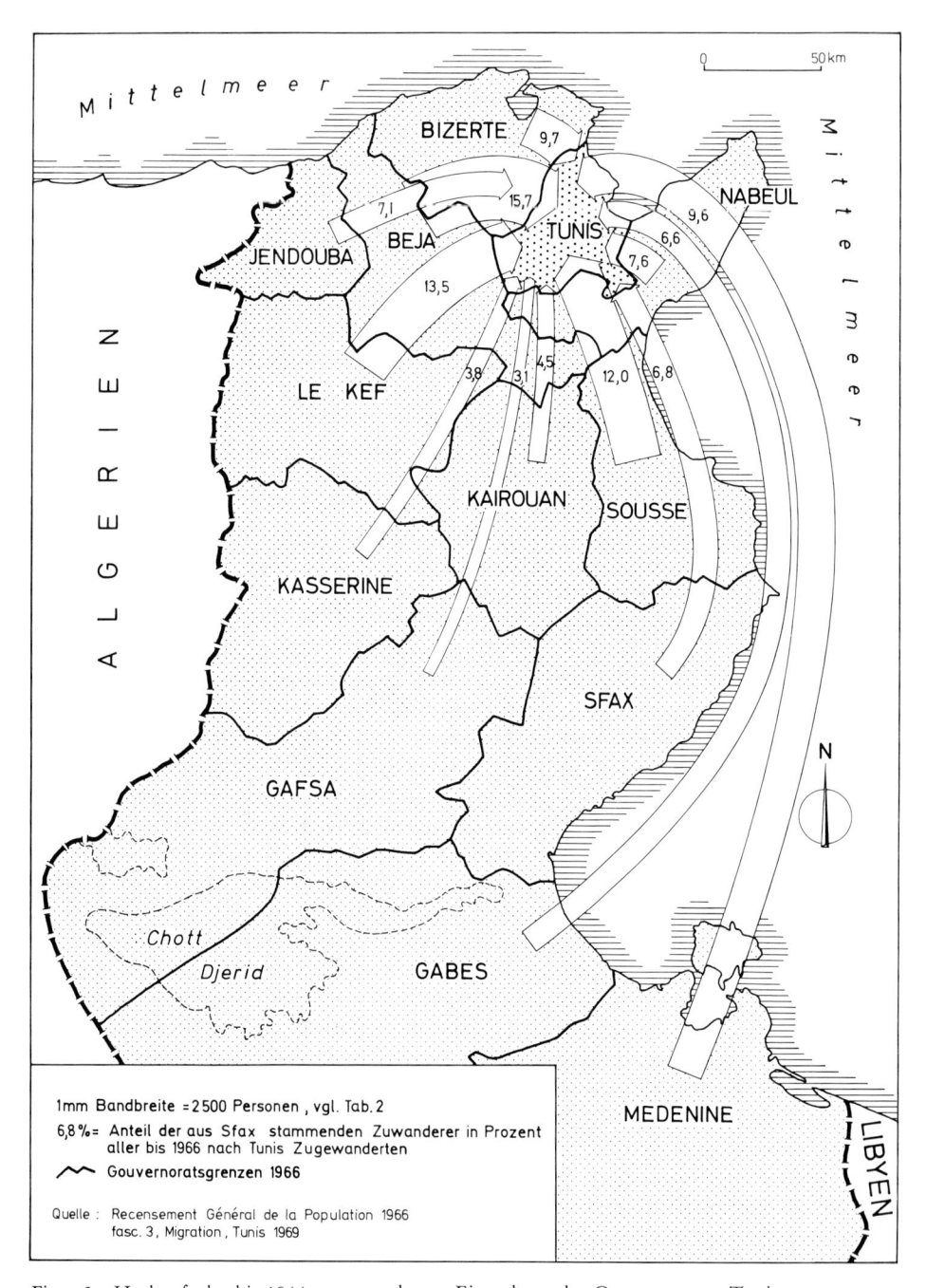

Figur 2 Herkunft der bis 1966 zugewanderten Einwohner des Gouvernorates Tunis

Tabelle 2 Herkunft der bis 1966 zugewanderten Einwohner des Gouvernorats Tunis nach Gouvernoraten

Abwanderungsgebiet	Abwanderungs-Gouvernorat	Wanderungsziel: Gouvernorat Tunis			
		in ‰ der Bevölkerung des Abwanderungs-Gouvernorats	absolut	in %	in % der Wohnbevölkerung Gouvernorat Tunis
Nordosten	Bizerte	72	23 900	9,7	3,0
	Nabeul	57	18 800	7,6	2,4
Sahel	Sousse	57	29 780	12,0	3,8
	Sfax	39	16 920	6,8	2,1
Hoher Tell	Béja	120	38 750	15,7	4,9
	Jendouba	68	17 550	7,1	2,3
	Le Kef	107	33 350	13,5	4,2
Zentrum	Kasserine	44	9 340	3,8	1,2
	Kairouan	39	11 120	4,5	1,4
Süden	Gafsa	23	7 600	3,1	1,0
	Gabès	80	16 300	6,6	2,1
	Médénine	98	23 880	9,6	3,0
Zuwanderung			247 290	100,0	31,4
errechnete Abwanderung			44 980		
Saldo: Zu-/Abwanderung			+202 310		
Gesamtbevölkerung 1966			789 790		

Quelle: RECENSEMENT GÉNÉRAL DE LA POPULATION ET DES LOGEMENTS (3 mai 1966). 3me fascicule. Migration. Tunis 1969, S. 28 u. 31.

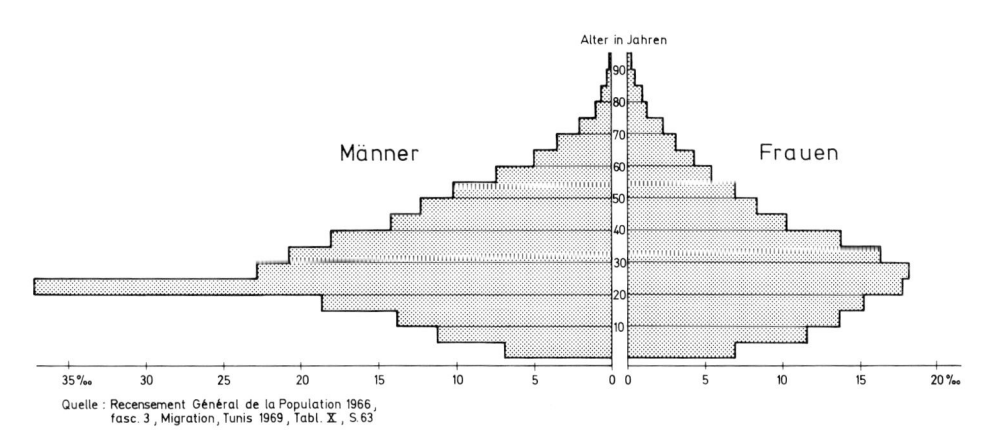

Figur 3 Gouvernorat Tunis. Altersstruktur der bis 1966 Zugewanderten in Promille aller Einwohner

Gouvernorat TUNIS

Anteil der bis 1966 Zugewanderten in % aller Personen je Altersgruppe

– – – Männer
·········· Frauen
——— insgesamt

Quelle: Recensement Général de la Population 1966
fasc. 3, Migration, Tunis 1969, Tabl. IX, S.58

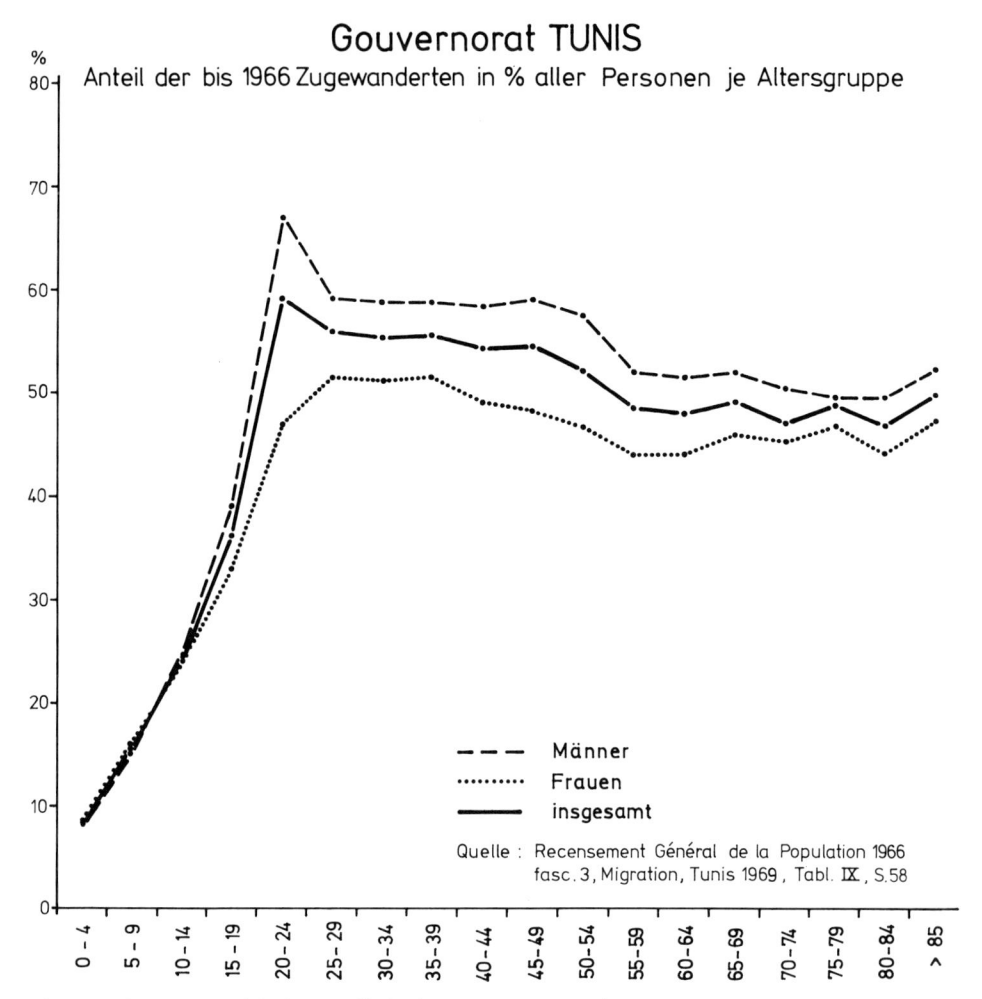

Figur 4 Gouvernorat Tunis. Anteil der bis 1966 Zugewanderten in Prozent aller Einwohner je Altersgruppe

Mit Hilfe der in *Tabelle 2* angegebenen Abwanderungsdaten kann die Attraktivität des Wanderungsziels Großraum Tunis auf die einzelnen Herkunftsräume näherungsweise bewertet werden. Die absoluten Angaben haben allerdings nur einen Stellenwert als „Hilfsgrößen", da sich die Einwohnerzahl des Abwanderungsgebietes auf einen bestimmten Zeitpunkt (Mai 1966), die Summe der Abwandernden jedoch auf einen längeren Zeitraum bezieht. Dennoch wird erkennbar, daß die Gouvernorate der Tell-Regionen, aber auch das Gouvernorat Médénine im ariden Süden des Landes bis 1966 die proportional (pro 1 000 Einwohner) höchsten Quoten von Abwanderern nach Tunis entsandten. Den niedrigsten Bezugswert weist das Gouvernorat Gafsa auf, dessen Phosphat-Bergbau-Gebiet sehr viele Abwanderungswillige direkt angezogen hat. Einen deutlich niedrigeren Wert erreichten die Sahel-Regionen Sousse und Sfax (mit 57 und 39 in Tunis registrierten Zuwanderern pro 1 000 Einwohner des Herkunftsgouvernorates). Die Sahelstädte boten offenbar im Zuge der eigenen urbangewerblichen Entwicklung in größerem Umfang heimische Erwerbsmöglichkeiten an.

Aufschlußreich ist das Altersgruppengefüge der in das Gouvernorat Tunis zugewanderten Personen (s. *Fig. 3* und *4*). **Eine markant herausragende Stellung nehmen hierbei die 20—30jährigen ein, die besonders bei den Männern als Wanderungsmotiv die Arbeitsplatzsuche wahrscheinlich machen.**

2.3.2.3 Die übrigen kleineren Stadtregionen als Wanderungsziel

Die räumlich anders gelagerten, auf Bizerte, Nabeul, Sousse und Sfax gerichteten Wanderungsströme dokumentieren die *Tabelle 3* sowie die *Figuren 5* und *6*. Deutlich wird, daß diese Zentren jeweils einen bedeutenden Teil ihrer Zuwanderer aus der Großregion Tunis erhalten. Hierin schlagen sich einerseits die ersten Versuche einer ab 1962 zu beobachtenden wirtschaftsräumlichen und administrativen Dezentralisierung in Tunesien nieder (Wanderung von Verwaltungsbeamten, Lehrern, politischen Funktionären in die sekundären Zentren). Andererseits haben vielleicht Personen, die früher nach Tunis zugezogen waren, dort jedoch keine Beschäftigung fanden, die Metropole wieder verlassen. Schließlich muß jedoch ebenso wie in Industrieländern mit genereller Fluktuation zwischen größeren Verstädterungszentren gerechnet werden.

Die kleineren Zuwanderungspole wie Sfax und Bizerte zeichnen sich durch überwiegend regionale Einzugsgebiete aus, die sich mit traditionellen Raumbeziehungen weitgehend decken. So erhielt Sfax seine Zuwanderer vornehmlich aus dem Bereich der Gouvernorate Sousse, Gafsa, Gabès und Médénine, während der Sahel-Kernraum um Sousse außerordentliche Wanderungsattraktivität für das niedrig gelegene ehemalige Steppengebiet im Becken von Kairouan besaß. Hier war schon während der Protektoratszeit und der ersten postkolonialen Entwicklungsphase die Seßhaftwerdung und damit die Schulorganisation weit fortgeschritten. Beide Faktoren dürften — motiviert durch den Wunsch nach sozialem Aufstieg — die Bereitschaft zur Abwanderung in einen städtisch-gewerblichen Wirtschaftsraum stark gefördert haben. (vgl. M. FAKHFAKH 1971, 1975; TRABELSI 1976; ATTIA 1970).

Vergleicht man die innertunesische Wanderungsbilanz aller Gouvernorate zum Zeitpunkt 1966, also den Saldo von Zu- und Abwanderung, so ergeben sich nur für den Großraum Tunis positive Werte. **Sie bestätigen seine überregionale Zentralität.** Alle anderen Gouvernorate weisen negative Bilanzen auf. Dabei ragen Béja, Le Kef mit Jendouba im Nordosten und Médénine (gefolgt von Gabès) mit Wanderungsverlusten um 9—10 % gegenüber dem Bevölkerungsstand von 1966 heraus. Sousse nimmt eine mittlere Stellung ein, die Wanderungsverluste der übrigen Gouvernorate (auch Sfax) liegen unter drei Prozent (s. *Fig. 7*).

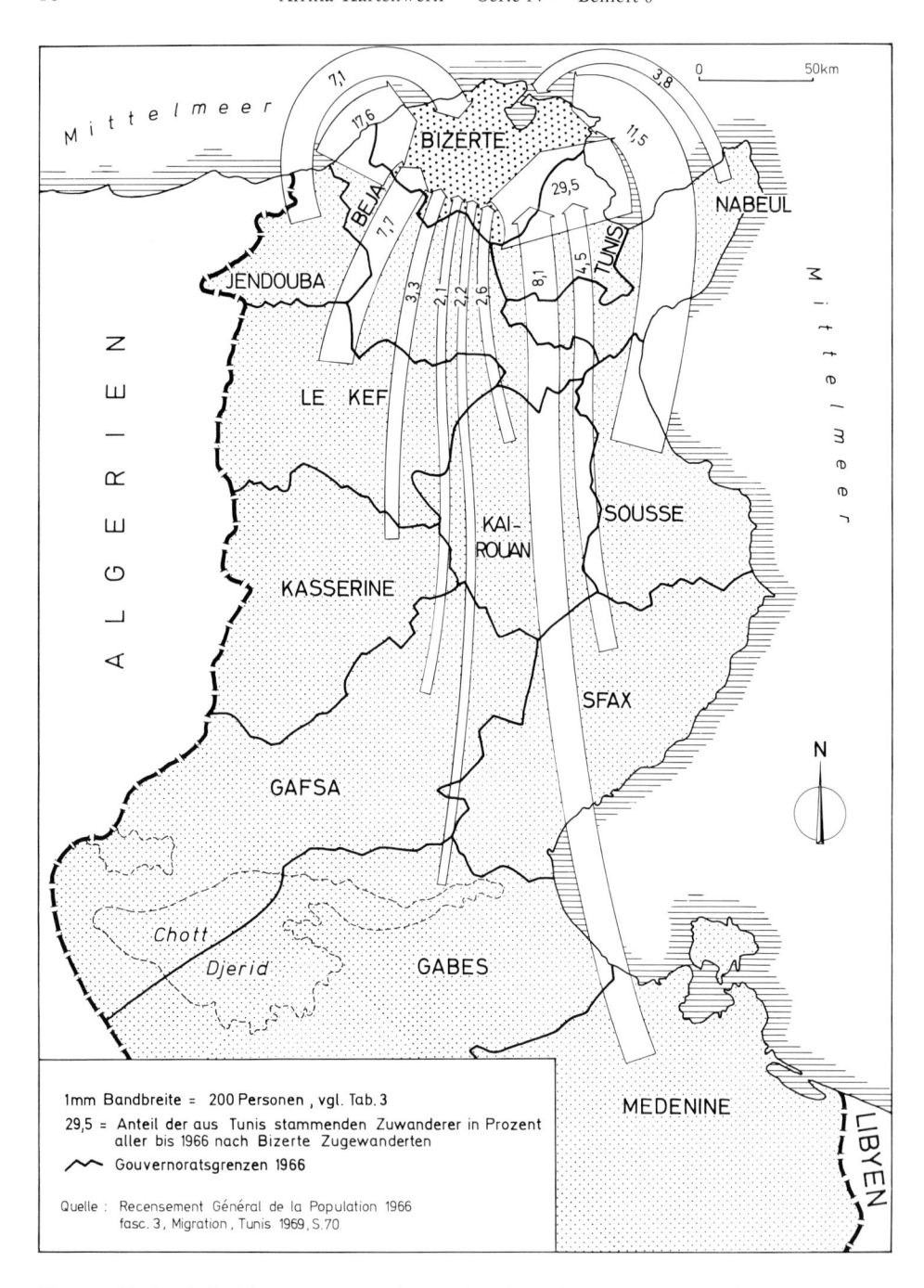

Figur 5   Herkunft der bis 1966 zugewanderten Einwohner des Gouvernorates Bizerte

Bevölkerungsgeographie — Nordafrika 17

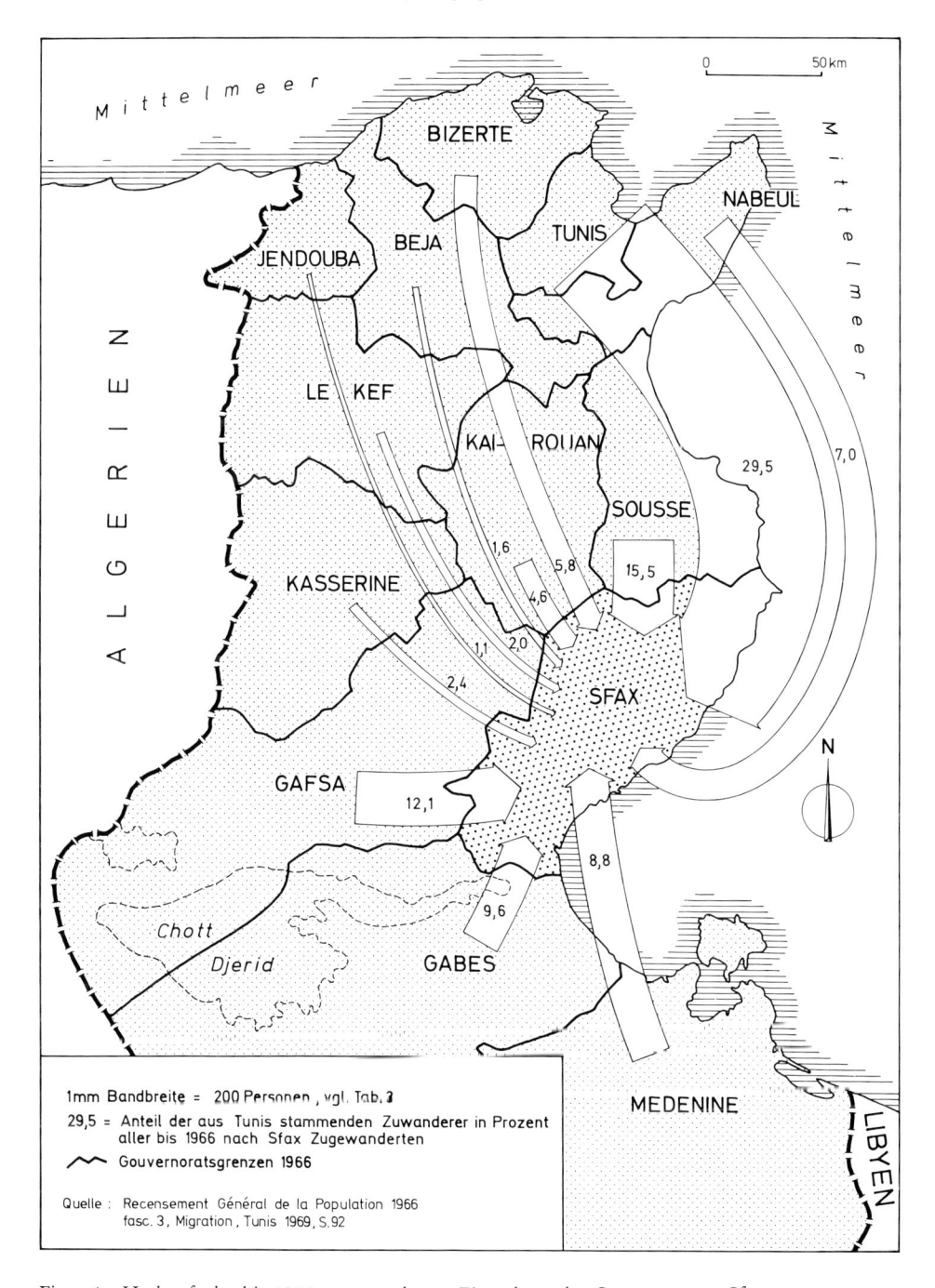

Figur 6 Herkunft der bis 1966 zugewanderten Einwohner des Gouvernorates Sfax

Tabelle 3   Herkunft der bis 1966 zugewanderten Einwohner ausgewählter Gouvernorate nach Gouvernoraten

Abwanderungsgebiet	Abwanderungs-Gouvernorat	Wanderungsziele							
		Gouvernorat Bizerte		Gouvernorat Sfax		Gouvernorat Nabeul		Gouvernorat Sousse	
		absolut	in %	absolut	in %	absolut	in %	absolut	in %
Nordosten	Tunis	6 900	29,5	6 550	29,5	5 820	24,5	3 600	23,1
	Bizerte	—	—	1 300	5,8	1 130	4,8	850	5,5
	Nabeul	900	3,8	1 550	7,0	—	—	1 560	10,0
Sahel	Sousse	2 700	11,5	3 440	15,5	6 800	28,7	—	—
	Sfax	1 050	4,5	—	—	1 800	7,5	2 870	18,4
Hoher Tell	Béja	4 100	17,6	360	1,6	1 460	6,2	610	3,9
	Jendouba	1 650	7,1	250	1,1	500	2,1	320	2,1
	Le Kef	1 800	7,7	430	2,0	1 030	4,4	500	3,2
Zentrum	Kasserine	780	3,3	540	2,4	420	1,8	540	3,5
	Kairouan	600	2,6	1 020	4,6	3 160	13,3	3 220	20,6
Süden	Gafsa	500	2,1	2 680	12,1	330	1,4	490	3,1
	Gabès	520	2,2	2 120	9,6	500	2,1	410	2,6
	Médénine	1 880	8,1	1 950	8,8	750	3,2	600	4,0
Zuwanderung		23 380	100,0	22 190	100,0	23 700	100,0	15 570	100,0
errechnete Abwanderung		31 960		29 830		26 710		50 700	
Saldo: Zu-/Abwanderung		−8 580		−7 640		−3 010		−35 130	
Gesamtbevölkerung 1966		329 550		425 100		324 100		521 100	

Quelle: Recensement Général de la Population et des Logements (3 mai 1966). 3me fascicule. Migration, Tunis 1969, S. 28 u. 31.

Die Migrationsverluste verteilen sich auf beide Geschlechter weitgehend gleichmäßig, lediglich beim Gouvernorat Médénine stellen die Männer den weitaus größten Anteil. Hier macht sich wieder die Insel Djerba als Herkunftsraum der (ausschließlich männlichen) Gruppen bemerkbar, die als Einzel- und Großhändler in allen Handelsbranchen Tunesiens tätig sind.

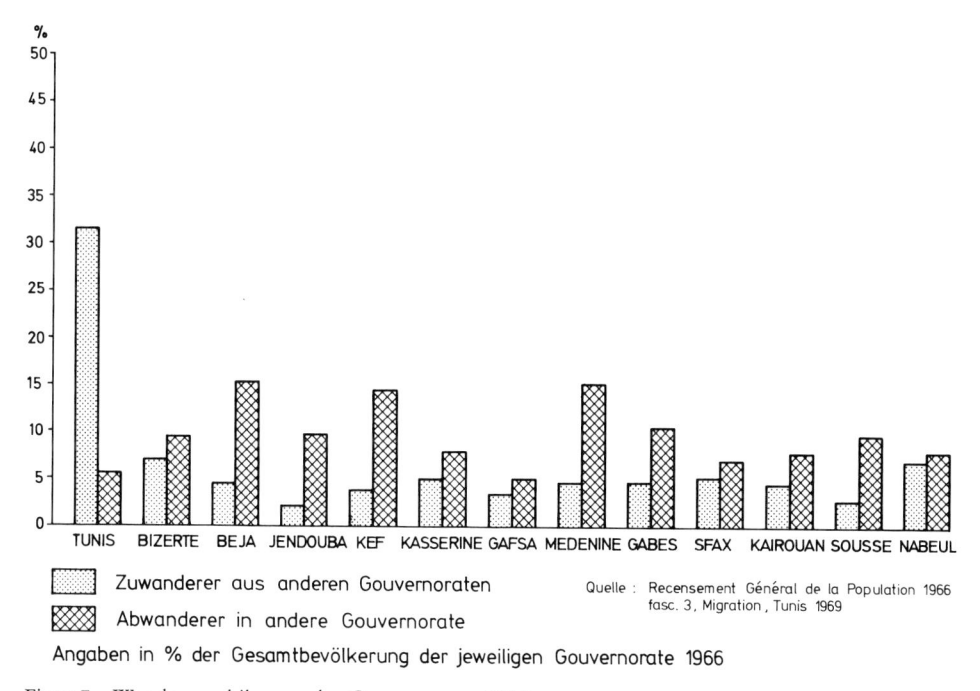

Figur 7 Wanderungsbilanzen der Gouvernorate 1966

Ergänzend muß festgehalten werden, daß die hier analysierten Wanderungsprozesse nur die innertunesische Migration umfassen. Bereits 1966 lebte ein Teil der erwerbsfähigen Bevölkerung im Ausland. Der entsprechende Prozentsatz wuchs bis 1972 mit ca. 160 000 Erwerbspersonen auf 13 % an (vgl. SEKLANI 1974, S. 75). Wenn auch eine genaue Zuordnung der Emigranten auf Herkunftsgouvernorate nicht möglich ist, so muß dennoch bereits für 1966 jeweils mit einer zusätzlichen Abwanderungsquote gerechnet werden.

Zu der wichtigen Frage, in welchem Verhältnis bei der innertunesischen Migration Direkt- und Etappenwanderung zueinander stehen, gibt das Recensement von 1966 keine Auskunft. Folgt man jedoch den Überlegungen von SIGNOLES (1972, S. 234 und 236), so dürfte der größte Teil der Wanderungsabläufe direkt, d. h. ohne Zwischenstation vom Abwanderungsort (z. T. Geburtsort) zum Zielort vollzogen worden sein.

2.4 Räumliche Veränderung der Bevölkerungsverteilung 1966—1975

Die Bevölkerung Tunesiens hat zwischen 1966 und 1975 von 4,5 Mio. auf 5,5 Mio. Einwohner zugenommen. Diese Spanne entspricht einer mittleren jährlichen Zunahme von 2,3 % (s. *Tab. 4*). Die räumlich unterschiedliche Verteilung dieser Bevölkerungszunahme von rund einer Million Menschen resultiert aus regional verschieden hohen Geburtenüberschüssen und Wanderungsvorgängen. Trendmäßig setzten sich damit Prozesse fort, die bereits im Jahrzehnt vor 1966 erkennbar waren. Versucht man Regionen mit jeweils etwa gleicher Bevölkerungszunahme auszugliedern, so lassen sich vier Gebietstypen erkennen. Sie kommen in *Figur 8* auf Grundlage der Delegationen, d. h. der mittleren Verwaltungsgebietsebene, zur Darstellung. Die Daten, die der *Figur 8* zugrunde liegen, beziehen sich auf den Gebietsstand 1975. Die Bevölkerungszahlen von 1966 sind arealmäßig entsprechend umgerechnet (s. *Fig. 9*).

2.4.1 Stadtregionen

Hohe Gewinne verzeichnen die verstädterten und gewerblich entwickelten Regionen Bizerte und Tunis, Sousse, Monastir und Mahdia, nicht aber die Stadt Sfax mit ihrem Umland. Auch Kasserine mit junger Industrie und erstarkenden zentralen Funktionen weist eine Bevölkerungszunahme von mehr als 4 % pro Jahr auf, besitzt gleichzeitig aber auch die höchsten Geburtenraten und Geburtenüberschüsse ganz Tunesiens. Zwar schwächer, aber noch deutlich über dem Landesmittelwert wuchs die Zahl der Einwohner im Umkreis der Phosphat-Bergbauzentren von Metlaoui im Süden des Landes. Allerdings gehören nicht nur industriell-gewerblich gut ausgestattete Zentren zu den Regionen mit höchsten Wachstumsraten. Auch die agrarischen Entwicklungsgebiete um Sidi Bou Zid, Nasrallah und die Delegation Souassi konzentrierten jährliche Wachstumsquoten zwischen 3 und 3,5 % auf sich. Letzte Phasen der Seßhaftwerdung, Siedlungsausbau, Förderung von ländlichen Kleinzentren und ausgedehnte landwirtschaftliche Neukultivierung (Bewässerung, Fruchtbaumkulturen) bildeten den hierfür entscheidenden Hintergrund. Bei Médénine wirkt die starke Zentrenfunktion großräumig besonders attraktiv (s. Trabelsi 1976; M. Fakhfakh 1971).

2.4.2 Stadtumlandgebiete und junge Agrarräume

Eine zweite Gruppe von Raumeinheiten erreichte im Zeitraum 1966—1975 mittlere jährliche Zunahmen der Bevölkerung zwischen zwei und drei Prozent. Hierzu gehören das nördliche und westliche Umland von Tunis, die Halbinsel Cap Bon, der periphere Bereich des Sahel von Sousse und Sfax sowie das Becken von Kairouan, vor allem aber diejenigen Gebiete Südtunesiens, in denen die jüngste Phase der Seßhaftwerdung ehemals halbnomadischer Bevölkerung zu grundlegenden Veränderungen der Siedlungs- und Wirtschaftsstruktur geführt hat (z. B. Gafsa Nord, Skhira, El Hamma). Während diese Regionen jedoch von einem weitgespannten, netzartigen Streusiedlungsgefüge mit Konzentrationstrends in Unterzentren gekennzeichnet sind, erfolgte die Bevölkerungszunahme in den saharischen Bereichen Südtunesiens ausschließlich in den Oasen bzw. in

Tabelle 4 Tunesien Bevölkerungsverteilung nach Gouvernoraten 1966 und 1975. Gebietsstand 1975. Vergleich der „population communale" mit der Gesamtbevölkerung

Gouvernorat	1966 Anteil der „population communale" absolut	%	1966 Gesamtbevölkerung („population présente")[a] absolut	%	1975 Anteil der „population communale" absolut	%	1975 Gesamtbevölkerung („population présente") absolut	%
Tunis nord	679 603	90,79	748 547	16,51	900 247	92,77	970 438	17,42
Tunis sud	30 895	19,04	162 247	3,58	52 852	26,44	202 071	3,63
Bizerte	137 247	47,13	291 226	6,42	186 481	53,83	346 445	6,22
Béja	50 772	23,34	217 534	4,80	65 121	26,69	243 961	4,38
Jendouba	29 671	11,60	255 837	5,64	47 433	16,41	288 989	5,19
Le Kef	42 697	20,88	204 481	4,51	57 088	25,12	227 259	4,08
Kasserine	29 907	15,69	190 553	4,20	52 364	22,20	235 913	4,23
Gafsa	102 113	52,96	192 821	4,25	137 164	57,74	237 534	4,26
Médénine	34 296	14,15	242 319	5,35	66 331	22,87	290 046	5,21
Gabès	72 154	35,44	203 582	4,49	95 733	37,80	253 248	4,54
Sfax	228 559	57,92	394 597	8,70	273 656	57,89	472 726	8,48
Kairouan	56 410	21,10	267 348	5,90	76 118	22,92	332 094	5,96
Mahdia	43 971	26,07	168 696	3,72	73 824	34,51	213 924	3,84
Sousse	136 874	67,25	203 520	4,49	189 070	71,73	263 585	4,73
Monastir	122 964	71,59	171 766	3,79	175 067	78,07	224 236	4,02
Nabeul	130 078	45,43	286 340	6,32	180 960	48,68	371 706	6,67
Sidi Bou Zid	6 026	5,56	162 477	3,58	14 814	6,95	213 115	3,82
Siliana	19 947	11,77	169 460	3,74	30 520	16,51	184 848	3,32
Total	1 954 184		4 533 351	100	2 674 843		5 572 128	100

a Gesamtbevölkerung entspricht hier der „ortsanwesenden Bevölkerung" (population présente).
Quelle: Institut National de la Statistique, Recensement Général de la Population et des Logements (8 mai 1975). Population par Division administraive. Tunis 1976, S. 38–242. – Dialogue 1976, S. 50–54.

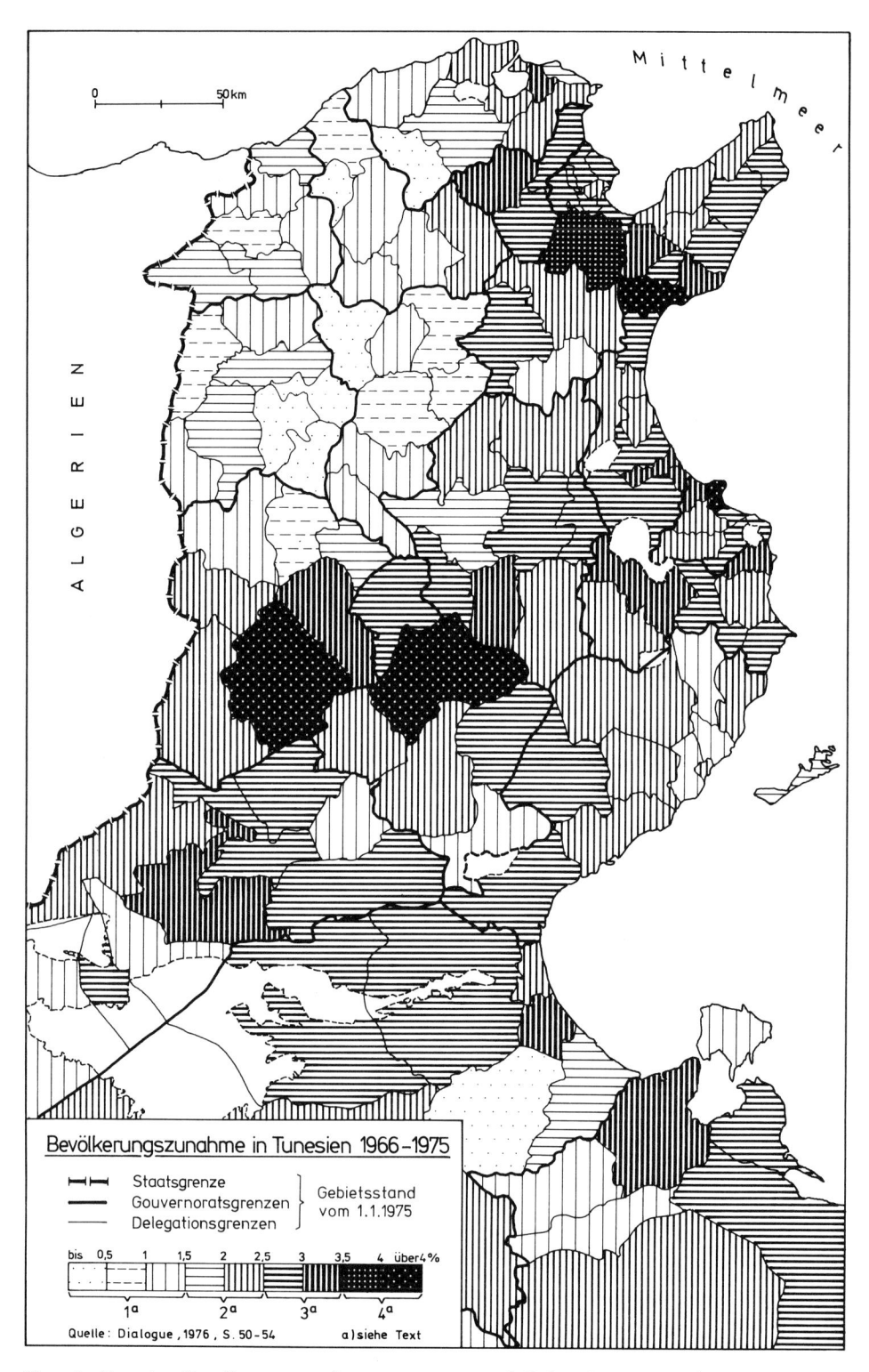

Figur 8   Tunesien. Bevölkerungszunahme 1966–1975 nach Delegationen

Figur 9 Tunesien. Verwaltungsgliederung nach dem Gebietsstand 1975

anderen, meist jüngeren, im Zuge der Seßhaftwerdung entstandenen Zentren. Die Wanderungsbilanz der Gouvernorate, also der obersten Verwaltungsgebietstypen, ist auch hier im Süden negativ. Das Wachstum resultiert deshalb allein aus den Geburtenüberschüssen, die im Gouvernorat Gafsa (gefolgt vom Gouvernorat Gabès) den zweithöchsten Wert Tunesiens erreichen. Lediglich kleinräumlich gesehen, auf der Ebene der mittleren Verwaltungsgebiete (Delegationen), treten im Rahmen der lokalen Zentrenwanderung positive Migrationsbilanzen auf (Oasensiedlungen).

Die kleinräumlich differenzierten Unterschiede der Bevölkerungszunahme zeigen in dieser zweiten Gruppe von demographischen Raumtypen die ursächlich wirksamen wirtschaftlichen Entwicklungstrends besonders deutlich auf. So überragt z. B. die Südflanke der Halbinsel Cap Bon mit alten Städten und jungem, expandierendem Tourismus die nördliche Hälfte mit traditioneller Agrarstruktur hinsichtlich der Bevölkerungszunahme. Auch das westliche und nördliche Umland von Tunis verzeichnet demographische Wachstumsraten, insbesondere auf der Basis von Wanderungsgewinnen, die primär auf die jüngere Ausdehnung von industriell-gewerblichen Funktionen in diesem Sektor der Peripherie der Metropole zurückzuführen sind.

2.4.3 Agrarräume des Nordwestens

Die dritte Gebietsgruppe mit Bevölkerungszunahme von nur ein bis zwei Prozent, konzentriert sich auf den Nordwesten Tunesiens im Bereich der Gouvernorate Kef, Siliana, Béja und Jendouba sowie auf einige kleinere Räume östlich der südtunesischen Schichtstufen. In beiden Teilräumen ist die demographische Gesamtbilanz schwierig zu beurteilen, weil sowohl bei Geburten- wie bei Sterbefällen mit starker Unterregistrierung gerechnet werden muß. Auch die Abwanderung, obgleich mit Sicherheit insgesamt sehr hoch, wird quantitativ in diesen Gebieten nur mit größeren Ungenauigkeiten zu erfassen sein. Als Ursache für die schwache Gesamtentwicklung der Bevölkerung (bei gleichzeitig hoher Dichte, starkem Geburtenüberschuß und bedeutender Abwanderung) ist die begrenzte Expansion der Beschäftigungsmöglichkeiten in fast allen Wirtschaftssektoren dieses Regionstyps zu sehen.

Die traditionelle Agrarstruktur in den Gebirgen, aber auch die modernisierte Getreidewirtschaft der Hochflächen um Le Kef verfügen nur über geringe Chancen, in großer Zahl neue Arbeitsplätze zu schaffen. Bei hohen Geburtenraten wurde die an sich traditionelle Abwanderungsbereitschaft im vergangenen Jahrzehnt deshalb noch erheblich verstärkt. Hierzu haben sicher die auch in diesen Gebieten im gleichen Umfang wie in den anderen Landesteilen erfolgreichen Anstrengungen zur Hebung des schulischen Niveaus und der Berufsfortbildung beigetragen.

2.4.4 Infrastrukturell benachteiligte Gebiete

Als vierter Gebietstyp bevölkerungsgeographisch ähnlicher Struktur heben sich — regional in engem Verbund mit der dritten Einheit — Räume heraus, die besonders infrastrukturell, d. h. in erster Linie verkehrsmäßig, nur wenig erschlossen sind, z. B. die Delegationen Sakiet Sidi Youssef, Jedliane, Krib, Sers, Ebbaksour, Ksour. Hier konnte seit Beginn der Unabhängigkeit die wirtschaftsräumliche Struktur vergleichsweise nur in äußerst geringem Umfang verbessert werden. Abwanderung der leistungsmäßig besser qualifizierten jüngeren Bevölkerungsschichten reduziert deshalb hier die Gesamtzunahme auf unter ein Prozent.

2.5 Hinweise auf Wanderungsprozesse 1975

Das RECENSEMENT 1975 unterscheidet erstmals die Bevölkerung nach Personen, die am Zählort als erstem Wohnsitz gemeldet sind (population résidente) und solchen, die zum Zählzeitpunkt tatsächlich angetroffen wurden (population présente). Die Differenz beider Ziffern weist entsprechend der amtlichen Definition solche Personen aus, die kurzfristig abwesend sind. Dauert der Aufenthalt länger als sechs Monate, so wird der Migrant am Zielort eingeschrieben und im Einwohnermelderegister des Herkunftsortes gestrichen. Zweifellos kann in einem halbjährigen Auswärtsaufenthalt der Versuch gesehen werden, einen neuen Arbeitsplatz zu suchen. Daran könnte sich ein definitiver Wohnsitzwechsel und damit die Änderung der ökonomischen und sozialen Position anschließen. Die in der Bevölkerungszählung von 1975 ausgewiesene defizitäre (ortsabwesende) bzw. die gegenüber der bereits langfristig registrierten Wohnbevölkerung überschüssige (vorübergehend zugewanderte) Personengruppe kann deshalb als Indikator der zur Zeit in Gang befindlichen Migrationsprozesse herangezogen werden. Die in *Figur 10* dargestellten Defizite und Überschüsse der männlichen Bevölkerung lassen erkennen, daß relativ wenige Wanderungsziele ausgedehnten Abwanderungsgebieten gegenüberstehen. Die Stadtregionen des Nordostens, des Großraumes Sousse-Monastir, Gabès und Djerba sind aufgrund ihres expandierenden Arbeitsplatzangebotes (Industrie, Handel, Verwaltung, Tourismus) angestrebte Ziele für Daueraufenthalte. Als Zwischenstationen könnten Tozeur, Le Kef, Kasserine und eventuell Kairouan aufgefaßt werden. Alle übrigen Delegationen weisen negative Abweichungen auf, d. h. einen bestimmten Anteil an vorübergehend ortsabwesender Bevölkerung. Allerdings müßte die statistisch nivellierende Aussage hinsichtlich des beruflichen Qualifikationsgrades der Wandernden differenziert werden. So sind die Migranten aus den nordwestlichen Gebirgsregionen und aus dem ariden Süden mehr den professionell wenig vorgebildeten Kräften zuzurechnen. Abwanderer aus dem Sahel von Sousse, von Cap Bon oder aus dem Umlandbereich von Tunis dürften demgegenüber Personen sein, die bereits auf eine Anfangskarriere zurückblicken können und nun eine weitere sozialökonomische Verbesserung anstreben. Mit geringen Defizitwerten fallen die Agrarkolonisationsgebiete der Steppenregionen und einige periphere Sahelgebiete, aber auch Teilregionen der intensiv bewirtschafteten Medjerdaebene auf. Hier wird offensichtlich auch im Agrarsektor eine fast ausreichende Zahl von Arbeitsplätzen angeboten. Die hier geringe Zahl von vorübergehend Abwesenden ist vielleicht auch in die Gruppe derjenigen bereits qualifizierten Arbeitskräfte einzureihen, die zu weiterem Aufstieg (erneut) mobil werden.

2.6 Überproportionale Zunahme der kommunalen Bevölkerung („Urbanisierungsgrad")

In neueren Arbeiten zur Bevölkerungsentwicklung in Tunesien wird die Zunahme des Urbanisierungsgrades nachdrücklich hervorgehoben (M. FAKHFAKH 1976, 1978; MIOSSEC & SIGNOLES 1978; GROUPE HUIT 1971, 1974). Ohne auf die Problematik der durch Dekret,

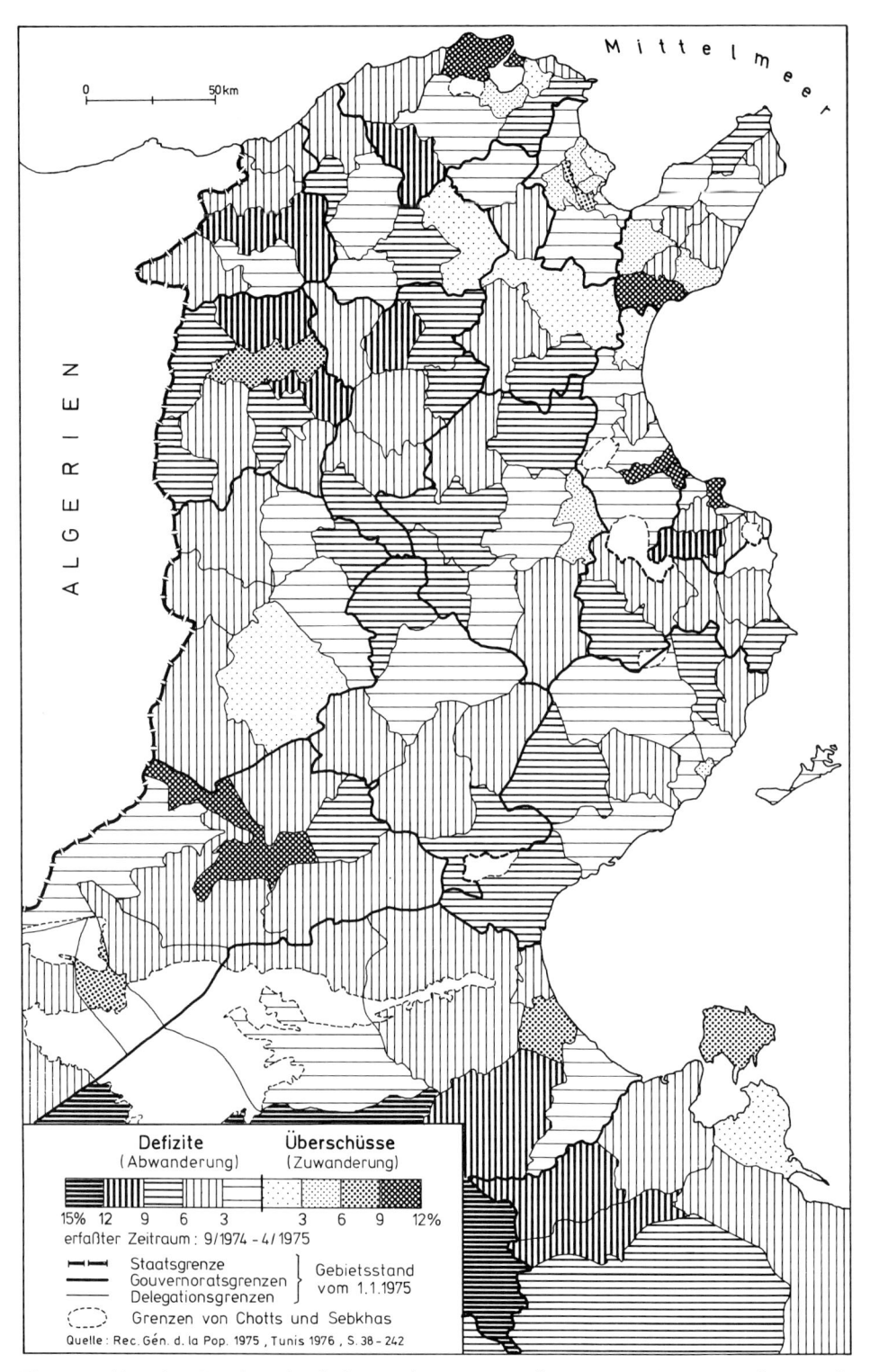

Figur 10 Tunesien. Vorübergehend abgewanderte/zugewanderte Männer in Prozent der männlichen wohnberechtigten Bevölkerung („population résidente") am 8. 5. 1975

also politisch festgelegten Unterscheidung zwischen Städten und nicht-städtischen Siedlungen eingehen zu können, sei auf das Erläuterungsheft zum Blatt N 9, Siedlungsgeographie des AFRIKA-KARTENWERKES verwiesen, dem diese Thematik vorbehalten ist.

Dennoch verdienen die Aussagen des jüngsten Recensements von 1975 uneingeschränkt Aufmerksamkeit. Sie zeigen, daß die Bevölkerung in den Siedlungszentren mit einer Kommunalverfassung wesentlich schneller zugenommen hat als in rein ländlichen Gebieten. Vom Gesamtzuwachs der Bevölkerung in Tunesien (1966—1975 = +1 039 800 Personen) entfallen 768 400 auf 1966 bereits bestehende „Communes", 151 000 auf nach 1966 neu errichtete „Communes" und der Rest von nur 120 400 Personen auf nicht-kommunale Gebiete. Diese Daten unterstreichen, daß die bereits vor 1966 mit Munizipalverfassung ausgestatteten Zentren (Stadtregionen, Zentrale Orte) 74 % des zwischen 1966 und 1975 erfolgten Bevölkerungszuwachses auf sich konzentriert haben.

Hieraus ist für Tunesien eine bedeutende Zunahme des Urbanisierungsgrades abzuleiten, der hauptsächlich auf Wanderungsgewinne zurückzuführen sein dürfte.

2.7 Wichtige Determinanten der jüngeren Bevölkerungszunahme

Unter den zahlreichen, sehr unterschiedlich ausfallenden Bevölkerungsschätzungen, die von verschiedenen Autoren für die zweite Hälfte des vorigen Jahrhunderts vorgenommen worden sind, hält SEKLANI (1974, S. 14) die Angaben von knapp über 1 Mio. um 1860 für den Wert mit größter Wirklichkeitsnähe (vgl. GANIAGE 1966, S. 857). Geht man von dieser Zahl aus, dann hat sich die Bevölkerung in 115 Jahren bis 1975 fast um das 5,6fache vergrößert. Damit steht Tunesien hinsichtlich der Größenordnung des demographischen Wachstums nicht in der Spitzengruppe der nord- und westafrikanischen Länder. Auch zwischen 1966 und 1975 erreichte die mittlere jährliche Zunahme der Bevölkerung in Tunesien mit 2,3 % geringere Werte als Ägypten und Algerien.

Vergleicht man die Wachstumsraten der tunesischen Bevölkerung seit 1926 (ohne ausländische Minderheiten), so wurden mit 3 % die höchste Ziffer im Jahrzehnt nach Beginn der staatlichen Unabhängigkeit erreicht (1956). Ein kurzfristiger absoluter Spitzenwert war um 1963—1964 zu verzeichnen (s. *Tab. 5*).

Tabelle 5   Tunesien. Zunahme der tunesischen Bevölkerung 1926—1975 in Zehnjahreszeiträumen

Zeitraum	absolut	%
1926	1 920 000	
1936	2 425 000	26,3
1946	2 890 000	19,1
1956	3 520 000	21,7
1966	4 590 000	30,3
1975	5 588 000	21,7

Quelle: Bevölkerungsdaten nach den korrigierten Werten bei SEKLANI 1974, S. 27.

Diese Daten erfassen nicht die in Tunesien lebenden Franzosen, Italiener, Malteser sowie die nicht-tunesischen Araber. Ihr zahlenmäßiger Anteil hat sich letztmals im Jahrzehnt zwischen 1946 und 1956 durch Einwanderung und Geburtenüberschüsse vermehrt. Auch die Erwerbung der französischen Staatsbürgerschaft (Naturalisation) durch Italiener, Malteser und tunesische Juden unterstützte die Vergrößerung der Minoritätengruppen. 1956, als Tunesien seine Unabhängigkeit erlangte, lebten etwa 66 800 Algerier in Tunesien, deren Zahl sich bis zum Ende des algerischen Befreiungskrieges (1962) noch erhöhte, danach aber rasch abnahm. 1956 lebten ca. 27 000 Libyer als Kontraktarbeiter in den Siedlungen der Phosphatminen in Südtunesien. Noch 1966 wird ihr Anteil auf knapp 8 000 beziffert. (s. *Tab. 6*).

Tabelle 6   Tunesien. Ausgewählte nicht-tunesische Bevölkerungsgruppen

Jahr	Franzosen	Italiener	Algerier	Libyer
1921	54 500	84 800		
1926	71 000	89 200		
1936	108 000	94 300	10 800	
1946	144 000	85 000	10 600	
1956	180 400	67 000	66 800	27 300
1966	16 300	10 100	23 600	7 900

Quelle: ANNUAIRE STATISTIQUE DE LA TUNISIE, 1968.

Während der Ausländeranteil Tunesiens 1956 mit 341 400 Personen 9 % der Gesamtbevölkerung ausgemacht hatte, reduzierte sich dieser Prozentsatz bis 1966 auf ca. 1,5 %. Die Aufgabe des französischen Militärstützpunktes Bizerte und die Nationalisierung der landwirtschaftlich genutzten Flächen der Colons waren entscheidende Ursachen für die Verringerung der Europäer in Tunesien. Nicht unbeträchtlich ist heute jedoch die Zahl der nach 1957 zumindest zeitweise als Lehrer, Techniker und Verwaltungsbeamte in Tunesien lebenden französischen Staatsbürger.

Wesentlich bedeutsamer ist allerdings — umgekehrt — der zeitweilige Aufenthalt tunesischer Erwerbspersonen in mittel- und westeuropäischen Ländern als Gastarbeiter. Vor 1956 weilten nur wenige tunesische Arbeitskräfte und Studierende außerhalb des Landes. Nach Beginn der Unabhängigkeit stieg die Zahl der im Ausland Beschäftigten zunächst zwar nur langsam an, nach 1962 entschlossen sich dann aber zunehmend mehr Personen zur vorübergehenden Emigration. Unabhängig von der Aufenthaltsdauer im Zielland blieb die Bilanz aus Abwanderung und Rückwanderung jedoch stets nur geringfügig negativ (s. *Tab. 7*).

Allerdings war vor Beginn der allgemeinen wirtschaftlichen Rezession in Europa eine zunehmende Verlängerung der einzelnen Aufenthalte im Gastland zu beobachten. Daraus ist eine gewisse Beeinflussung der natürlichen Bevölkerungszunahme ableitbar, da das durchschnittliche Alter der Abwanderer bei 30 Jahren liegt und die Hälfte davon das Land unverheiratet verläßt. Außerdem wird durch die zeitweilige Emigration die Zahl der

Tabelle 7   Tunesien. Bilanz der Außenwanderung in ausgewählten Jahren

Jahr	Abwanderung	Rückwanderung	Bilanz
1960	27 600	25 200	− 2 400
1965	76 400	65 000	−11 400
1968	156 400	138 600	−17 800
1970	207 000	185 100	−21 900
1972	337 300	312 800	−24 500

Quelle: SEKLANI 1974, S. 73.

Erwerbspersonen in Tunesien verringert. 1972 hielten sich immerhin 13 % der erwerbsfähigen Bevölkerung Tunesiens im Ausland auf. Sicherlich wirken beide Aspekte für den Arbeitsmarkt und den Devisenhaushalt Tunesiens zunächst günstig. Andererseits wandern vorwiegend gut ausgebildete und initiativreiche Gruppen der Erwerbsbevölkerung zur Arbeitsaufnahme nach Europa. Hierfür liegen zwar keine detaillierten statistischen Belege vor, Vermutungen von hohem Wahrscheinlichkeitsgrad sind jedoch wohlbegründet. Demnach ist eine negative Rückwirkung der Abwanderung von Arbeitskräften auf die wirtschaftliche Entwicklungsfähigkeit Tunesiens nicht ausschließbar (vgl. BOURAOUI 1976, S. 19—36; SIMON 1977).

2.8 Natürliches Bevölkerungswachstum, Altersstruktur und Erwerbstätigkeit

Im weltweiten Vergleich nimmt Tunesien hinsichtlich der natürlichen Bevölkerungszunahme keine Spitzenstellung ein. Die Daten der Weltbank weisen für Tunesien ein mittleres jährliches Wachstum der Bevölkerung von 2,4 % im Zeitraum 1970/76 (s. *Fig. 15*) und 2,2 % im Zeitraum 1960/76 aus. Damit rangiert das Land an der unteren Grenze derjenigen Länder der Erde, die zur Zeit über ein hohes Bevölkerungswachstum mit Verdopplungsraten von 20—25 Jahren verfügen. Alle Indikatoren lassen für die nahe Zukunft eine weitere Reduzierung der natürlichen Bevölkerungszunahme in Tunesien vermuten (s. *Fig. 11*).

Die im Diagramm der *Figur 11* dargestellten Geburten- und Sterberaten sind korrigierte Werte gegenüber den Angaben der amtlichen tunesischen Bevölkerungsstatistik. Es wird angenommen, daß nicht alle Geburten und Sterbefälle amtlich angemeldet wurden. Insbesondere in den Gebirgsregionen des Nordwestens sowie im äußersten Süden bleiben demographische Vorgänge teilweise unregistriert. SEKLANI (1974, S. 38) vermutet, daß nur etwa 96 % der tatsächlichen Geburten standesamtlich erfaßt werden. Ungenauer ist die Sterbestatistik. Für 1968 ermittelte man im Rahmen einer Sondererhebung (vgl. SEKLANI 1974, S. 58) eine Gestorbenenrate von 13,8 ‰. Tatsächlich wurde den Dienststellen des Etat civil eine wesentlich geringere Zahl von Todesfällen zur Kenntnis gebracht: Statt etwa 66 000 nur 46 700. Aus diesen Angaben errechnete die amtliche Statistik die viel zu niedrige Gestorbenenrate von nur 9,5 ‰.

Angesichts dieser Unterregistrierung demographischer Vorgänge versuchten SEKLANI (1974) und MARCOUX (1971 b), für die 60er Jahre korrigierte Datenreihen zu berechnen,

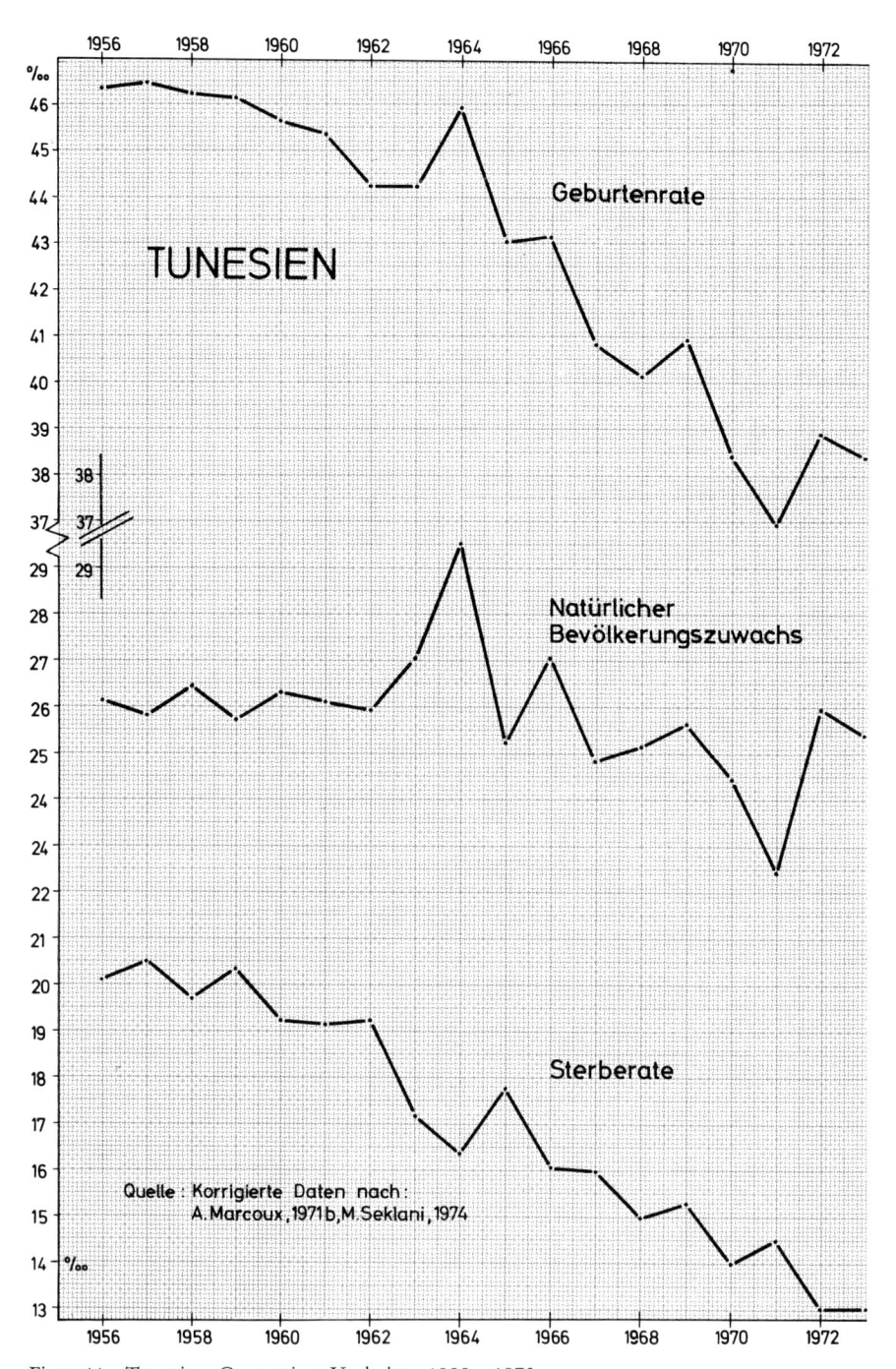

Figur 11   Tunesien. Generatives Verhalten 1955–1973

die das bisherige Bild der natürlichen Bevölkerungszunahme in Tunesien in einem neuen Licht erscheinen lassen.

Wie aus dem Diagramm (s. *Fig. 11*) ersichtlich wird, nahm zwischen 1956 und 1972, also in 16 Jahren, die Geburtenrate von etwa 46 ‰ auf 38 ‰ ab, die Sterberate sank — im Verlauf noch gleichmäßiger — von 20 ‰ auf 13 ‰.

Tabelle 8   Tunesien. Geburten- und Sterberaten[a] nach Gouvernoraten. Mittelwert 1966—1969

Gouvernorat	Geburtenrate ‰	Sterberate ‰	Geburtenüberschuß ‰
Tunis	34	8	26
Bizerte	38	10	28
Béja	35	8	27
Jendouba	35	7	28
Le Kef	40	8	32
Kasserine	42	8	34
Gafsa	43	10	33
Médénine	42	14	28
Gabès	43	13	30
Sfax	38	10	28
Kairouan	43	11	32
Sousse	41	10	31
Nabeul	40	10	30

a Registrierte Werte pro Wohnort, Sterberate erfaßt vermutlich nur 65 % der tatsächlichen Fälle.
Quelle: INSTITUT NATIONAL DE LA STATISTIQUE, Tunis; Série Démographie, No 1, 1971, S. 7 u. 19.

Mit Schwierigkeiten sind Aussagen über die regionale Differenzierung von Geburten- und Sterberaten verbunden, da die lokalen Unterschiede der Registrierungsgenauigkeit zu verfälschten Angaben führen. Dennoch sei als vorsichtig zu interpretierender Anhaltspunkt ein Mittelwert der Jahre 1966—1969 auf Gouvernoratsbasis aufgenommen (s. *Tab. 8*).

Aus *Tabelle 8* ist zwar ablesbar, daß die größten natürlichen Zuwachsraten im Bereich der Gouvernorate Le Kef, Kasserine, Kairouan und Gafsa, also in Zentraltunesien auftreten. Aber gerade hier überwiegt noch die Streusiedlung, die als verortete Struktur ehemals halbnomadischer Lebensweise aufzufassen ist. Angesichts dieses dispersen Wohnens muß mit beträchtlicher Unterregistrierung der Todesfälle gerechnet werden. Umfassende Maßnahmen zur Siedlungskonzentration begannen verstärkt um 1970. Sie dürften mit Sicherheit zu einer genaueren administrativen Erfassung demographischer Ereignisse geführt haben.

Die Ursachen der sinkenden Geburtenrate sind nur zu einem geringen Umfang in den Auswirkungen des tunesischen Programmes zur Familienplanung zu sehen. SEKLANI (1974, S. 56) betont, daß das generative Verhalten in islamischen Ländern wesentlich stärker als in Staaten vorwiegend christlicher Ethik im Hinblick auf eine Anpassung an soziale und ökonomische Erfordernisse durch religiöse und ethische Normen bestimmt werde. „Familienplanung" ist damit in der islamischen Kultur von Anbeginn tief verwurzelt. Hieraus erklärt sich die erwiesene, bislang relativ geringe Bereitschaft der tunesischen Bevölkerung, die Möglichkeiten der modernen Gesetze zur Geburtensteuerung wahrzunehmen. Das rasche Absinken der Geburtenraten wird vielmehr auf Veränderungen zurückgeführt, die auf das Gesamtspektrum des sozialen Lebens der tunesischen Bevölkerung Einfluß ausgeübt haben: zunehmende Verstädterung, geringer werdende Kindersterblichkeit, stärkere Berufstätigkeit der Frau, höhere Kosten für Schul- und Berufsausbildung. Diese Faktoren der allgemeinen kulturell-zivilisatorischen Entwicklung hätten auch dann eine rasche Reduzierung der Geburtenrate bewirkt, wenn die moderne staatliche Politik der Familienplanung vollständig unterblieben wäre (SEKLANI 1974, S. 56).

Schwieriger als die Erfassung der Geborenenrate scheint noch in jüngster Vergangenheit die Registrierung der Todesfälle gewesen zu sein. Wie die *Tabelle 9* zeigt, muß damit gerechnet werden, daß im letzten Jahrzehnt jährlich mindestens etwa 20 000 Gestorbene von der amtlichen Statistik nicht berücksichtigt wurden. Diese Summe entspricht immerhin ca. 40 % der behördlich registrierten Todesfälle. Daraus ist abzuleiten, daß die natürliche Bevölkerungszunahme ebenfalls niedriger war, als von der amtlichen Statistik angegeben. Dennoch ist das Absinken der Sterberate im Zeitablauf beachtlich: zwischen 1945 und 1960 von 28 ‰ auf 19 ‰, von 1961 bis 1973 von 19 ‰ auf 13 ‰. Allerdings treten gerade in diesem Punkt markante regionale Unterschiede auf. Im Bereich der großstädtischen Gouvernorate Tunis, Bizerte, Sousse und Sfax liegt bei hoher Registrierungsgenauigkeit mit 8—10 ‰ die Sterberate derzeit auf einem relativ niedrigen Niveau.

Ausschlaggebende Ursachen hierfür sind: geringere Säuglingssterblichkeit (bis Ende des ersten Lebensjahres) dank besserer geburtsmedizinischer Verhältnisse und zuwanderungsbedingte breitere jugendliche Basis der Bevölkerungspyramide. Wie bereits die Ergebnisse der Zählung von 1966 zeigen, die von der ENQUÊTE NATIONALE DEMOGRAPHIQUE 1968 bestätigt werden, bestehen erhebliche räumliche Differenzen zwischen einer niedrigeren Mortalitätsrate im städtischen zu wesentlich höheren im agrarisch-ländlichen Milieu.

Tabelle 9   Tunesien. Registrierte und wahrscheinliche Todesfälle 1965—1973

Jahr	Registrierte Todesfälle	berechnete Rate in ‰	nicht registrierte Todesfälle	vermutete tatsächliche Todesfälle
1965	51 700	12,0	23 220	74 120
1966	48 307	10,5	21 713	70 010
1967	49 387	10,2	22 183	71 570
1968	46 712	9,5	19 911	66 620
1969	52 872	10,5	23 618	76 480
1970	46 006	9,0	19 494	65 500
1971	48 762	9,7	21 908	70 670
1972	40 053	7,5	17 987	58 040
1973	43 315	8,0	19 455	62 770

Quelle: SEKLANI 1974, S. 58.

Eine Analyse der Altersstruktur (s. *Tab. 10*) zeigt, daß Tunesien zwar die typischen Merkmale stark wachsender Bevölkerungen besitzt. Innerhalb des nördlichen Afrika stellt sich Tunesien jedoch als dasjenige Land dar, dessen Relationen der in *Figur 12* ausgewiesenen Altersgruppen als vergleichsweise ausgewogen gelten können. Gleichwohl stellt die große seit 1966 gestiegene Zahl von Jugendlichen unter 15 Jahren auch Tunesien bei der Beschaffung der notwendigen Arbeitsplätze zukünftig vor unübersehbare Aufgaben. Analysiert man die bisherige Entwicklung, so zeigt sich, daß die neugeschaffenen Existenzmöglichkeiten nicht ausreichen, um den Mehrbedarf der breiter werdenden jugendlichen Jahrgänge zu decken.

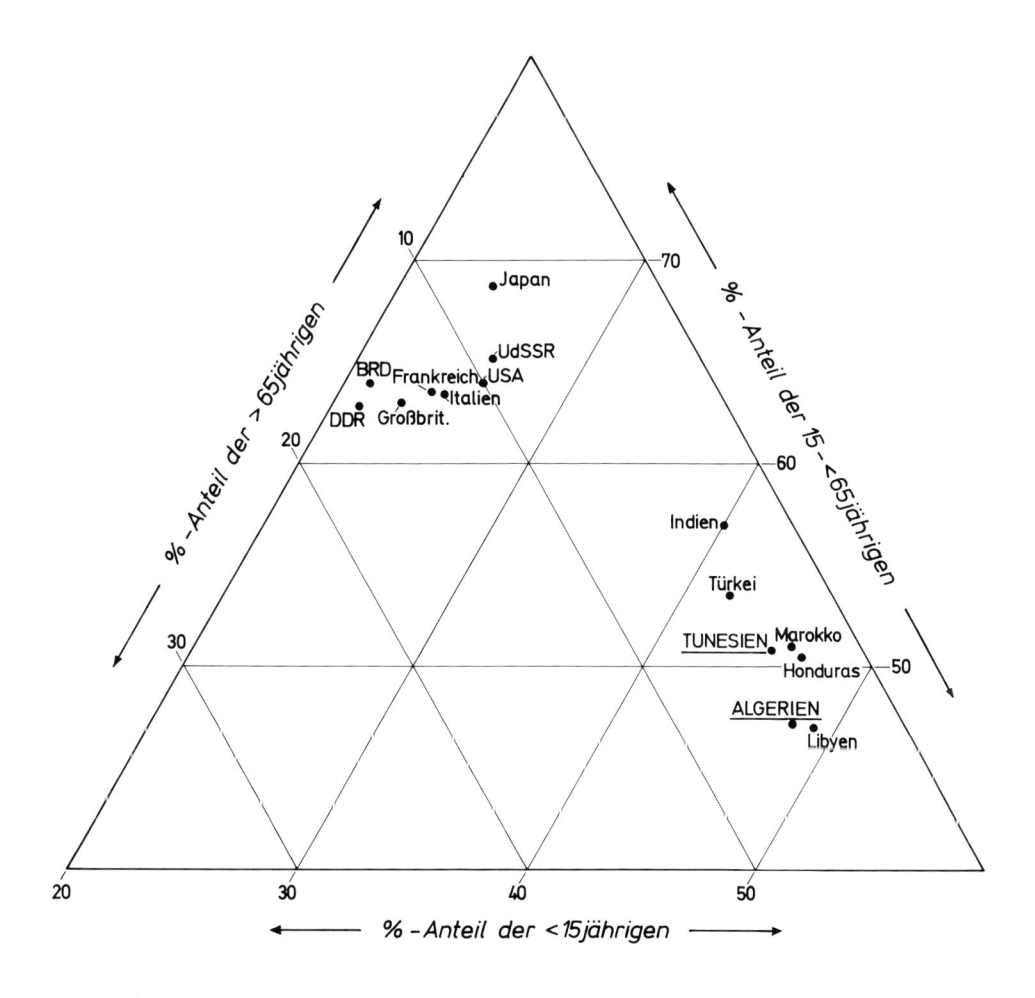

Figur 12 Altersgruppengefüge ausgewählter Länder (1973/75). Quelle: STATISTISCHES BUNDESAMT 1978, S. 613—614.

Tabelle 10 Tunesien. Altersgruppengliederung der Gesamtbevölkerung 1966 und 1975

Altersgruppe	1966 %	1975 %
<15 Jahre	46,3	43,7
15—45 Jahre	38,0	40,4
46—65 Jahre	12,2	12,3
>65 Jahre	3,5	3,6

Quelle: STATISTISCHES BUNDESAMT 1978, S. 13.

Obwohl altersspezifische Daten der Volkszählung von 1975 (Tunesien) zur Zeit nur grob gegliedert vorliegen, läßt sich aufgrund der Daten der WELTBANK (1978, S. 8) der hohe Anteil der Jugendlichen unter 15 Jahren aufzeigen (s. *Tab. 18*). Zahlenmäßig liegt seit 1960 eine Zunahme von etwa 1,7 auf 2,5 Mio. vor, die einer Steigerung um 41 % entspricht. Die Altersgruppe der 15—20jährigen innerhalb der Erwerbspersonen Tunesiens vermehrte sich von 1966 bis 1975 von 115 000 auf 296 000 Personen und erreichte damit fast eine Verdreifachung (vgl. STATISTISCHES BUNDESAMT 1978, S. 16). Damit liegt Tunesien allerdings noch nicht in der Gruppe von Ländern mit den höchsten Wachstumsraten der jugendlichen Basis der erwerbsfähigen Bevölkerung. Außerdem hatten die Wirtschaftsförderungsprogramme zur Schaffung arbeitsintensiver Mittelbetriebe offensichtlich guten Erfolg. Dennoch kann als ein gewisser Anhaltspunkt zur Beurteilung der arbeitsmarktpolitischen Situation bei der Gruppe der ins Berufsleben Eintretenden die Tatsache herangezogen werden, daß für 1975 offiziell immerhin 119 000 Personen angegeben werden, die erstmals auf der Suche nach einem Beschäftigungsverhältnis waren. Dieser Wert entspricht rund 7 % aller Erwerbspersonen oder knapp einem Viertel aller Arbeitsplätze im produzierenden Bereich der Wirtschaft. Die Ausweitung des Beschäftigungsangebotes kann bis zu einem bestimmten Grad durch die staatliche Förderungspolitik auf den Gebieten der Agrarkolonisation, des Baugewerbes der öffentlichen Hand oder der Verwaltung planmäßig erreicht werden. Der gütererzeugende Sektor hängt jedoch von entsprechend expandierender Nachfrage ab, die ihrerseits von Kaufkraftsteigerung gesteuert wird. Soweit diesbezügliche Untersuchungen Aussagen zu dieser Frage machen, wird jedoch die erfolgte Kaufkraftsteigerung als gerade ausreichend für den üblichen Grundbedarf bewertet. Diese Tatsache bedeutet angesichts der generativ bedingten erhöhten Nachfrage nach Arbeitsplätzen ein unzulängliches Wachstum.

Der Anteil der dauernd Erwerbstätigen an der Gesamtbevölkerung hat sich in Tunesien zwischen 1966 und 1975 von 24 % auf 29 % erhöht, wobei die Steigerungsrate bei den Frauen statistisch höher liegt als bei den Männern. Dennoch muß bei beiden Geschlechtern mit Unterregistrierung gerechnet werden (s. *Tab. 11*). Als beschäftigt gilt, wer mehr als 10 Tage pro Monat erwerbstätig ist (SEKLANI 1974, S. 138). Dieser Maßstab verdeutlicht den nur bedingt volkswirtschaftlichen Aussagewert, der sich hinter dieser statistischen Information zum Erwerbstätigkeitsgrad verbirgt.

Analysiert man die Aufteilung der Erwerbspersonen nach einzelnen Wirtschaftsbranchen, so stellt man zunächst Zuordnungsprobleme fest, die sich besonders bei den Dienstleistungen bemerkbar machen (s. *Tab. 12*). Trotz dieser Schwierigkeiten ist relativ exakt zu entnehmen, daß die Zahl der Erwerbspersonen in der Landwirtschaft zwischen 1966 und 1975 absolut aufgrund der hohen Geburtenraten zugenommen hat. Relativ trat eine Reduzierung ein: etwa ein Drittel aller Erwerbspersonen ist im Agrarsektor beschäftigt. Legt man für den ländlichen Siedlungsbereich eine größere Personenzahl pro Familie zugrunde, so leben damit heute in Tunesien etwa 60 % der Gesamtbevölkerung von Einkünften aus Land- und Forstwirtschaft sowie Fischerei, die zusammen ca. 20 % zum Bruttoinlandsprodukt beisteuern (1976).

Als außerordentlich positives Kriterium muß die Zunahme der Arbeitsplätze im produzierenden Bereich hervorgehoben werden. Die Zahl der hier beschäftigten Erwerbspersonen verdoppelte sich nach Angaben der Volkszählung von 1975 gegenüber 1966 von 200 000 auf 421 000. Dabei kamen dem verarbeitenden Gewerbe und dem Baugewerbe die höchsten Wachstumsraten zu.

Tabelle 11   Tunesien. Erwerbstätigkeit 1966 und 1975

	Erwerbspersonen		
	insgesamt	männlich	weiblich
1966 in 1 000	1 094	1 027	67
in % der Gesamtbevölkerung	24,1	44,4	3,0
1975 in 1 000	1 622	1 318	304
in % der Gesamtbevölkerung	29,1	46,6	11,0

Quelle: Statistisches Bundesamt 1978, S. 16.

Tabelle 12   Tunesien. Erwerbspersonen nach Wirtschaftsbranchen 1966 und 1975

	1966		1975	
	in 1 000	in %	in 1 000	in %
Landwirtschaft	448	10,9	526	32,5
Produzierendes Gewerbe	204	18,7	421	25,9
Handel, Banken, Versicherungen	73	6,7	127	7,9
Verkehr	39	3,6	57	3,6
Dienste	213	19,5	218	13,5
sonstige	76	6,9	154	9,4
erstmals Arbeit Suchende	41	3,7	119	7,2
	1 094	100,0	1 622	100,0

Quellen: Recensement Général de la Population et des Logements (3 mai 1966). 3me partie. Characteristique Economiques, S. 36. — Vgl. auch Seklani 1974, S. 147 mit zusätzlichen Angaben für 1956. — Recensement Général de la Population et des Logements (8 mai 1975). Tunis, 1976.

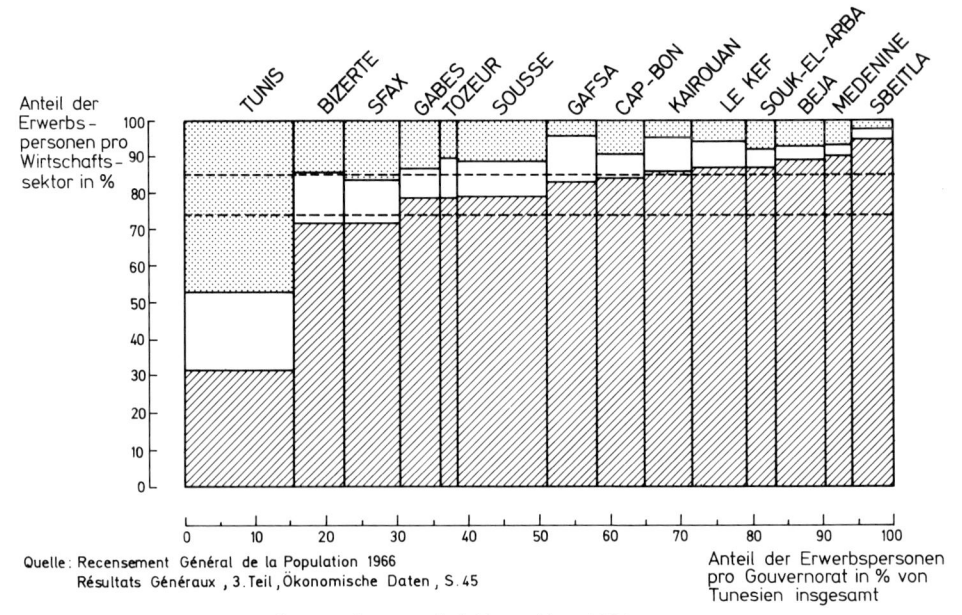

Figur 13 a Tunesien. Bevölkerung im erwerbsfähigen Alter 1956

Dienstleistung   Industrie/ Handwerk   Landwirtschaft

Quelle: Recensement Général de la Population 1966
Résultats Généraux, 3.Teil, Ökonomische Daten, S. 44

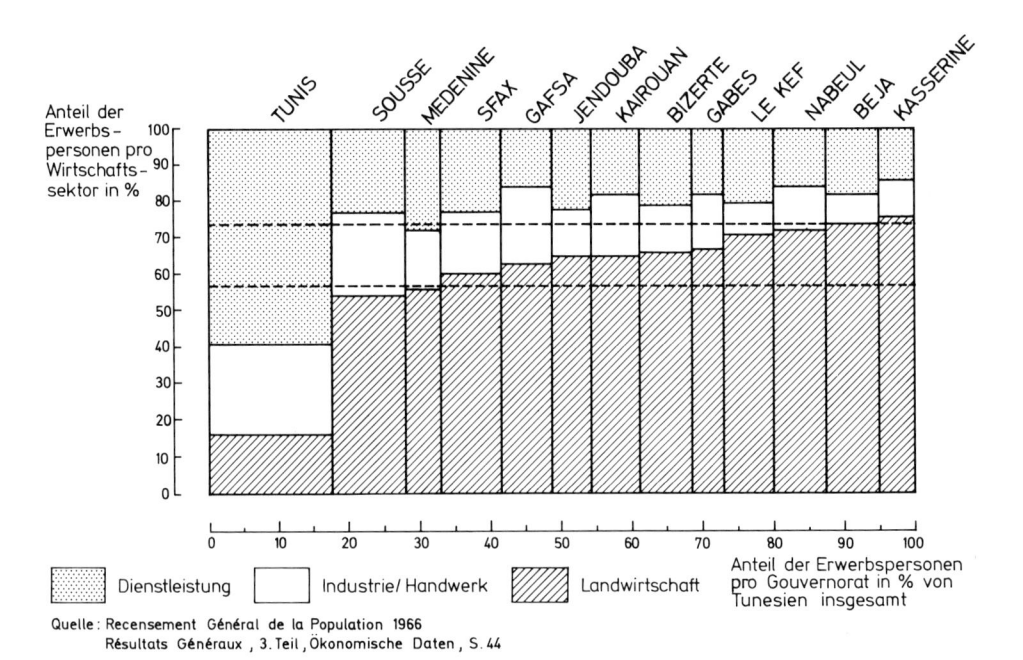

Figur 13 b Tunesien. Bevölkerung im erwerbsfähigen Alter 1966

Über die regionale Differenzierung der Abhängigkeit der Erwerbspersonen von den verschiedenen Wirtschaftsbereichen liegen aus dem Fundus der Volkszählung von 1975 noch keine Angaben vor. Lediglich für 1966 und 1956 läßt sich eine gebietsmäßige Aufgliederung der Zugehörigkeit der erwerbsfähigen Bevölkerung im Alter zwischen 15 und 64 Jahren zu den drei großen Wirtschaftssektoren vornehmen. Im Interesse einer Dokumentation der unterschiedlichen ökonomischen Entwicklung in den einzelnen Gouvernoraten seien die beiden Darstellungen der *Figuren 13 a* und *13 b* eingefügt, die von dem Diagramm der *Figur 14* ergänzt werden. Obwohl diese Daten keinen unmittelbaren Gegenwartsbezug besitzen, verdeutlichen sie doch den Agglomerationstrend im Nordwesten Tunesiens sowie in Sousse und Sfax. Mit der Zunahme der Beschäftigungsmöglichkeiten im sekundären Sektor korreliert die Expansion des Dienstleistungsbereiches.

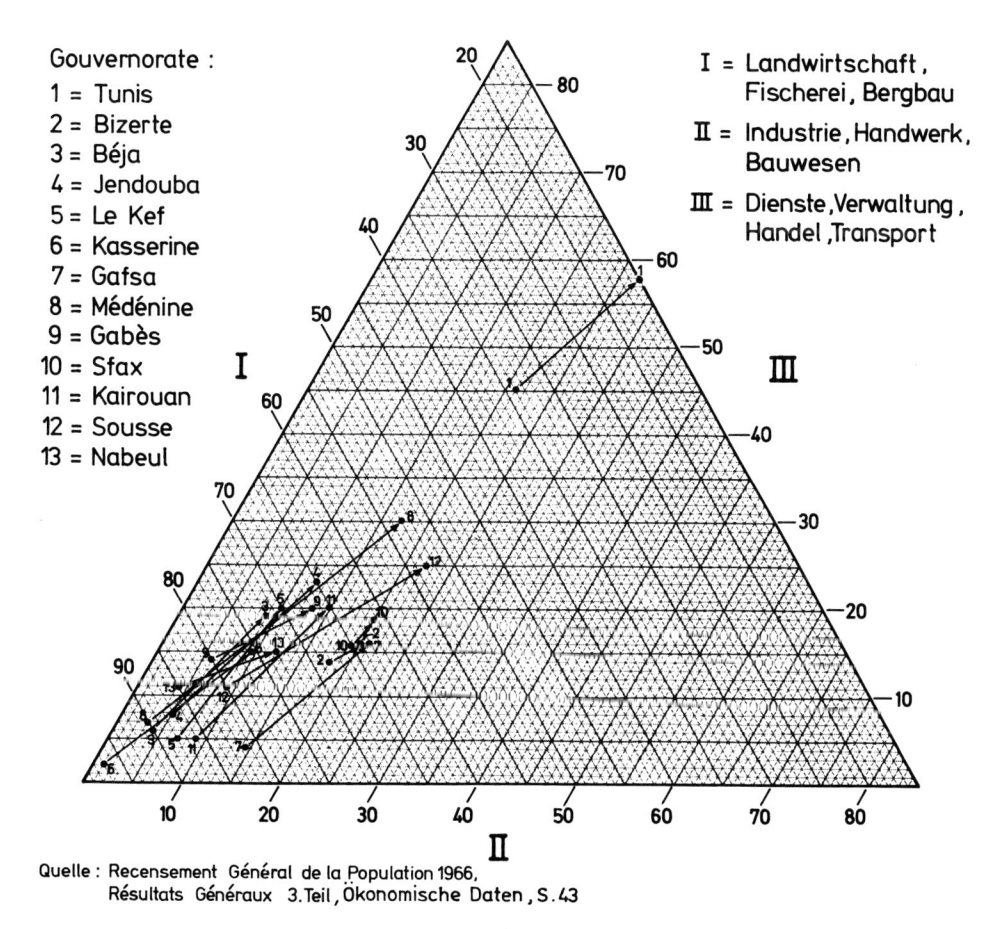

Figur 14 Tunesien. Erwerbstätige nach Wirtschaftssektoren und Gouvernoraten 1956—1966

3 Algerien. Skizze bevölkerungsgeographischer Determinanten

3.1 Allgemeine Situation

Der Blattschnitt der Karte N8, Bevölkerungsgeographie des AFRIKA-KARTENWERKES umfaßt nur den östlichen Teil des algerischen Staatsgebietes im Bereich der Wilayate Annaba, Constantine und Aurès. Der Abgrenzung dieser Verwaltungseinheiten liegt die administrative Gliederung Algeriens bis 1974 zugrunde. Damit ist die Datenvergleichbarkeit mit älteren Zählungen gewährleistet. Im Gegensatz zu Tunesien liegt für Algerien jedoch nur das groß angelegte Recensement von 1966 vor. Umfassende, koordinierte Veröffentlichungen jüngerer Zählungen stehen bislang aus.

Die bevölkerungsgeographische Gesamtsituation Algeriens wird im Vergleich zu Tunesien, zu anderen Regionen des Mittelmeerraumes und des Vorderen Orients von den höchsten natürlichen Wachstumsraten geprägt. In einigen Teilräumen (Große Kabylei, Aurès) tritt zu diesem Faktor eine historisch entwickelte, extrem hohe Bevölkerungsdichte hinzu. Demographische Dynamik und Bevölkerungsdruck belasten deshalb die wirtschaftliche Situation Algeriens tiefgreifend. So stellt sich die Frage nach der agrarischen Tragfähigkeit für Algerien in ähnlicher Weise wie in Ägypten. ACHENBACH (1973) hat am Beispiel der Großen Kabylei und des Aurès die Gesamtproblematik der jüngeren Bevölkerungsentwicklung in Gebieten hoher Dichte untersucht. Um die demographische Situation der vom Blattgebiet erfaßten Teilräume einordnen zu können, sei skizzenhaft ein bevölkerungsgeographischer Überblick Algeriens vorangestellt.

Versucht man wichtige Determinanten der gegenwärtigen demographischen und ökonomischen Lage zu beschreiben, so wird die im Vergleich zu Tunesien ungleich schwierigere Startsituation Algeriens sichtbar.

— Die politischen und wirtschaftlichen Veränderungen der Kolonialzeit haben das autochthone ökonomische Grundgefüge Algeriens stärker beeinflußt als dasjenige Tunesiens. Als Protektorat hatte Tunesien einen größeren Spielraum zur eigenständigen Entfaltung zur Verfügung. Fehlte in Algerien die für Marokko und Tunesien so prägende Stadtkultur aufgrund anderer historisch-genetischer Prämissen weitgehend, so wurde mit der kolonialzeitlich erfolgten fast vollständigen Zerstörung auch der geringfügigen Ansätze eines traditionellen Handwerks die bruchlose, kontinuierliche Evolution zu Wirtschaftsformen modernen Zuschnitts verhindert. Die junge Industrialisierung kann sich deshalb nicht auf bereits vorhandene Arbeits- und Organisationserfahrung stützen.

— Während der Kolonialzeit blieb die algerische Bevölkerung in stärkerem Maße von der Teilnahme an den Fortschritten des technischen Wissens, der allgemeinen Bildung und der Verwaltung ausgeschlossen. Nach Erlangung der staatlichen Unabhängigkeit wirkte sich dieser Mangel belastend auf die Formierung einer neuen wirtschaftlichen Führungsschicht aus.

— Im Vergleich zu Tunesien muß im Hinblick auf eine Bewertung der agrarischen Tragfähigkeit die ungleich schwierigere Inwertsetzung der physisch-geographisch relevanten Grundlagen für die landwirtschaftliche Bodennutzung berücksichtigt werden.

Die mediterranen Landschaftstypen des nördlichen algerischen Tellbereiches besitzen nur geringflächige Ausdehnung; weitere, durch Küstenlagen begünstigte Agrarräume — wie der Sahel von Sousse — fehlen in Algerien. Die starke Überformung durch die französische Agrarkolonisation hat zwar vorwiegend großbetriebliche Strukturen hinterlassen. Aber offensichtlich stellten sich bei deren Übernahme und Fortentwicklung auf genossenschaftlich-cooperativer Basis Leistungsmängel heraus.

— Algerien verfügt über umfangreiche Rohstoffgrundlagen insbesondere auf dem Energiesektor und konnte deshalb eine bereits breit gefächerte moderne Industrie aufbauen (vgl. A. Arnold 1979). In sozialökonomischer Sicht ist dennoch nicht zu übersehen, daß die traditionellen Wirtschaftszweige den fortgeschrittenen relativ unverbunden gegenüberstehen. Dieses dualistische Gefüge erschwert die arbeitsmarktpolitisch wünschenswerte Steigerung der Durchlässigkeit zwischen den einzelnen Erwerbs- und Berufszweigen, schränkt die Gleichverteilung eines an sich hohen Bruttosozialproduktes ein und wirkt sich damit belastend auf die Existenzsicherung einer insgesamt schnell wachsenden Bevölkerung aus.

Diese wenigen Hinweise zeigen, daß in Algerien — trotz des Rohstoffreichtums — hinsichtlich der Bewältigung demographisch bedingter Probleme nicht unbeträchtliche Schwierigkeiten zu überwinden sind. Diese Feststellung gilt insbesondere in regionaler Sicht. Während auf die urban-industriellen Verdichtungsräume bedeutende Kaufkraftanteile pro Kopf entfallen, liegen diese Werte in peripheren Gebieten erheblich niedriger. Zu diesen Raumtypen gehören auch Teile Ostalgeriens, das hier unter bevölkerungsgeographischem Blickwinkel zu analysieren ist.

Zur Charakterisierung der gegenwärtigen demographischen Situation sind im folgenden die historische Bevölkerungsentwicklung, das gegenwärtige generative Verhalten, die Erwerbsstruktur und die bevölkerungspolitische Grundeinstellung Algeriens zu beleuchten.

3.2 Bevölkerungsentwicklung

Obwohl die Entwicklung der europäischen Bevölkerung der Kolonialperiode keine Bedeutung für die gegenwärtige demographische Situation der algerischen Bevölkerung besitzt, lassen sich gewisse Auswirkungen über die Siedlungsstruktur auf die heutige räumliche Bevölkerungsverteilung nicht übersehen. Aus diesem Grund ist ein kurzer Rückblick erforderlich.

Die Zunahme der europäischen Bevölkerung in Algerien wurde von sehr verschiedenwertigen Faktoren bestimmt. Erste koloniale Siedlungszentren entstanden unmittelbar nach Durchgang der militärischen Eroberung ab 1830 in Algier und Constantine, in der Mitidjaebene, um Arzew-Mostaganem. Die anfangs schwierig zu bewältigenden, wirtschaftlichen Probleme und die politischen Ereignisse (Erhebung der Algerier unter Abdel-Kader 1839) bedingten eine nur langsame natürliche Zunahme der europäischen Bevölkerung. Zeiweise war die Gestorbenenrate sogar höher als die ebenfalls nicht unbeträchtliche Geborenenrate. Deshalb wuchs der europäische Bevölkerungsteil bis 1898 fast nur aufgrund der Einwanderung (Breil 1957, S. 103). Bis 1851 hatte die Zuwanderung nichtfranzösischer Gruppen überwogen, deren größten Anteil die Spanier stellten. Sie wurden als Fischer und Bauern in Westalgerien ansässig. Die Italiener faßten als Bauarbeiter und kleine Bauern in den Départements Algier und Constantine Fuß. 1954 lag der nichtfranzösische Anteil der Europäer-Bevölkerung in Algerien jedoch nur noch bei 5 % (BREIL 1957, S. 27). Die Einwanderung von Franzosen, die sich in verschiedenen Wellen, hauptsächlich zwischen 1840 und 1850 sowie ab 1870 bis gegen Ende des Jahrhunderts, vollzogen hatte, sank ab 1900 auf etwa 80 000 Personen pro Jahr. Gleichzeitig resultierte das nun beträchtliche zahlenmäßige Wachstum der Algero-Franzosen aus den steigenden Geburtenüberschüssen. Nach 1950 betrug der noch in Frankreich geborene Teil der Franzosen in Algerien nur 3 % (BARTELS 1961, S. 163).

Obwohl die Franzosen 1954 mit knapp 1 Mio. nur 11 % der Bevölkerung in Algerien stellten, bestimmten doch ausschließlich sie das politische und wirtschaftliche Leben und stellten die Oberschicht des Sozialgefüges. Als dann nach Beendigung des Befreiungskrieges die Europäer teils freiwillig, teils zwangsweise nach Frankreich übergesiedelt waren, ergaben sich umfangreiche wirtschaftliche Schwierigkeiten aus dem plötzlichen Fehlen der alten Führungskräfte besonders deshalb, weil eine entsprechende Ausbildung von Algeriern für höchstverantwortliche Funktionen in französischer Zeit unterblieben war. Der Mangel an Technikern und Ingenieuren mittleren Grades wurde erst ab etwa 1966 im Rahmen der französischen, sowjetischen und bulgarischen Entwicklungshilfe in Ansätzen ausgeglichen.

Zieht man für die Bevölkerungsverhältnisse das Fazit aus der kolonialen Periode, so ist festzuhalten, daß die Europäer aus dem Bevölkerungsbild des Maghreb, in das sie biologisch nicht integriert waren, wieder vollständig ausgeschieden sind. Ferner ist ersichtlich, daß die Moslembevölkerung trotz für sie ungünstiger wirtschaftlicher Konditionen während der Kolonialzeit stark zugenommen hatte.

Die Entwicklung der algerischen Bevölkerung läßt sich nach ACHENBACH (1973, S. 3) in fünf Wachstumsperioden gliedern. Einer labilen Oszillationsphase um die Gesamtzahl von 2 Mio. Menschen folgte ab 1880 ein Zeitabschnitt rascher Zunahme von durchschnittlich 2,6 % pro Jahr bis zum Ersten Weltkrieg. Danach wuchs die algerische Bevölkerung nur geringfügig, um ab 1931 eine erneute Aufwärtsentwicklung von 2,2 % jährlich zu beginnen. Seit Eintritt Algeriens in die staatliche Unabhängigkeit (1962) versteilte sich die Wachstumskurve nochmals. Sie führte seit 1960, also in nur 18 Jahren, zur jüngsten Verdopplung, nachdem die vorangegangenen Verzweifachungen jeweils wesentlich länger gedauert hatten (s. *Tab. 13*).

Die Bevölkerungszahl von 18,2 Mio. für 1978 umfaßt alle innerhalb des Staatsgebietes von Algerien wohnberechtigten Personen („population résidente"). Infolge umfangreicher Gastarbeit weilt jedoch etwa 1 Mio. Algerier in Europa. Offiziell wird für 1976 mit 615 000 Arbeitskräften plus etwa 300 000 Angehörigen gerechnet, die in Frankreich lebten (BEDJAOUI 1978, S. 13). Aus algerischer Sicht wird diese Emigration unterschiedlich bewertet. Einerseits garantieren die Lohnsummenüberweisungen Devisenzuflüsse, andererseits wird der Mangel an qualifizierten Arbeitskräften beklagt (BEDJAOUI 1978, S. 13). Die arbeitsmarktpolitische Konsequenz der Gastarbeit im Ausland wird im Hinblick auf ihre Folgen für die Wirtschaft Algeriens eingehend von TREBOUS (1970) untersucht.

Tabelle 13   Zunahme einzelner Bevölkerungsgruppen

Jahr	muselmanisch-algerische Bevölkerung in Mio.		Franzosen, Algero-Franzosen	übrige Europäer (Spanier, Italiener, Malteser und übrige)
1845	2,0		46 300	49 700
1872	2,1		164 000	115 500
1881	2,8		231 000	181 300
1901	4,0		415 000	217 000
1921	4,9	⎫	602 000	188 000
1931	5,5	⎪ Verdoppelung		
1948	7,4	⎬ in 54 Jahren	877 000	46 000
1954	8,7	⎭	926 000	59 000
1960	9,6	⎫	983 000	...
1966	12,3	⎪	68 400	...
1968	13,5	⎪	...	
1970	14,3	⎬ Verdoppelung	...	
1972	15,2	⎪ in 18 Jahren	...	
1974	16,3	⎪		
1976	17,3	⎪		
1978	18,2	⎭		

... Keine Angaben

Quellen: Extraits de l'Annuaire Statistique de l'Algérie 1976, S. 8. — Annuaire Statistique de l'Algérie 1960, S. 19. — Monthly Bulletin UN, Februar 1979.

3.3 Sprachlich-ethnische Gliederung

Die sprachliche Gliederung der algerischen Bevölkerung gibt einen Hinweis auf die ethnischen Wurzeln. Überwiegen im Landesdurchschnitt arabische Elemente (s. *Tab. 14*), so sind für einzelne Wilayate sehr unterschiedliche Zusammensetzungen charakteristisch. Die Wilaya Aurès im südlichen Ostalgerien und die Wilaya Tizi Ouzou zeichnen sich durch hohe berberophone Bevölkerungsanteile aus, die sich nicht nur im Bereich der Lebensformen, sondern auch im Siedlungsgefüge, in landwirtschaftlichen Nutzungsmethoden sowie in einer Kombination von Mobilitätsbereitschaft und Heimatbewußtsein von arabischen Gruppen unterscheiden (s. *Tab. 15*).

3.4 Generatives Verhalten

Wie in vielen Ländern, die noch nicht über ein bürokratisiertes Datenerhebungsmanagement verfügen, kann die natürliche Bevölkerungszunahme auch in Algerien nur nach vorsichtiger Interpretation der amtlichen Personenstandstatistik dargestellt werden. Die für die Vergangenheit von Breil (1957) geschätzten Geburtenziffern werden von Negadi, Tabutin et al. (1974, S. 19) für verläßlich gehalten. Die bei ihm genannte Gestorbenenrate erhöhen die genannten Autoren jedoch wegen wahrscheinlicher Unterregistrierung um ca.

Tabelle 14   Algerien. Sprachliche Gliederung der Bevölkerung 1966

	Mio.	%
arabisch	9,73	80,4
berberisch	2,26	18,7
französisch	0,07	0,7
Rest	0,02	0,2

Quelle: RECENSEMENT GÉNÉRAL DE LA POPULATION ET DES LOGEMENTS (3 mai 1966), Vol. I, S. 27.

Tabelle 15   Algerien. Sprachgruppenanteile ausgewählter Wilayate 1966

	Alger %	Tizi Ouzou %	Annaba %	Aurès %
arabisch	75,9	17,8	94,8	55,6
berberisch	21,7	81,9	4,6	43,8
sonstige	2,2	0,3	0,6	0,6

Quelle: RECENSEMENT GÉNÉRAL DE LA POPULATION ET DES LOGEMENTS (3 mai 1966), Vol. I, S. 27.

Tabelle 16   Algerien. Mittlerer jährlicher Zuwachs der muselmanischen Bevölkerung 1856—1976

Zeitraum	Veränderung in %	Zeitraum	Veränderung in %
1856—1861	+2,9	1901—1906	+1,8
1861—1866	—0,5	1906—1911	+1,2
1866—1872	—3,6	1911—1921	+0,4
1872—1876	+3,9	1921—1926	+0,8
1876—1881	+2,8	1926—1931	+1,6
1881—1886	+3,0	1931—1936	+2,1
1886—1891	+1,7	1936—1948	+1,6
1891—1896	+1,1	1948—1954	+2,7
1896—1901	+1,6	1954—1970	+2,6
		1970—1976	+3,5

Quelle: DOSSIERS DOCUMENTAIRES 1972, S. 14. — WELTBANKATLAS 1978, S. 15.

30 % gegenüber den offiziell mitgeteilten Daten. Verlängert man diese korrigierten Werte bis zur Gegenwart (s. *Fig. 16*), so ergibt sich ein Geburtenüberschuß, der gegenwärtig über 3,5 % liegt (s. *Tab. 16*). Es ist jedoch zu vermuten, daß dieser Wert zu niedrig angesetzt ist, da auch gegenwärtig Mädchengeburten noch nicht in allen Landesteilen lückenlos registriert werden. Damit erreicht Algerien eine natürliche Wachstumsrate, die es an die Seite der demographisch problemreichsten Länder der Erde stellt.

Aus *Figur 15* wird ersichtlich, daß Algerien mit Kenya, Venezuela, Ecuador und Liberia zu einer Ländergruppe gehört, die mit schwierigen arbeitsmarktpolitischen Aufgaben konfrontiert sind. Tunesien liegt dagegen deutlich an der Untergrenze der Staaten mit hohen Wachstumsraten. Unter Berücksichtigung der Tatsache, daß die statistische Erfassung von Sterblichkeit und Geburten im Laufe des letz-

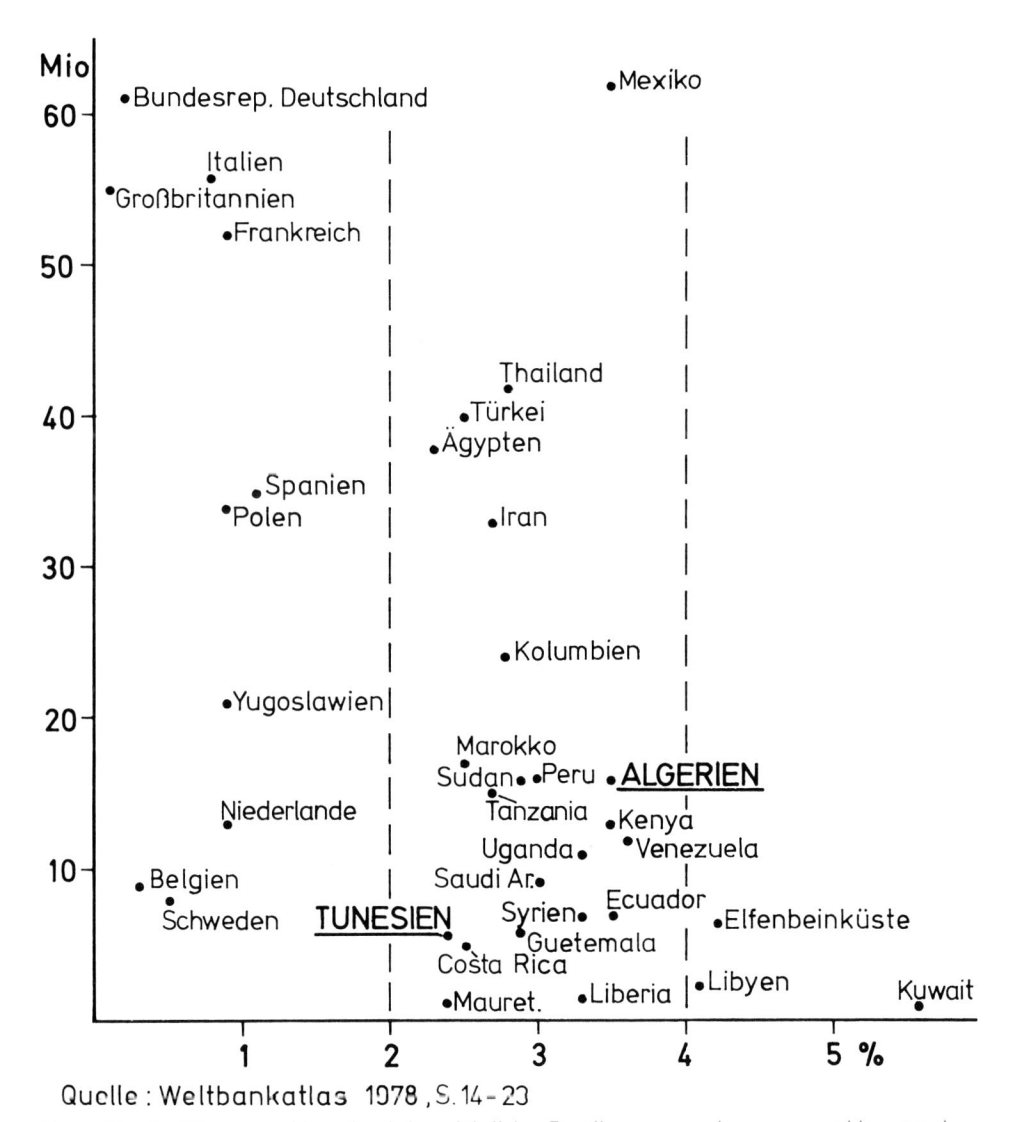

Figur 15 Bevölkerungszahl und mittlere jährliche Bevölkerungszunahme ausgewählter Länder 1970–1976

Quelle: Weltbankatlas 1978, S. 14–23

ten Jahrzehnts an Genauigkeit erheblich zugenommen hat und die neueren offiziellen Daten damit der Wirklichkeit relativ nahe kommen, ergibt sich für die Gestorbenenkurve ein Verlauf, der die „Revolutionäre Sterblichkeitssenkung der Dritten Welt" (HAUSER 1974, S. 63) unmittelbar widerspiegelt. Die Ereignisse des Zweiten Weltkrieges und des Algerischen Unabhängigkeitskrieges schlagen sich in der Gestorbenenkurve nieder, haben jedoch offenbar keine Auswirkung auf den Verlauf der Geburtenratenkurve, die nach einer rückläufigen Phase um 1968 leicht steigende Tendenz besitzt.

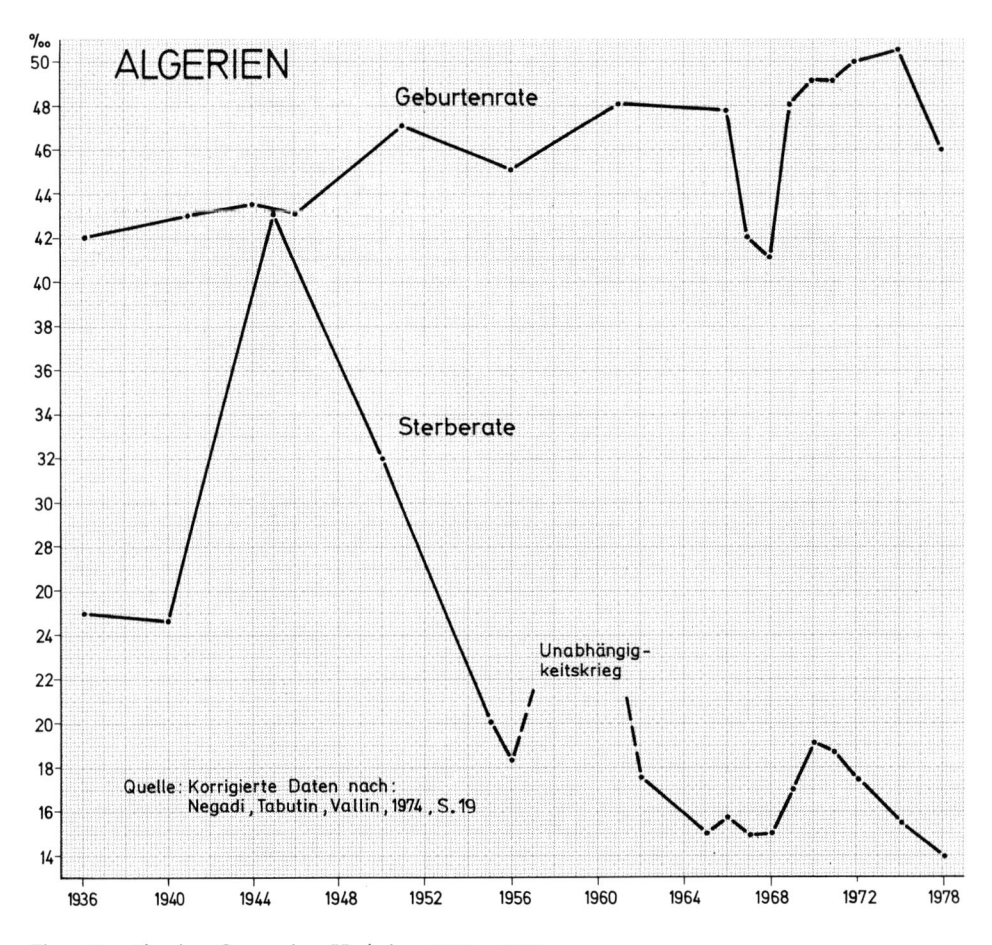

Figur 16 Algerien. Generatives Verhalten 1936—1978

Tabelle 17   Algerien. Altersgruppengliederung der Gesamtbevölkerung

Altersgruppe	1966 %	1972 %	1974 %	1977 %
<15 Jahre	47,1	47,9	47,9	47,9
15—45 Jahre	37,4	37,6	38,1	38,6
46—65 Jahre	10,9	10,2	10,0	9,8
>65 Jahre	4,6	4,3	4,0	3,7

Quelle: STATISTISCHES BUNDESAMT 1978, S. 13.

3.5 Altersaufbau und Erwerbsstruktur

Der Altersaufbau der Bevölkerung und die Verteilung auf die einzelnen Altersgruppen läßt sich aus *Tabelle 17* ersehen. In Verbindung mit der Bevölkerungspyramide, die sich auf das Recensement 1966 bezieht, kann abgeleitet werden, daß der Medianwert, der den Bevölkerungskörper in zwei gleich große Mengen aufteilt, heute unter 15 Jahren liegt (s. *Fig. 17*).

Vergleicht man die Jugendlichkeit der algerischen Bevölkerung mit derjenigen anderer Maghrebländer (s. *Tab. 18*), so wird die Spitzenposition

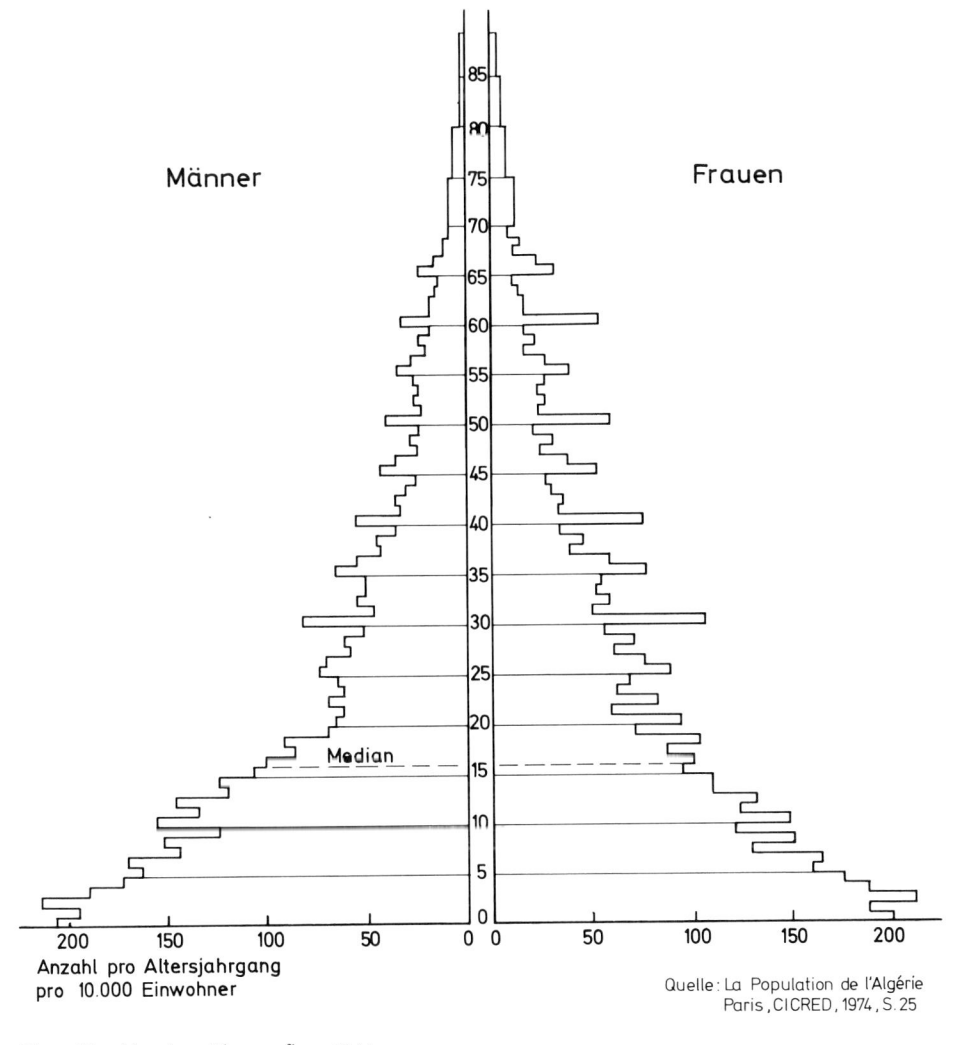

Figur 17 Algerien. Altersaufbau 1966

Tabelle 18 Kinder unter 15 Jahren (ausgewählte Länder)

	Marokko		Algerien		Tunesien		Ägypten	
	in 1 000	in % der Gesamtbevölkerung	in 1 000	in % der Gesamtbevölkerung	in 1 000	in % der Gesamtbevölkerung	in 1 000	in % der Gesamtbevölkerung
1960	5 212	44,8	4 411	43,7	1 757	43,4	10 890	42,1
1970	7 038	47,5	6 393	47,5	2 307	46,2	13 939	41,8
1975	7 844	47,0	7 553	48,0	2 483	43,7	15 141	40,6
Zunahme seit 1960 in %		50,4		71,2		41,3		39,0

Quelle: WELTBANK 1979, S. 24—25.

Algeriens deutlich. Diese Situation ist auch im Weltmaßstab signifikant und weist auf die im letzten Jahrzehnt gesenkte Säuglingssterblichkeit hin (s. *Fig. 12* und *16*).

Alle verfügbaren Angaben zum Altersaufbau lenken die Aufmerksamkeit auf die Frage, inwieweit für die dem Schulalter entwachsenden Jugendlichen Berufsausbildung und Erwerbsmöglichkeiten zur Verfügung gestellt werden können. Da detaillierte offizielle Angaben zu diesem Problem zur Zeit noch nicht vorliegen, läßt sich nur in Verbindung mit den im ANNUAIRE STATISTIQUE mitgeteilten Näherungsdaten zur Gesamtentwicklung der Wirtschaftssektoren vermuten, daß der Umfang der Unterbeschäftigung (in der Landwirtschaft insbesondere saisonal) und der Arbeitslosigkeit seit 1966 nicht geringer geworden ist, obwohl in allen Wirtschaftsbereichen die Zahl der Arbeitsplätze absolut vermehrt wurde. Die größten diesbezüglichen Zuwachsraten kommen für 1966—1976 dem Maschinenbau und der Bauwirtschaft mit je etwa 10 % Mehrangebot zu. Obwohl die Zahl der Schulen, Lehrkräfte und Schüler an berufsbildenden Schulen seit 1966 etwa verdoppelt werden konnte, fehlt es gegenwärtig offensichtlich noch immer an qualifizierten Arbeitskräften (vgl. EL DJEICH 1978, Nr. 179, S. 13, 14).

Die Beschäftigungssituation Algeriens entspricht damit ziemlich genau dem Bild, das von dualistisch entwickelten Volkswirtschaften generell vermittelt wird. Die modernen Wirtschaftssektoren konzentrieren einen großen Teil der verfügbaren Investitionen auf sich, stellen infolge hohen Automationsgrades des Produktionsprozesses nur eine begrenzte Anzahl von Arbeitsplätzen zur Verfügung (Petrochemie, Stahlwerke!), benötigen jedoch gut ausgebildete Arbeitskräfte.

Diesem Bereich steht die Masse der beruflich wenig Geförderten gegenüber, die in dem genossenschaftlich organisierten Agrarsektor wenigstens außerhalb der Saison nicht genügend Einkünfte verbuchen können. Diese sozioökonomische Disparität wird durch einen regionalen Kontrast zwischen den (wenigen) wachsenden Verdichtungsräumen (Algier, Annaba, Oran, Constantine) einerseits und ländlich-agrarisch geprägten peripheren Räumen andererseits ergänzt. Wie in offiziellen Verlautbarungen immer wieder dokumentiert, wird hier durch die Abwanderung der beruflich Qualifizierten die ökonomische Benachteiligung noch verstärkt. Zu diesen Gebieten sind noch große Teile Ostalgeriens zu zählen, die auf die beiden größeren urbanindustriellen Zentren Constantine und Annaba ausgerichtet sind. In diesen Stadtregionen (s. Tab. 19) hat die Bevölkerung seit 1966 durch Wanderungsgewinne erheblich schneller zugenommen als in den zugeordneten größeren, fast rein agrarischen Verwaltungsbezirken (vgl. PRENANT 1976, 1978).

Tabelle 19 Ostalgerien. Bevölkerungsentwicklung ausgewählter Städte und Wilayate (in 1 000 Personen)

	1966	1970	1973	1974	1977	Veränderung 1966—1977 %
Annaba-Stadt	167	229	...	313	...	+87,4
Annaba-Wilaya	939	...	1 212	...	1 452	+54,6
Constantine-Stadt	251	256	...	350	...	+39,4
Constantine-Wilaya	1 469	...	1 789	...	2 046	+39,2
Aurès	750	...	880	...	990	+32,0

... Keine Angaben
Quelle: STATISTISCHES BUNDESAMT 1978, S. 13—14.

3.6 Bevölkerungspolitische Grundkonzeption

In Algerien wurde bislang keine bevölkerungspolitische Grundkonzeption entwickelt. Das generative Verhalten unterliegt keinen steuernden Prinzipien. Die staatliche Verwaltung würde damit wahrscheinlich zu tief in den besonders im ländlichen Raum noch verwurzelten Traditionalismus eingreifen und damit gleichzeitig bei der Erreichung des wichtigeren Zieles, der nationalen Bewußtseinsbildung, Mißerfolge verbuchen.

Das ungebremste demographische Wachstum Algeriens wird jedoch relativiert, wenn der Rohstoffreichtum und die bereits erreichte gesamtwirtschaftliche Leistungsfähigkeit mit anderen afrikanischen Ländern verglichen wird. Nach den vom STATISTISCHEN BUNDESAMT (1978, S. 32) vorgelegten Vergleichsdaten (s. Tab. 20) zeichnen sich Algerien und Tunesien durch eine innerhalb Afrikas herausragende Erfolgsbilanz aus, vom Sonderfall Libyen abgesehen.

4 Methodische Konzeption der Karte N 8 Bevölkerungsgeographie

Die methodische Konzeption der Karte N 8, Bevölkerungsgeographie des AFRIKA-KARTENWERKES mußte sich einerseits nach den Inhalten der für Algerien und Tunesien vorliegenden, hinsichtlich des Datenmaterials gleichwertigen Volkszählungen von 1966 richten. Andererseits sollte die kartographische Darstellung dem tatsächlichen Verteilungsmuster der Bevölkerung im Raum, also im wesentlichen der Siedlungsstruktur entsprechen. Sie gliedert sich für das gesamte Blattgebiet in drei Grundeinheiten: Städtische Kerne; nicht urbane, dörflich-agrarische Konzentrationen; Streusiedlungselemente. Die Gliederung des statistischen Grundlagenmaterials reicht aus, um dieses Standortschema der Daseinsgrundfunktion „Wohnen" detailliert ausweisen zu können.

Tabelle 20   Entwicklungsindikatoren ausgewählter afrikanischer Staaten

	Kalorien-versorgung (Kalorien je Einwohner und Tag)	Lebens-erwartung (Jahre)	Schreib-kundige (in % der Bevölkerung >15 Jahre)	Beitrag Agrarsektor zum BIP in %	Anteil weiterver-arbeiteter Produkte an der Gesamt-ausfuhr (%)	Brutto-sozial-produkt (Markt-preise) je Einwohner (US-$)	Energie-verbrauch je Einwohner (kg SKE)
Tunesien	2 440	53	31	17	16	840	447
Algerien	2 120	52	26	6	2	990	754
Ägypten	2 630	51	25	30	9	280	405
Marokko	2 614	51	21	28	6	540	274
Tansania	2 000	43	.	37	2	180	70
Liberia	2 013	46	37	25	8	450	404
Mali	1 770	37	2	34	3	100	25
Somalia	1 820	39	.	32	1	110	36
Obervolta	1 860	32	.	42	3	110	20
Nigeria	2 080	37	.	26	1	380	90
Libyen	2 765	51	22	3	.	6 300	1 300
Elfenbeinküste	2 650	42	.	26	4	610	366

. Kein Nachweis vorhanden

Quelle: STATISTISCHES BUNDESAMT 1978, S. 36.

4.1 Auswertung der Bevölkerungszählungen in Tunesien und Algerien

Die Volkszählung von 1966 wurde gebietsmäßig sowohl in Tunesien als auch in Algerien auf drei verschiedenen Verwaltungsebenen durchgeführt. Die 13 „Gouvernorate" als größte administrative Einheiten Tunesiens umfaßten insgesamt 97 „Delegationen". Die unterste Verwaltungseinheit bildete das „Cheikat". In Algerien galt z. Z. der Bevölkerungszählung 1966 eine ähnlich abgestufte Einteilung: Wilaya, Daira, Commune. Flächenmäßig entsprechen diese administrativen Einheiten denjenigen Tunesiens weitgehend. Diese an sich übersichtliche Gliederung erfährt allerdings durch folgende entscheidende Tatsache eine nicht unbeträchtliche Komplikation: Die städtischen Siedlungsbereiche werden in Tunesien von den Grenzen der oben genannten Verwaltungsgebiete häufig durchschnitten. So zählt z. B. die Bevölkerung der Stadt Kairouan zu mehreren Cheikaten, deren Grenzen sternförmig im Mittelpunkt der Stadt zusammentreffen. Da diese Cheikate mit ihrer Peripherie nun jeweils weit in das dünn besiedelte Becken von Kairouan hinausragen, also zu etwa drei Vierteln ihrer Fläche nichtstädtisches Gebiet umfassen, war die Anpassung der „statistischen Bevölkerungsdichte" an die tatsächliche Siedlungsstruktur mit Schwierigkeiten verbunden. Eine direkte Übernahme der im Rencensement ausgewiesenen Cheikats-Bevölkerung in eine relative Kartendarstellung (Bevölkerungsdichte) empfahl sich deshalb nicht. Die von ATTIA (1969) ohne Berücksichtigung dieser Besonderheit erarbeitete Karte erweist sich als unbefriedigend, da sie weder die tatsächliche Bevölkerungsdichte wiedergibt, noch die räumlichen Siedlungsstrukturmuster bewertet.

Die Konzeption der hier vorgelegten Karte N 8 verfolgte deshalb von Anfang an das Ziel, die Verteilung der Bevölkerung in möglichst großer Realitätsnähe nach der effektiven Wohnplatzverteilung, der Siedlungsstruktur und deren räumlicher Ordnung darzustellen. Diese Aufgabenstellung sollte auch dann nicht modifiziert werden, wenn infolge verschiedener Umrechnungsvorgänge gewisse Ungenauigkeiten auftreten sollten. Diese Fehlerquellen erwiesen sich jedoch bei der später vorgenommenen „Umschätzung" der Cheikats-Angaben in tatsächliche, der Siedlungsstruktur entsprechende Verteilungsmengen als akzeptabel klein. Eine entscheidende Hilfestellung zur Erreichung dieses Zieles bot das Tabellenspektrum der tunesischen Volkszählung 1966 selbst an. Die Bevölkerung eines Cheikates, also der untersten Verwaltungseinheit, wird nach „population communale" und „population non communale" getrennt. „Communes" sind größere Siedlungszentren, also Städte, Großdörfer und Marktflecken, die per Dekret eine Munizipalverfassung erhalten haben. Innerhalb der Cheikats-Statistik werden in der Volkszählung 1966 diese „Communes" mit den zum jeweiligen Cheikat gehörenden Bevölkerungsanteilen beziffert und namentlich genannt. Mit Hilfe der beiden amtlichen Kartenwerke CARTE DE LA TUNISIE und CARTE DE L'ALGERIE im Maßstab 1 : 50 000 konnten deshalb die zu verschiedenen Cheikaten gezählten Bevölkerungsmengen ein und derselben Kommune addiert und relativ genau lokalisiert werden.

Außerdem erlaubten die Daten des RECENSEMENTS (1966) in ähnlicher Weise, die Bevölkerung der nicht zu Kommunen erhobenen kleineren ländlichen Zentren und Marktflecken mit Hilfe topographischer Karten zu lokalisieren. Hierbei war allerdings aufgrund der regional vorherrschenden Siedlungstypen eine Aufteilung der pro Cheikat angegebenen Zahl der „population rurale" notwendig; dieser Wert umfaßt erstens die

Bevölkerung der erwähnten nicht-kommunalen Siedlungszentren und zweitens diejenige der in Streulage lebenden ländlich-agrarischen Bevölkerung. Eine wesentliche Erleichterung für die räumlich befriedigende Zuweisung der statistischen Bevölkerungsdaten auf die verschiedenen Siedlungstypen innerhalb eines Cheikates war die Auswertung von Luftbildern, die vom Service Topographique (Tunis) in gewünschter Menge und Regionalauswahl zur Verfügung gestellt worden waren. Auf diese Weise konnten Geländeerfahrungen, Karten- und Luftbildauswertung mit den Bevölkerungszähldaten der untersten Verwaltungsebene (Cheikate) sehr genau miteinander korreliert werden. Fallbeispiele wurden für jeden Siedlungsraumtyp systematisch entwickelt. Die daraus abgeleiteten Zuordnungswerte von Bevölkerung und Siedlung konnten dann auf benachbarte Gebiete übertragen werden. Die kartographische Fixierung erfolgte zunächst auf der amtlichen topographischen Karte 1 : 50 000, wurde dann auf den amtlichen Maßstab 1 : 200 000 und schließlich — mit den endgültigen Signaturen — auf die Karte 1 : 500 000 übertragen. Die Reduzierung auf den definitiven Kartenmaßstab 1 : 1 Mio. erfolgte photomechanisch.

Die publizierten und die verfügbaren, nicht veröffentlichten Ergebnisse der Bevölkerungszählung Algeriens, zeitlich synchron mit dem RECENSEMENT (1966) in Tunesien durchgeführt, bargen wesentlich geringere Schwierigkeiten. Insbesondere werden geschlossene Siedlungseinheiten hier nur selten durch Verwaltungsgrenzen geschnitten, so daß die siedlungsräumliche Zuordnung der statistischen Daten der Wohnbevölkerung den tabellarischen Übersichten des RECENSEMENTS leichter zu entnehmen ist. Größenordnungsmäßig gleichen die untersten Verwaltungseinheiten Algeriens, die „Communes", den tunesischen „Cheikats". Deshalb konnten die entsprechenden Daten beider Länder als Darstellungsbasis für die Bevölkerungsdichte mit guter Vergleichbarkeit verwendet werden. Eine zusätzliche Abgrenzung mußte im Süden des ostalgerischen Blattbereiches eingeführt werden und zwar am Südabfall des Aurès-Gebirges und — östlich davon — im Übergangsbereich des Hochsteppengebietes der Nememcha zur nordsaharischen Chottregion. Hier lagen zum Zeitpunkt des RECENSEMENTS 1966 die Grenzen der untersten Zählbezirke (Communes) kartographisch nicht exakt fest. Außerdem ergab sich die Notwendigkeit, einer nach Süden zu geringer werdenden Bevölkerungs- und Siedlungsdichte gerecht zu werden. Deshalb empfahl sich hier die Trennung der beiden untersten Dichteflächenwerte durch eine zusätzliche Grenzlinie.

4.2 Darstellungsmethode

Im nächsten Bearbeitungsschritt mußte folgende Frage geklärt werden. Der Koordinierungsausschuß der Bearbeiter der Bevölkerungskarten des AFRIKA-KARTENWERKES hatte eine kombinierte relative und absolute Darstellung der Bevölkerung vereinbart. Sollte nun durch beide Methoden das gleiche statistische Datenmaterial lediglich mit zwei verschiedenen thematisch-kartographischen Techniken wiedergegeben werden oder könnte vielleicht eine differenzierte, sich ergänzende Verwendung der lokalisierten Zähldaten zusätzliche Aussagen über Wohnplatzverteilung, Siedlungs- und Wirtschaftsstruktur machen? Der zweite Weg bot sich deshalb an, weil der Bearbeiter parallel zur Karte N 8, Bevölkerungsgeographie, die Karte N 9, Siedlungsgeographie des AFRIKA-KARTENWERKES zu entwickeln hatte und die diesbezüglichen

Geländearbeiten gemeinschaftlich mit dem Autor (A. ARNOLD) der Karten N 12 (Wirtschaftsgeographie) und N 13 (Verkehrsgeographie) durchgeführt worden waren.

Trotz der schwierigen und langwierigen Datenaufbereitung, jedoch ermutigt durch die relativ gute Geländeerfahrung in den verschiedensten Siedlungsräumen des Arbeitsgebietes konnte das methodische Darstellungskonzept folgendermaßen formuliert werden:

— Die Bevölkerung der Städte, der größeren zentralen Orte, Marktflecken und Großdörfer (Sahel von Sousse) sollte lediglich in einer absoluten Darstellung wiedergegeben werden. Die Untergrenze der in diese Gruppe einzureihenden Siedlungszentren wurde bei 5 000 Einwohnern angesetzt. Dieser Grenzwert erlaubt nicht nur eine wirklichkeitsnahe Berücksichtigung der tatsächlichen Siedlungsstruktur; er erweist sich auch in den für die „population communale" ausgewiesenen Zähldaten als ein häufig wiederkehrender Grenzwert.

— Die Bevölkerung der Siedlungselemente mit einer jeweiligen Größenordnung von unter 5 000 Einwohnern konnte dann in zweifacher Weise dargestellt werden:

— Zunächst erfolgte entsprechend der oben beschriebenen Methode die räumliche Zuordnung mit Hilfe des amtlichen topographischen Kartenmaterials. Je ein größerer Punkt stellt tatsächliche Siedlungseinheiten (z. B. Dörfer) mit etwa 1 000 Einwohnern dar, der kleinere Punkttyp faßt je 250 Personen zusammen, die u. U. auch in mehreren kleinen Siedlungsgruppen wohnen. Die räumliche Konzentration oder Streuung der Punkte entspricht dem regional vorherrschenden Grundmuster der Siedlungsstruktur. In der Karte N 9 zur Siedlungsgeographie (H.-G. WAGNER, 1981) werden diese Siedlungsraumtypen im einzelnen erläutert.

— Zweitens konnte die pro Gebietseinheit der untersten Verwaltungsebene errechnete Menge der ländlichen Bevölkerung für eine relative Darstellung verwendet werden. Die Bevölkerungsdichte erfaßt also nach sieben (Farb-)Stufenwerten getrennt die Bevölkerung des überwiegend landwirtschaftlich strukturierten Raumes. Die Dichte-Farbflächen der Karte N 8 entsprechen deshalb nur den großen und kleinen Punkten und korrespondieren nicht mit den schwarzen quadratischen Symbolen.

Die hier angewandte Methode, die in den einschlägigen Lehrbuchwerken zur Thematischen Kartographie (ARNBERGER 1966; WITT 1970) vereinzelt angesprochen wird, darf im Hinblick auf den zu bearbeitenden Wirtschaftsraum folgende Vorteile für sich verbuchen.

— Verfälschungen, die gewöhnlich durch Umrechnung städtischer Bevölkerungskonzentration auf große, zugehörige Verwaltungseinheiten entstehen, konnten bei der relativen Darstellung vermieden werden. Fehler dieser Art hätten sich besonders im Bereich der zentralen Steppenlandschaften sowie in den nordsaharischen Oasenregionen eingestellt. Hier liegen Siedlungszentren häufig in sehr großen, aber nur schwach bevölkerten Verwaltungseinheiten (vgl. Beispiel Kairouan oben).

— Von einer Isolinien-Darstellung wurde aus mehreren Gründen Abstand genommen. Die gegebenen kleinsten Verwaltungseinheiten (Cheikate in Tunesien, Communes in Algerien, größenmäßig vergleichbar) vermitteln ein hinreichend kleinräumlich differenziertes Bild der Bevölkerungsverteilung. Angesichts des Maßstabes 1 : 1 Mio. wäre die Konstruktion von Isolinien nur mit dem Wagnis zu großer Ungenauigkeit möglich gewesen. Außerdem würden die Isolinien ein Kontinuum, d. h. eine stetige Änderung der

Bevölkerungsdichte von Raumpunkt zu Raumpunkt vortäuschen, das in Wirklichkeit nicht existiert. Stattdessen sind häufig bedeutende Dichtesprünge zu beobachten. Die Wertgrenzlinien-Darstellung (ARNBERGER 1966, S. 259) erschien deshalb als die beste Methode. — Die ausstrahlende Verstädterung im Umkreis der fünf größeren Stadtregionen (Bizerte, Tunis, Nabeul, Sousse, Sfax) läßt sich durch die hier gewählte Methode hinreichend genau darstellen, indem die zentral-periphere Abstufung gut sichtbar gemacht werden kann. Wie bereits erwähnt, ermöglicht das hier angewandte Verfahren eine verhältnismäßig genaue typenmäßige und räumliche Zuordnung von Bevölkerung und Siedlungsstruktur.

Methodisch entspricht die Konzeption des Blattes N 8, Bevölkerungsgeographie (Nordafrika) den Paralleldarstellungen der Blattgebiete Ost-, Süd- und Westafrika des AFRIKA-KARTENWERKES. Die Schwellenwerte der Dichtestufen, die Farbgebung der Dichteflächen bei der relativen sowie die Größe der Symbole (Punkte, Quadrate) bei der absoluten Darstellung sind weitgehend koordiniert. Unterschiede ergeben sich nur insofern, als z. B. beim Blatt W 8 (Westafrika) die Dichteskala infolge der dort insgesamt höheren Bevölkerungsdichte nach oben, d. h. in dunklere Farbwerte verlängert werden mußte. Abweichende Darstellungselemente resultieren selbstverständlich auch aus der Variation des statistischen Datenausgangsmaterials. Außerdem schien aufgrund anderer naturräumlicher Einflüsse auf die Siedlungsstruktur im Bereich des Blattes E 8 (Ostafrika) eine Isoliniendarstellung angebracht zu sein.

4.3 Geländearbeiten

Wie oben bereits erwähnt, wurden die Geländearbeiten zur Erstellung der vier Karten Wirtschafts-, Verkehrs-, Siedlungs- und Bevölkerungsgeographie des AFRIKA-KARTENWERKES von den beiden Bearbeitern (A. ARNOLD, H.-G. WAGNER) gemeinsam durchgeführt. Dadurch konnten zunächst regional differenzierte Kenntnisse über die interdependenten Beziehungen zwischen der wirtschaftsräumlichen Gliederung einerseits sowie der Siedlungs- und Bevölkerungsstruktur andererseits gesammelt werden. Im Detail stellten sich dabei die beiden letztgenannten Komplexe einer eingehenden Analyse. Die Geländearbeiten wurden räumlich-zeitlich so angelegt, daß jeder Wirtschaftsraumtyp und damit letztlich auch jede siedlungsgeographisch relevante Einheit im Rahmen einer Fallstudie analysiert werden konnte. Mit Hilfe der amtlichen topographischen Kartenwerke CARTE DE LA TUNISIE und CARTE DE L'ALGÉRIE im Maßstab 1 : 50 000 wurde bereits im Gelände eine typisierende kartographische Ansprache der spezifischen Siedlungsweisen in Abhängigkeit von den wirtschaftlichen und naturräumlichen Grundlagen, den historischen Entwicklungslinien und den zeitgenössischen Strukturwandlungen vorgenommen.

Luftbilder standen während der Geländearbeiten noch nicht in vollem Umfang zur Verfügung, gelangten jedoch bei der Ausarbeitung in ausreichendem Maß zur Verwendung. Im Bereich der größeren und kleineren städtischen Zentren waren großmaßstäbige Situationspläne von den Stadtplanungsämtern in hilfsbereiter Weise zur Verfügung gestellt worden. Mit Hilfe dieser Unterlagen konnten Spezialkartierungen durchgeführt werden, die namentlich für den Randbereich der Agglomerationen spezielle Kenntnisse über Siedlungsgefüge, Bevölkerungsverteilung und Wanderungsprozesse ermöglichten (vgl. H.-G. WAGNER 1971 a, 1972, 1973).

5 Räumlich differenzierte Analyse der Bevölkerungsverteilung

5.1 Methodische Vorbemerkung

Eine räumlich differenzierte Analyse der Bevölkerungsverteilung hat das Ziel zu verfolgen, die Interpendenz aller Bedingungen aufzuzeigen, die für die wirtschaftliche Inwertsetzung eines Raumes von Bedeutung sind. War in *Kapitel 2* und *3* versucht worden, einen Überblick der demographischen und soziökonomischen Gegenwartsituation zu geben, so sind nun die einzelnen bevölkerungsgeographisch relevanten Teilräume näher zu untersuchen. Dabei stellt sich die Frage, welche Faktoren die regionale Differenzierung der Bevölkerungsverteilung bestimmen. Als übergeordnetes Betrachtungsraster ergeben sich folgende Kriterien.

— Das gegenwärtige Verteilungsmuster der Bevölkerung ist das Ergebnis historisch zurückliegender Standortentscheidungen. Daraus ergibt sich die Notwendigkeit, jede näher zu behandelnde Region — soweit es die Datenlage erlaubt — einer Längsschnittanalyse zu unterziehen. Denn einerseits hat sich die Bewertung der Umweltbedingungen unter dem Einfluß der zivilisatorischen und wirtschaftlichen Entwicklung bis in die Gegenwart ständig gewandelt. Andererseits macht die Persistenz von Raumstrukturen, die auf historisch zurückliegende Entscheidungen und Investitionen zurückgehen, einen genetisch ausgerichteten Erklärungsansatz erforderlich.

— Zweitens ist zu beachten, daß in einem insgesamt mediterran-humiden bis semiarid-vollariden Landschaftsrahmen wesentliche Grundformen der wirtschaftlichen Existenzsicherung von physisch-geographischen Bedingungen abhängig sind. Der Jahresgang von Niederschlag und Grundwasser, differenziert nach dem übergeordneten planetarischen und dem sekundär wichtigen ost-westlichen Wandel bestimmt die landwirtschaftliche Bodennutzung nachhaltig. Außerdem hängt ihre Leistungsfähigkeit von der im Nord-Süd-Profil zunehmenden Variabilität der Niederschläge, d. h. der Unsicherheit des tatsächlich jährlich wiederkehrenden Feuchteangebotes ab. Somit ordnet sich langfristig gesehen der ökonomische Entscheidungsspielraum, dessen Bandbreite eine größere Anzahl alternativer Nutzungen zuläßt, dem geoökologischen Landschaftsgefüge und seinem dominant planetarischen Strukturwandel unter. Daraus ergibt sich die Hypothese, daß im Bereich des hier zu analysierenden Kartenblattes N 8 die räumliche Verteilung der Bevölkerung in enger Anlehnung an das naturräumliche Grundmuster zu untersuchen ist.

— Drittens: Wenn damit die Leistungsfähigkeit des Agrarsektors als wirtschaftliche Existenzbasis, als „Tragfähigkeit" angesprochen wird, so darf allerdings nicht übersehen werden, daß dieser Faktor wertmäßig nicht allein von den ökologischen Gegebenheiten her bestimmt wird. Sein Stellenwert wird zusätzlich von sozialen, politischen, strukturpolitischen, boden- und eigentumsrechtlichen Voraussetzungen modifiziert, regional unter Umständen sogar dominant geprägt. Ausschlaggebend wirken daneben weitere, nicht im Detail quantifizierbare Einflußgrößen wie Lebensformen, Traditionsverhalten, Stammesbindungen, Bildungsgrad oder Aufnahmebereitschaft für Impulse moderner Zivilisation und fremdorientierte Wertvorstellungen (vgl. ACHENBACH 1979).

Das Verteilungsmuster der Bevölkerung und seiner Veränderungen, also z. B. Migrationsvorgänge, hängen damit keineswegs von ökologischen Rahmenbedingungen allein ab. Ein Begriff wie „Bevölkerungsdruck" erlangt unter diesem Blickwinkel eine beträchtliche Unschärfe. Entscheidendes Bindeglied in der Interdependenz der für die regionale Bevölkerungsverteilung ausschlaggebenden Faktoren bleibt damit die den verschiedenen Determinanten entgegengebrachte Bewertung.
— Damit kristallisieren sich zwei Bedingungsfelder heraus, nämlich ökologische und sozioökonomische, die in regional und zeitlich unterschiedlicher Dominanz das Ver-

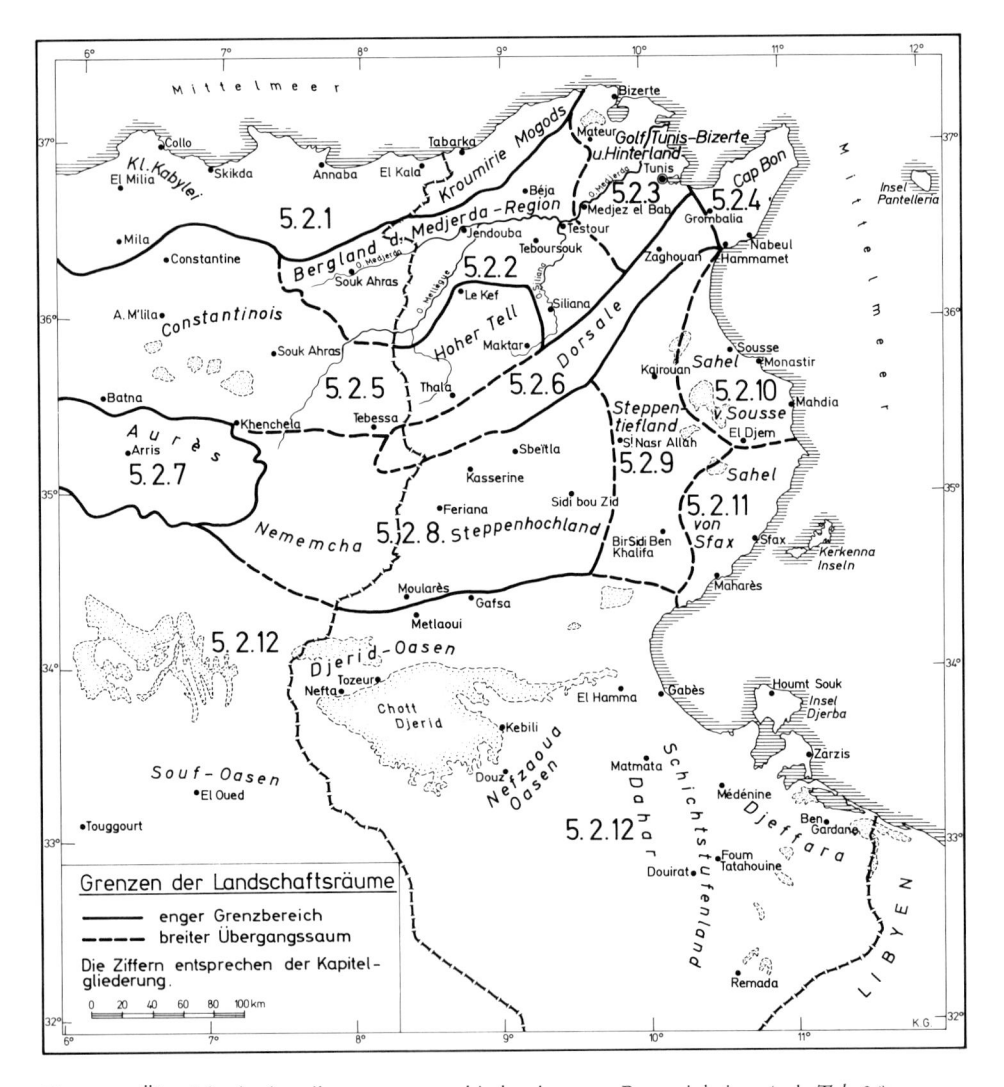

Figur 18 Übersicht der bevölkerungsgeographisch relevanten Raumeinheiten (vgl. *Tab. 21*).

teilungsbild der Bevölkerung beeinflussen. Trotz des Ineinandergreifens ihrer Wirkungen, ist jedoch sicher die Größenordnung ihrer regionalen Dimension zu beachten (PONCET 1973). Während die naturgeographisch relevanten Bedingungen eine übergeordnete Raumgliederung verursachen, bestimmen die anthropogenen deren Feindifferenzierung. Allerdings lassen sich innerhalb des hier zu besprechenden Kartenausschnittes auch Überschneidungen beider Kategorien erkennen, und zwar z. B. dort, wo die protektoratszeitliche Agrarkolonisation (1881—1956) großflächige einheitliche neue Nutzungsmuster wie den großbetrieblichen Getreidebau unter Verdrängung älterer agrarischer Wirtschaftsformen (halbnomadische Viehhaltung) über geoökologisch definierbare Grenzsäume hinweg ausgedehnt hat. Durch die Zusammenfassung ehemals kleinräumlich differenzierter Nutzungsräume bestimmte in diesen Fällen dann zunächst primär das sozioökonomische Faktorengefüge Landschaftsgliederung, Siedlungsstruktur und Bevölkerungsverteilung. Die physischen Voraussetzungen verloren dadurch jedoch ihre Wirksamkeit nicht. Sie bestimmten in den naturräumlichen Grenzbereichen nachhaltig das Ausmaß des Ertragsrisikos, das im planetarischen Wandel der Niederschlagsvariabilität zunimmt und sich kurzfristig (Feucht- und Trockenjahre) sowie über längere Beobachtungszeiträume exakt nachweisen läßt.

— Diese Überlegungen legen als räumlichen Zuschnitt für die regionalen, bevölkerungsgeographischen Analysen eine Landschaftsgliederung nahe, wie sie in sachlicher Koordination bereits der klimageographischen Karte N 5 (K. GIESSNER), der agrargeographischen Karte N 11 (H. ACHENBACH) und der siedlungsgeographischen Karte N 9 (H.-G. WAGNER) des AFRIKA-KARTENWERKES zugrunde liegen. Auch eine Anlehnung an die bei MENSCHING (1968) vorgenommene regionalanalytische Raumgliederung wurde dabei bewußt angestrebt. Im folgenden Schema (s. *Tab. 21*) werden aus den genannten drei Kartenentwürfen entnommene wichtige Regionalkriterien, die mit der Bevölkerungsverteilung in Zusammenahng stehen, dargestellt. Ihre räumliche Zuordnung ergibt sich aus der *Figur 18*.

5.2 Analyse der bevölkerungsgeographischen Situation in räumlicher Differenzierung

5.2.1 Gebirgs- und Berglandschaften der Kleinen Kabylei, der Kroumirie und der Mogods

Der nördlichste Landschaftsraum Tunesiens und Nordostalgeriens zeichnet sich im Vergleich mit südlicheren Regionen durch eine relativ hohe Bevölkerungsdichte aus. Spitzenwerte erreichen die Gebirgsgebiete der Kleinen Kabylei, das Bergland von Collo und die Kroumirie, während die östlich anschließenden Ketten der Mogods etwas dünner bevölkert sind. Auch das grenznahe Gebirgsland zwischen Annaba, Souk-Ahras und El Kala sowie die Region nördlich des Lac Fetzara fallen durch niedrigere Dichtequotienten auf. Diese räumlich unterschiedliche Verteilung müßte noch weitergehend differenziert werden. Nur teilweise erlaubt der Kartenmaßstab die kleinräumliche Lokalisierung: Vorwiegend sind es größere Talzüge und ihre seitlichen Zubringer, in denen sich Siedlungen und Bevölkerung konzentrieren. Dieses Verteilungsmuster fällt besonders in den insgesamt weniger dicht bevölkerten Teilregionen auf. Abseits dieser Siedlungsleitlinien hat sich in der Kleinen Kabylei, die vom westlichen Kartenrand geschnitten wird (E. Milia)

Tabelle 21   Gesamtübersicht der Landschaftsgliederung

	Klimaökologische Landschaftsgliederung (von K. GIESSNER 1979)	Dominante Formen der agraren Bodennutzung (nach H. ACHENBACH 1976)	Grundmuster der Siedlungsstruktur (nach H.-G. WAGNER 1981)
A) Mediterran geprägte Gebirgs-, Berg- und Hochflächenlandschaften der Nordregion			
5.2.1[a]	Mediterran-humide bis vollhumide Gebirgs- und Berglandschaften der Kroumirie, Mogods, Kleinen Kabylei 7–9 humide M; 700–1 200 mm N; Q 100–200; xI 0–40; Korkeichenwaldzone	Gebirgs-Waldweide mit Rindern (A 1, A 2)[b] Macchien-Weide mit Schafen und Ziegen Getreidefruchtwechsel traditioneller Klein- und Mittelbetriebe ohne Brache (A 14, A 13)	Altbesiedelte Gebirgsregion mit isolierten Gruppensiedlungen, z. T. in Rodungsinseln (S 8)[b], schlechte infrastrukturell-verkehrsmäßige Erschließung, geringer Bestand an nichtagraren Arbeitsplätzen Altbesiedeltes Bergland mit Streu- und Gruppensiedlungen, Siedlungsdichte während der Protektoratszeit durch Zuwanderung stark erhöht (Verdrängung) — (S 7)
5.2.2	Mediterran-subhumide bis semihumide Berg- und Hügellandschaften der Medjerdaregion 6–7 humide M; 500–700 mm N; Q 70–100; xI 40–100 = mesomediterran; Oliven-Pistazien-Buschwaldzone	Moderner Getreidefruchtwechsel ohne Brache, Groß- und Mittelbetriebe, z. T. mit Industriekulturen (Zuckerrüben) — (A 12, A 13)	Ehemals kolonialzeitlich angelegte Colon-Einzelgehöfte, randlich mit Lehmhüttensiedlungen (Gourbi); heute landwirtschaftliche Cooperativen, zahlreiche Neusiedlungen, Zentrale Orte (S 10)
5.2.3	Mediterran-subhumide bis semiaride Küsten- und Küstenrandlandschaften der unteren Medjerda und des Golfes von Tunis 5–6 humide M; 400–500 mm N; Q 45–70; xI 100–150 = thermomediterran; Thujawaldzone	Diversifizierte Bewässerungskulturen mit mediterranem Anbau (A 29) Stadtorientierte, stationäre Viehwirtschaft	Urban-industrielle Großregion Tunis mit peripher ausstrahlender Verstädterung; zahlreiche Neusiedlungen als Ziele der Land-Stadtwanderung und der Umsiedlung aus Notunterkünften sowie wilden Gourbi-/Bidonvilles Randlich: kolonialzeitlich entstandene Streusiedlung (S 4)

Bevölkerungsgeographie — Nordafrika 57

5.2.4	Mediterran-semihumide bis semiaride Landschaften der Halbinsel Cap Bon 5—6 humide M; 400—600 mm N; Q 45—70; xI 100—150 = thermomediterran; Oliven-Pistazienbuschwald und Thujawaldzone	Traditionelle Getreidewirtschaft und Viehhaltung (A 17), Weinbau, Bewässerungskulturen (A 29), Zitruskulturen (A 31)	Traditionelle Gruppen- und Streusiedlung mit Kleinbetrieben (S 8, S 12); kolonialzeitlich entstandene Streusiedlung (S 5); tunesische Großdörfer (S 9), z. T. durch Tourismus überformt; insgesamt Fernwirkung der Großregion Tunis, z. B. Zweitwohnsitze
5.2.5	Mediterran-semihumide bis semiaride Hochflächenlandschaften des Hohen Tell und des Constantinois 5—7 humide M; 400—600 mm N; Q 45—70; xI 40—150; xI 40—100 = mesomediterran; Aleppokiefernwaldzone	Großflächiger Getreidebau mit Brache, ehemalige europäische Großbetriebe, einheimische Groß- und Mittelbetriebe (A 16)	Einzelgehöfte und Streusiedlung, randlich mit Lehmhüttendörfern, insgesamt kolonialzeitlich durch Verdrängung der nomadischen Stämme entstanden (S 11, S 13); algerische Hochflächen: zahlreiche ehemals europäisch geprägte Landstädte mit lokalen Zentralfunktionen; tunesische Hochflächen: Anzahl der ehemals europäischen Landstädte geringer, aber auch hier heute an ihrer Peripherie starke Siedlungserweiterung mit Merkmalen der Verstädterung
5.2.6	Mediterran-semihumide bis semiaride Gebirgs- und Berglandschaften der tunesischen Dorsale mit Vorland 5—7 humide M; 400—600 mm N; Q 45—70; xI 40—150; Aleppokiefernwaldzone	Weidewirtschaft im Aleppokiefernwald (A 3); Ziegen- und Schafweide in lichten Macchien (A 2a)	Vorland: Streu- und Schwarmsiedlung mit traditioneller kleinbetrieblicher Agrarstruktur (S 12); Höhenstufen: weitgehend ohne dauerhafte Siedlungen (S 15);
5.2.7	Mediterran-semihumide bis semiaride Gebirgslandschaften des Aurès 5—7 humide M; 400—600 mm N nördliche Hochregion 600—800 m N; südliche Talregionen 300—400 mm N; Q 40—80; xI 40—150; mediterrane Waldinsel, z. T. mit Zedern	Weidewirtschaft in Aleppokiefernwäldern (A 3) und Macchien (A 2a); Djussurkulturen und bewässerte Obstkulturen berberischen Typs in den Tälern (A 21b, A 28b); randlich: Steppenweidegebiete (A 7)	Gruppensiedlung im Gebirgsrand (S 7, S 8), in den Höhenstufen in Verbindung mit Weidewirtschaft, am Rand der südlichen Täler auf Basis von Grundwasser-Taloasen; höhere Höhenstufen auch periodische Siedlungen; überall zahlreiche Neusiedlungen, aus Regroupements entwickelt

Tabelle 21   Gesamtübersicht der Landschaftsgliederung (Fortsetzung von S. 56, 57)

Klimaökologische Landschaftsgliederung (von K. GIESSNER 1979)	Dominante Formen der agraren Bodennutzung (nach H. ACHENBACH 1976)	Grundmuster der Siedlungsstruktur (nach H.-G. WAGNER 1981)
B) Mediterran beeinflußte semiaride bis aride Steppenlandschaften der Zentralregion		
5.2.8 Semiarides, subarides und arides Steppenhochland Zentraltunesiens und Ostalgeriens 1–4 humide M; 200–400 mm N; Q 30–45; xI 150–250 ≙ xeromediterran; winterkalt; Halfagraszone	Im Norden: Großflächiger Getreidebau ehemals europäischer Großbetriebe und einheimischer Großbetriebe (A 16); südlich: Halfaflächen, z. T. ohne Beweidung, vereinzelt dürregefährdeter Getreideanbau (A 19); Nememcha: risikogefährdeter Getreideanbau mit Halfabeständen (A 18); südlich: Steppenweidegebiete (Artemisia) der Halbnomaden und Seßhaften (A 7)	Norden: Einzelgehöfte und sehr kleine Siedlungsgruppen seit Beginn der noch kolonialzeitlich begonnenen Seßhaftwerdung ab 1920, heute starker Trend zur Siedlungskonzentration, häufig an alten Nomaden-Souks lokalisiert, Neusiedlungen (S 20) Süden: Seßhaftwerdung nach 1950 begonnen, zunächst Zeltgruppen-Gourbis in Streulage, heute Siedlungskonzentration mit Neusiedlungen und Einrichtung zentraler Funktionen (S 26)
5.2.9 Semiarides, subarides und arides Steppentiefland 1–4 humide M; 200–400 mm N; Q 30–45; xI 150–250 ≙ xeromediterran; wintertemperiert bis wintermild; Wermutstrauchzone	Risikogefährdeter, aber noch geschlossener Getreideanbau (A 18); Areale mit Schafhaltung; junge Öl- und Fruchtbaumpflanzungen (A 24)	Nach Beginn der Seßhaftwerdung um 1880 Gourbi-Dörfer und Zeltgruppen in Streulage; seit 1962 rasche Siedlungskonzentration in Neusiedlungen (S 23); weiter südlich jüngere Seßhaftwerdung, jedoch heute auch Siedlungskonzentration, weitgehend in Verbindung mit Agrarkolonisation auf Basis von Fruchtbaumkulturen (S 21)
C) Mediterran beeinflußte semiaride bis subaride Küsten- und Küstenrandlandschaften der tunesischen Sahelregion		
5.2.10 Semiarider bis subarider Sahel von Sousse 1–3 humide M; 300–400 mm N; Q 30–45; xI 100–150 ≙ thermomediterran; wintermild; Wermutstrauchzone	Geschlossene Ölbaumbestände (A 23a) Westrand: extrem risikogefährdeter Getreidebau (A 20); Küste: mediterrane Bewässerungskulturen (A 25a)	Sahel-Großdörfer, nur vereinzelt Einzelgehöfte (S 19); Westrand: Seßhaftwerdung ab 1880 (S 23); Südrand: spätere Seßhaftwerdung etwa ab 1920 (S 20); heute zahlreiche Neusiedlungen
5.2.11 Subarider bis arider Sahel von Sfax 0–1 humider M; 200–300 mm N; Q 20–30; xI 200–300; xerophile Strauchsteppenzone	Zentral-peripher: Bewässerungskulturen (A 25 a); Mandelanbau in Trockenkultur (A 23a); Olivenbestände (A 25b)	Einzelhaussiedlung in Streulage: Gartenstadtgürtel von Sfax (S 18) Einzelgehöfte, kolonialzeitliches Siedlungsnetz; Lehmhüttendörfer; seit 1960 zunehmend Steinhäuser (S 17)

D) Saharisch beeinflußte aride bis vollaride Wüstensteppen- und Wüstenlandschaften der Südregion

5.1.12 Präsaharisch-arider Gebirgssaum der südlichen Atlasketten 0 humide M; 100—150 mm N; Q 10—20; xI 250—300	Steppenweidegebiete der Halbnomaden und Seßhaften (A 7); z. T. noch Halfabestände ohne Beweidung (A 6); Djussur-Baumkulturen vereinzelt (A 27); Gebirgsoasen (A 28a)	Seßhaftwerdung nach 1950 begonnen, Zeltgruppengourbis, heute Siedlungskonzentration in Neusiedlungen (S 26); Halbnomadische Siedlungselemente in Nähe von Schulen und Wochenmärkten (S 29); Schwarmsiedlungen im Bereich von Djussur-Baumkulturen (S 14); Phosphatindustrie-Siedlungen; Gebirgsoasen
5.2.13 Saharisch-aride Chott- und Djerid-Oasenregion 0 humide M; 50—100 mm N; Q 0—10; xI 200—300; Dattelpalmenzone	Weidegebiete der Voll- und Halbnomaden (A 9); lokal: Gerstenanbau in Wadisenken; Oasenkulturen: Dattelpalmen (A 28a)	Oasen-Siedlungen der Djerid-, Souf- und Nefzaouaregion (S 25); weitständige Zeltgruppen von Halbnomaden (S 30)
5.2.14 Randsaharisch-aride Schichtstufen- und Küstenlandschaft der Djanar und der Djeffara 0 humide M; 100—200 mm N; Q 10—20; xI 200—300	Nicht mehr geschlossenen Halfafluren (A 6); Djussur-Baumkulturen (A 27); Wüstensteppen-Weiden (A 8) Oasenkulturen: Dattelpalmen (A 28 a); extensive Ölbaumkulturen an der Küste (A 26a); Palmen-Streubestand (A 26b) und bewässerte Obstkulturen (A 25 a) auf Djerba	Schwarmsiedlung länger seßhafter Bauern um ehemalige Ksarorte mit jüngeren Neusiedlungen (S 24); jüngste Festansiedlung ehemaliger Halbnomaden in Gourbigruppen und Steinhäusern in Streulage (S 28) In der Djeffara-Steppe halbnomadische Siedlungselemente, Zeltgruppen (S 29); Einzelhaus-Streusiedlung auf Djerba (S 18); Oasen-Siedlungen (S 25)

Abkürzungen:
Q = Pluviothermischer Index nach Methode EMBERGER (vgl. BORTOLI, L.; GOUNOT, M.; et al. 1969)
xI = Xerothermischer Index nach Methode GAUSSEN (vgl. EMBERGER, L., GAUSSEN, H.; et al. 1962)
M = Monate
N = Langjähriges Jahresmittel des Niederschlags

[a] Die in der linken Spalte angegebenen Ziffern, z. B. 5.2.1 entsprechen der Kapitelgliederung des Beihefts N 8 und Figur 18.
[b] Die in den Text eingefügten Großbuchstaben A und S in Verbindung mit arabischen Ziffern beziehen sich auf vergleichbare Gebiete der beiden Blätter A = N 11, Agrargeographie (H. ACHENBACH) und S = N 9, Siedlungsgeographie (H.-G. WAGNER) der Serie Nord des AFRIKA-KARTENWERKES: z. B. A 7 = Legendenummer 7 des Blattes N 11, Agrargeographie des AFRIKA-KARTENWERKES.

und im Bergland der Kroumirie eine durchaus flächenhaft wirkende Erschließung der Korkeichenwälder als Siedlungsraum vollzogen. Hierbei handelt es sich um eine bisweilen dichte Streusiedlung, die allerdings infolge Fehlens ausgeprägter Zentren zunächst physiognomisch wenig auffällig ist. Zahlreiche Rodungsinseln, oft von Weidezäunen umgeben, in der Regel von dem ohnehin mageren Straßennetz weit entfernt, reichen hier auch in höhere Höhenstufen.

Der Anteil der städtischen Bevölkerung ist gering. Die urbanen Zentren Annaba, Skikda sowie im äußersten Nordosten Bizerte wirken zwar als Ziele der regionalen Migration. Eine marktwirtschaftlich intensive Wechselbeziehung zwischen ländlich-agrarischen Siedlungen und stärker städtisch geprägten zentralen Orten ist jedoch schwächer ausgeprägt als in anderen Wirtschaftsräumen des zu analysierenden Kartenblattes N8. Die Anzahl der örtlichen Märkte mit Wochen-Souks ist im tunesischen Blattbereich geringer (Fernana, Air Draham, Tabarka) als in den westlich anschließenden algerischen Bezirken, die während der Kolonialzeit verkehrsräumlich besser erschlossen worden sind und zudem durch die planmäßige Anlage seinerzeit rein europäisch geprägter Landstädte ein zwar künstlich geschaffenes, dennoch aber heute funktionsmäßig aktives Netz von Zentralen Orten unterster Stufe erhalten hatten.

Die traditionelle Siedlungsstruktur muß weitgehend aus den vorherrschenden Bodennutzungsmöglichkeiten erklärt werden, die wiederum enge Anpassung an die naturräumlichen Gegebenheiten erkennen lassen. Der mediterranhumide bis vollhumide Habitus des Klimajahresganges mit Niederschlagswerten zwischen 700 und 1 200 mm bildet die Grundlage eines im Kern dicht geschlossenen Waldgebietes aus Korkeichen (*Quercus suber* L.) und Zeneichen (*Quercus faginea* Lamk.) mit dichtem Unterwuchs. Randlich gehen diese hochstämmigen Wälder in Macchien und in den östlichen Mogods sogar in garrigue-ähnlich degradierte Vegetationsbestände über.

In diesem naturgeographischen Milieu bildete die Waldweidewirtschaft mit Ziegen, Schafen und Rindern bereits für die ursprünglich rein berberische, in zahlreiche Stammesfraktionen gegliederte Bevölkerung die entscheidende agrarische Wirtschaftsbasis. Ergänzend steuerte eine auf isolierten Rodungsinseln betriebene Kleinfeldwirtschaft (mit Anklängen an eine Wald-Feld-Wechselwirtschaft) pflanzliche Nahrungsgüter zusätzlich bei (Getreide, Hirse).

Sicher ist es nicht übertrieben, diese Wirtschaftsformen noch bis gegen Ende der Kolonialzeit als mehr oder weniger subsistenzähnlich, d. h. als nur in geringem Maße marktbezogen einzustufen. Räumliche Beziehungen ergaben sich bis in jüngste Zeit zwischen Siedlungen und Wirtschaftsflächen aus transhumanzähnlicher Nutzung höher gelegener sommerlicher Bergwaldweiden.

Die relativ hohe Bevölkerungsdichte sollte deshalb durchaus nicht nur in Beziehung zu den relativ kleinen ackerbaulich genutzten Flächen in den Tälern und an den nahe gelegenen Hängen mit zahlreichen, gestreut liegenden weilerartigen Siedlungszellen („mechta") gesetzt werden. Auch die Waldweidefläche ist stets Wirtschaftsbasis gewesen, wenn sich in ihre geringe Tragfähigkeit auch jeweils eine große Anzahl von Menschen genügsam geteilt hat.

Ein zusätzlicher Erklärungsansatz für die hohe Bevölkerungsdichte der nördlichen Gebirgs- und Berglandschaften läßt sich in den wirtschaftsräumlichen und politischen Veränderungen finden, die während und insbesondere gegen Ende der Kolonialzeit eingetreten sind. Die agrarische Erschließung der leicht bearbeitbaren Vorlandgebiete und Fußstufen durch europäische Colons, z. B. die Ebene von Annaba, die Hangregion gegen das Medjerdatal, vor allem dieses selbst und auch der östliche Teil der Mogods, der zu gut einem Drittel von französischen Farmern bewirtschaftet wurde, hatte eine Verdrängung eines Teiles der ursprünglich hier siedelnden Bevölkerungsgruppen in die für Europäer landwirtschaftlich wenig attraktiven Gebirgsräume zur Folge. So ergab sich eine nicht unerhebliche Steigerung der Bevölkerungsdichte und Verengung der Nahrungsbasis. Während des Unabhängigkeitskrieges in Algerien hat die französische Administration versucht, die in Streulage lebende Gebirgsbevölkerung in größeren Lagern („Regroupements") zu konzentrieren, um die Kontakte mit den Kräften der Befreiungsarmee zu unterbinden. Diese Sondersiedlungen blieben nach Erlangung der nationalen Selbständigkeit bestehen, wenn auch ein Teil der Bewohner wieder in die Gebirgsdörfer zurückging. Eine jüngere Gruppe blieb in den zunächst künstlichen Zentren zurück, fand hier anfangs zwar nur spärliche, zunehmend aber in den umliegend eingerichteten landwirtschaftlichen Cooperativen verstärkte Erwerbsmöglichkeiten. Schrittweise, mit verschiedenen verwaltungsmäßigen, schulischen und medizinischen Versorgungseinrichtungen versehen, entwickelten sich diese ehemaligen Regroupements zu kleinen Zentralen Orten, an deren Peripherie sich planmäßig und wild weitere Siedlungselemente angliederten (vgl. CORNATON 1967, FREMONT 1961). Damit wuchs einerseits die wirtschaftliche Grundlage, andererseits trugen die steigenden Geburtenüberschüsse zu einem raschen demographischen Wachstum der Bevölkerung bei.

Waren die Erschließungsmaßnahmen in den tunesischen Gebirgsregionen quantitativ vielleicht nicht so umfangreich, so bewirkten aber auch hier die schrittweise vorangetriebene Verbesserung der Infrastruktur und der schulischen Versorgung, besonders aber auch Maßnahmen der Agrarstrukturverbesserung (Entwicklung kleiner Bewässerungsgebiete, neue Methoden der Viehhaltung in den Mogods), und die zunehmenden Arbeitsmöglichkeiten in der Forstwirtschaft und in der Korkgewinnung eine relative Verbreiterung der wirtschaftlichen Existenzbasis. Die nördlichen Gebirgsregionen gehören heute zu den Gebieten mit hohen Geburtenüberschüssen, nachdem die Sterberate schon während der Kolonialzeit reduziert worden war. Gleichzeitig sind sie Quellgebiete umfangreicher Wanderungsströme jüngerer Bevölkerungsgruppen, die auf Bizerte, besonders aber auf Tunis gerichtet sind (vgl. KOELSTRA & TIELEMANN 1977).

5.2.2 Berg- und Hügellandschaften der Medjerdaregion

Abgesehen von den Küstenzonen des Sahel von Sousse und von den verstädterten Randbereichen der Großregion Tunis zeichnet sich das Gebiet der oberen und mittleren Medjerda durch die höchsten Werte der Bevölkerungsdichte des gesamten Blattgebietes aus. Insbesondere in bezug auf die agrarisch-ländliche Bevölkerung kommt diesem Raum eine Spitzenstellung zu.

Das Verteilungsbild der Bevölkerung muß vom Maßstab der Karte 1:1 Mio. her gesehen zunächst als gleichmäßig erscheinen. Dieser im Prinzip richtige Eindruck ist im Detail jedoch zu modifizieren. Im Umkreis der zentralen Marktorte Jendouba, Bou Salem und Béja machen sich mit Verstädterungserscheinungen im ländlichen Siedlungsbereich steigende Bevölkerungsdichten bemerkbar. Auch von dem kleineren Zentrum Ghardimaou geht eine siedlungsverdichtende Wirkung aus. Die Ebene der Medjerda selbst, intensiv agrarwirtschaftlich genutzt, läßt etwas geringere Dichtewerte erkennen, während die unmittelbar angrenzenden Hügelländer randlich von einem dichten Band größerer Lehmhüttendörfer und jüngst von zahlreichen Neusiedlungen überzogen sind. Jenseits des ersten Anstiegs der Bergketten nimmt die Bevölkerungsdichte dann allerdings rasch ab (vgl. SAIDI 1975, S. 185—241).

Der Anteil der in Städten lebenden Bevölkerung dieser Region erreicht im Gegensatz zur nördlichen Gebirgsregion und zu den südlich anschließenden Tellhochflächen um Le Kef höhere Werte. Die auf die oben erwähnten Zentren gerichtete Land-Stadt-Wanderung läßt den urbanen Prozentsatz an der Gesamtbevölkerung des Gouvernorates Jendouba sogar noch immer ungebrochen steigen (zwischen 1966 und 1975 von 11 auf 16 %). Trotzdem liegen diese relativen Werte im Vergleich mit fast allen anderen Gouvernoraten Tunesiens äußerst niedrig. Dieses Faktum weist auf die hier flächenhaft verbreitete sehr hohe ländlich-agrare Bevölkerungsdichte hin. Größere Haufendörfer, konzentrierte Schwarmsiedlungen kennzeichnen diese demographische Situation von der Siedlungsstruktur her.

Die obere und mittlere Medjerdaregion war bereits während der Antike agrarwirtschaftlich als Getreideanbau- und -exportgebiet intensiv erschlossen und dementsprechend dicht besiedelt. Zahlreiche Ruinen- und Siedlungsreste der römischen Kulturlandschaft belegen noch heute eine vergleichsweise hohe Bevölkerungsdichte[1]. Verkehrsgeographische Beziehungen zwischen Carthago und Hippo Regius (Annaba) mögen dabei eine wichtige Rolle gespielt haben. Auch während der folgenden Entwicklungsperioden bildete dieser Raum mit nur wenigen Unterbrechungen ein fast kontinuierlich hoch bewertetes Wirtschaftsgebiet. Korrespondierend zu der stets hohen Bevölkerungsdichte muß jedoch auf anthropogene Veränderungen im geoökologischen Landschaftshaushalt hingewiesen werden. Sie gehen auf die Zurückdrängung des Waldbestandes und die mit der landwirtschaftlichen Bodenbewirtschaftung zusammenhängende Bodenerosion an den Hängen mit entsprechender Akkumulation von Feinboden- und Humusbestandteilen in der Medjerdaebene selbst zurück (vgl. MENSCHING 1968, S. 102). In gewissem Umfang ist damit die unterschiedliche Bevölkerungsdichte zwischen Talebene und den höheren Teilen der angrenzenden Berglandgebiete durch die historische Wirtschaftstätigkeit mitbestimmt worden: Die Talauen bewahrten trotz ständiger Nutzung ihre hervorragende Eignung als agrarische Produktionsfläche.

Dieser Umstand führte schon kurz nach Beginn der Protektoratszeit zur großbetrieblichen Okkupation dieses Agrarraumes durch europäische Colons. Ein großer Teil der bis dahin hier lebenden tunesischen Fellachenbevölkerung wurde in diesem Zusammenhang auf die pedologisch benachteiligten Bergländer abgedrängt. Die Siedlungsstruktur erfuhr

---

[1] Die römische Kulturlandschaft um das Jahr 300 n. Chr. wird auf Blatt N 15, Historische Geographie des AFRIKA-KARTENWERKES von D. HAFEMANN (1977) dargestellt.

durch die Anlage gestreut lokalisierter französischer Farmen einen grundlegenden Wandel. Obwohl in deren Nähe weilerartige Gourbi-Dörfer der verbleibenden, als Landarbeiter benötigten Tunesier erhalten blieben, teilweise als reine Arbeitersiedlungen auch neu angelegt wurden, dürfte die Bevölkerungsdichte insgesamt seit 1890 zunächst abgenommen haben. Gleichzeitig stieg jedoch der wirtschaftliche Wert dieses Raumes als Exportgebiet von Agrarprodukten schnell an. Diese Außenorientierung wird nicht nur durch eine Fülle von siedlungsgeographisch relevanten Nebeneffekten (Straßenbau, Eisenbahnbau, Bahnstationen mit Getreidesilos, Versorgungseinrichtungen für Landmaschinen und Düngemittel), sondern auch durch die rasche Bedeutungszunahme der städtischen Zentren Souk el-Arba (heute Jendouba) und Béja mit gewerblichen und dienstleistenden Funktionen dokumentiert.

Die Zunahme der Erwerbsmöglichkeiten einerseits und die fortwährend verbesserten Bildungseinrichtungen auf dem schulischen und beruflichen Sektor andererseits verhalfen der Medjerdaregion zu einem sozioökonomisch hochbewerteten Wirtschaftsraum. Diese Tatsache ist ihrerseits jedoch auch eine der Ursachen für die bedeutende Abwanderung in die zentralen Orte und in die großen Stadtregionen an der Ostküste. Streben aus den Gebirgsregionen des Tell (Kroumirie, Mogods) vorwiegend ungelernte Arbeitskräfte in die Ballungsräume, so kommen von hier Personengruppen, die bereits einen gewissen Ausbildungsstand besitzen (PICOUET 1971 b; SIGNOLES 1972). Sie verfügen über gute Aufstiegschancen am Zielort.

Hinweise auf die Abwanderungsbereitschaft sind aus dem hohen Anteil der vorübergehend ortsabwesenden Wohnbevölkerung der ländlichen Gebiete zu entnehmen, während die kommunalen Zentren Überschüsse gegenüber der langfristigen Wohnbevölkerung aufweisen (s. *Fig. 10* und *Tab. 22*).

Tabelle 22   Delegation Jendouba: Vorübergehend zugewanderte/abgewanderte Bevölkerung 1975

	tatsächlich ortsanwesende Bevölkerung („population présente")	wohnberechtigte Bevölkerung („population résidente")
Jendouba-Stadt	20 940	18 130
ländliche Gebiete	47 560	50 000

Quelle: RECENSEMENT GÉNÉRAL DE LA POPULATION ET DES LOGEMENTS (8 mai 1975), S. 85.

5.2.3 Küsten- und Küstenrandlandschaften der unteren Medjerda sowie der Golfe von Bizerte und Tunis

Die Bevölkerungsverteilung wird innerhalb dieses Bereiches durch drei grundsätzlich verschiedene Faktoren bestimmt: Die protektoratszeitliche Umformung und Erschließung des Agrarlandes zwischen Testour und Tebourba, das hydrogeographische Regime der unteren Medjerda und die Ausstrahlungen der Stadtregionen von Tunis und Bizerte.

Wenn diese Region auch stets zu den alten kulturlandschaftlichen Kernräumen Tunesiens gehört hat und infolge ihrer Küstennähe und Hafenorientierung häufig tiefgreifenden Außeneinflüssen ausgesetzt war, so legte doch die Kolonialisierung und Erschließung des unteren Medjerdagebietes durch europäische Ansiedler ab 1880 nachhaltig die heutige wirtschaftsräumliche Struktur und damit die gegenwärtige Bevölkerungsverteilung fest. Zweifellos wird dieses Grundmuster von einzelnen älteren Kulturlandschaftsrelikten modifiziert: z. B. ältere arabisch-tunesische städtische Siedlungskerne, Elemente in der Agrarstruktur, die auf Maßnahmen der zu Beginn des 17. Jahrhunderts aus Spanien zurückwandernden maurischen „Andalusier" zurückzuführen sind. Dennoch überformten die Eingriffe der europäischen Kolonisatoren das überkommene Siedlungsgefüge und die Bevölkerungsverteilungen nirgends so grundlegend wie hier. Stellenweise wurden mehr als 50—60 % der landwirtschaftlichen Nutzfläche in Getreide- oder Rebareal umgewandelt. Europäische Großfarmen mit angegliederten Lehmhüttensiedlungen für die tunesischen Landarbeiter bildeten in ausgewogener Streulage das Grundgerüst der Siedlungsstruktur. Da die Wirtschaftskraft dieses Systems — von außenwirtschaftlichen Marktschwankungen einmal abgesehen — relativ konstant blieb, dürfte auch die Bevölkerungsdichte bis gegen Ende der Protektoratszeit relativ gleichmäßig geblieben sein.

Die postkoloniale Entwicklung führte dann ähnlich wie im mittleren und oberen Medjerdabereich zunächst zu einer leichten Zunahme der Erwerbsmöglichkeiten im agraren Sektor. Auch in den wenigen zentralen Orten boten verschiedene Dienstleistungsfunktionen wachsende Existenzchancen. Insgesamt ist der Bereich zwischen Testour und Tebourba trotz des leistungsfähigen, gut mechanisierten Agrarsektors von einer im Vergleich zu den westlich angrenzenden Regionen geringeren Bevölkerungsdichte gekennzeichnet. Die geringe Bevölkerungsdichte in Teilbereichen des Medjerdamündungsgebietes ist auf die Besonderheiten des hydrologischen Regimes zurückzuführen. Häufige Überflutungen, Sedimentschüttung, Küstensenkung und gleichzeitige Deltaverlagerung beeinflußten die Besiedlung und die wirtschaftsräumliche Erschließung bis nahe an die Schwelle der Gegenwart grundlegend (MENSCHING 1968, S. 109). Erst die umfangreichen postkolonialen Meliorationsarbeiten im „Medjerda-Projekt" schufen die Basis für eine umfassende agrarwirtschaftliche und siedlungsgeographische Inwertsetzung. Das insgesamt mediterransubhumide Klimageschehen erlaubt einen ganzjährigen Anbau mittelmeerischer Kulturen auf Basis von Bewässerungswirtschaft. Daneben kommt den Nahbereichswirkungen der Großregion Tunis auf das Agrarspektrum grundlegende Bedeutung zu (ACHENBACH 1967, S. 139).

Die Bevölkerungskonzentration im Bereich der Großräume von Tunis und Bizerte hebt sich von den bisher verfolgten Ursachenzusammenhängen stark ab. Wie bei den anderen Stadtregionen müssen hierzu politische und ökonomische Faktoren in historisch-genetischer Dimension herangezogen werden. Gemäß dem in schwach entwickelten Volkswirtschaften wirksamen Trend zu stärkerer Konzentration und Polarisation (MYRDAL 1974; HIRSCHMAN 1967; FRIEDMANN 1966) hat sich die Bevölkerungszunahme der Großregion Tunis im wesentlichen entsprechend bestimmter ökonomischer Regelhaftigkeiten vollzogen. Der Großraum Tunis umfaßt relativ konstant eine Fläche, die fast derjenigen des Gouvernorates Tunis-Nord 1975 entspricht. Innerhalb dieses Gebietes ist näherungsweise eine Bevölkerungsentwicklung festzuhalten, die eine Verdopplung seit 1956 in den Randsiedlungen und im Großraum insgesamt erkennen läßt, während die Zuwachsrate in Tunis-Stadt einen wesentlich geringeren Umfang erreicht, jüngst sogar stagniert (s. *Tab. 23*).

Tabelle 23   Bevölkerungsentwicklung in Bizerte-Ville und im Großraum von Tunis 1936—1975

Jahr	Bizerte-Stadt	Tunis-Stadt	Tunis-Randsiedlungen[a]	Tunis-Großraum
1936	38 400	220 000	115 000	335 000
1956	44 700	410 000	130 000	540 000
1966	51 700	469 000	229 000	698 000
1971	64 200	578 000	310 000	888 000
1975	68 300	566 000	404 000	970 000

[a] Randsiedlungen umfassen: La Goulette, Carthage, Sidi Bou Said, La Marsa, Hammam-Lif, Radès, Ben Arous, Mégrine, Ez-Zahra, Bardo, Manouba, Ariana.
Quellen: RECENSEMENT GÉNÉRAL DE LA POPULATION ET DES LOGEMENTS (3 mai 1966). 2me fascicule. Population par division administrative, S. 64.ˈ — RECENSEMENT GÉNÉRAL DE LA POPULATION ET DES LOGEMENTS (8 mai 1975). Tunis 1976, S. 93.

Die Zunahme der Bevölkerung in den randlichen Kommunen der Großregion Tunis resultiert aus der Land-Stadt-Wanderung und aus der Abwanderung aus den innerstädtischen Notquartieren, die damit neuen Zuzüglern aus ländlichen Bereichen offenstehen (ATTIA 1972, S. 23). Die staatliche Wohnungsbauaktivität hat in den peripheren Gemeinden von Tunis umfassende Projekte verwirklicht, die sich vorwiegend als zwei Typen darstellen: Großblockbauweise südeuropäischen Zuschnitts mit 5—6 Etagen (italienische Baufirmen und Architekten!) sowie mehr autochthone einstöckige, das traditionelle tunesische Tonnendachhaus nachformende Reihen- und Kettengebäude. Diese Bautypen bilden relativ monoton alle Neusiedlungen in Tunesien.

Untersucht man die oben dargestellte Bevölkerungszunahme in den Randsiedlungen des Großraumes Tunis quantitativ und vergleicht sie mit entsprechenden Stadtquartieren lateinamerikanischer Ballungsräume (vgl. MERTINS 1978), so wird der schwächere Grad der suburbanen Verstädterung in Tunis und generell im Bereich des hier zu analysierenden Kartenblattes deutlich. Zu diesem Ergebnis kommt auch die von der Direction de l'Aménagement du Territoire autorisierte Studie „Les villes en Tunisie" (GROUPE HUIT 1971, Bd. I, S. 95), wenn sie feststellt, daß im globalen Vergleich der Umfang der Wanderungen in Tunesien zwischen 1966 und 1970 noch relativ bescheiden und überschaubar war (vgl. MANSOUR 1977, S. 84—93).

Über die Randgemeinde Ariana, an der nördlichen Peripherie des Großraumes Tunis gelegen, wurde kürzlich von F. FAKHFAKH (1977) eine detaillierte Studie vorgelegt, die den Prozeß der Verstädterung (banlieurisation) schildert. Diese Untersuchung zeigt eingehend die zunehmende Abhängigkeit der Randgemeinde als Wohnort und Arbeitsort

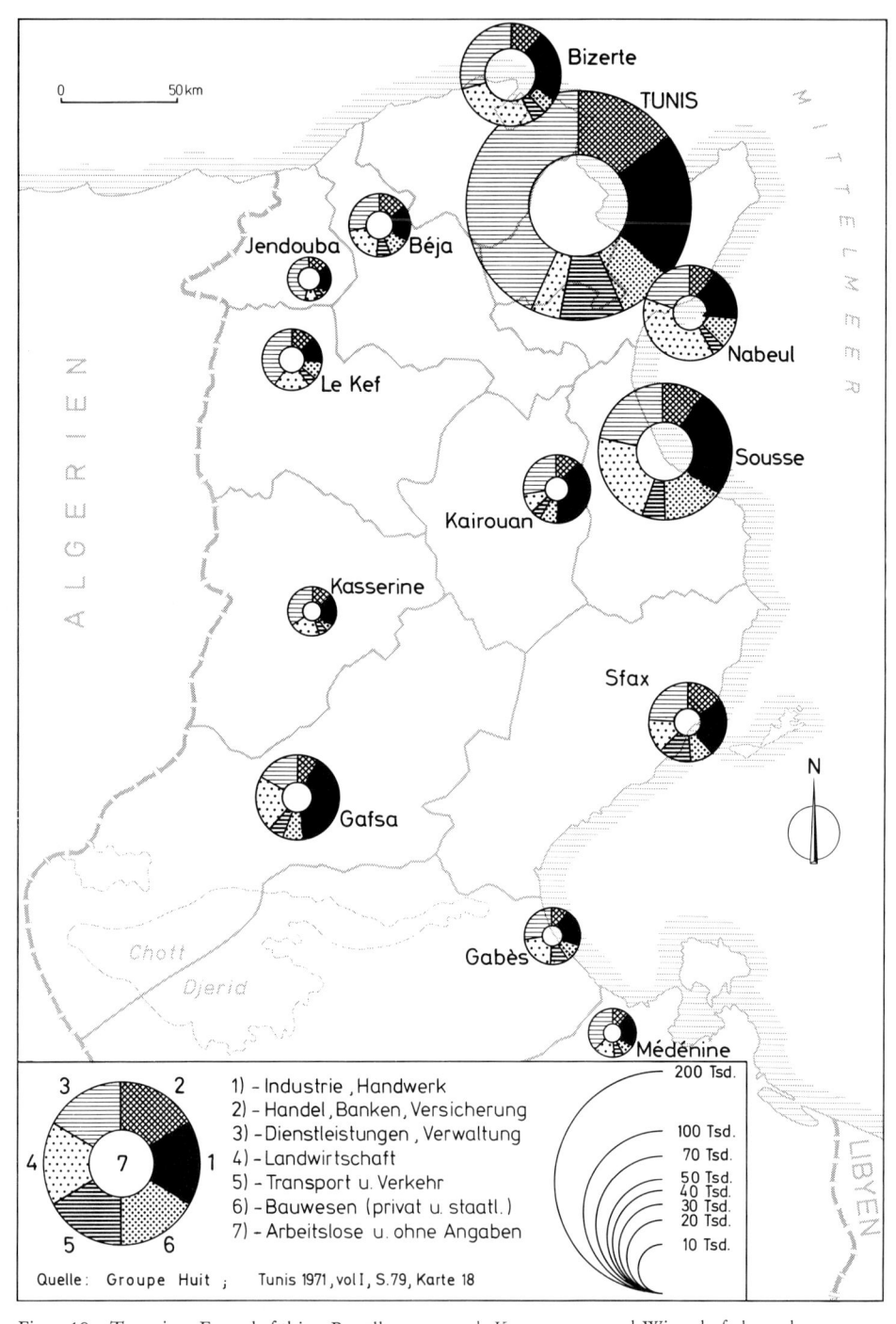

1) - Industrie, Handwerk
2) - Handel, Banken, Versicherung
3) - Dienstleistungen, Verwaltung
4) - Landwirtschaft
5) - Transport u. Verkehr
6) - Bauwesen (privat u. staatl.)
7) - Arbeitslose u. ohne Angaben

Quelle: Groupe Huit ; Tunis 1971, vol I, S.79, Karte 18

Figur 19 Tunesien. Erwerbsfähige Bevölkerung nach Kommunen und Wirtschaftsbranchen

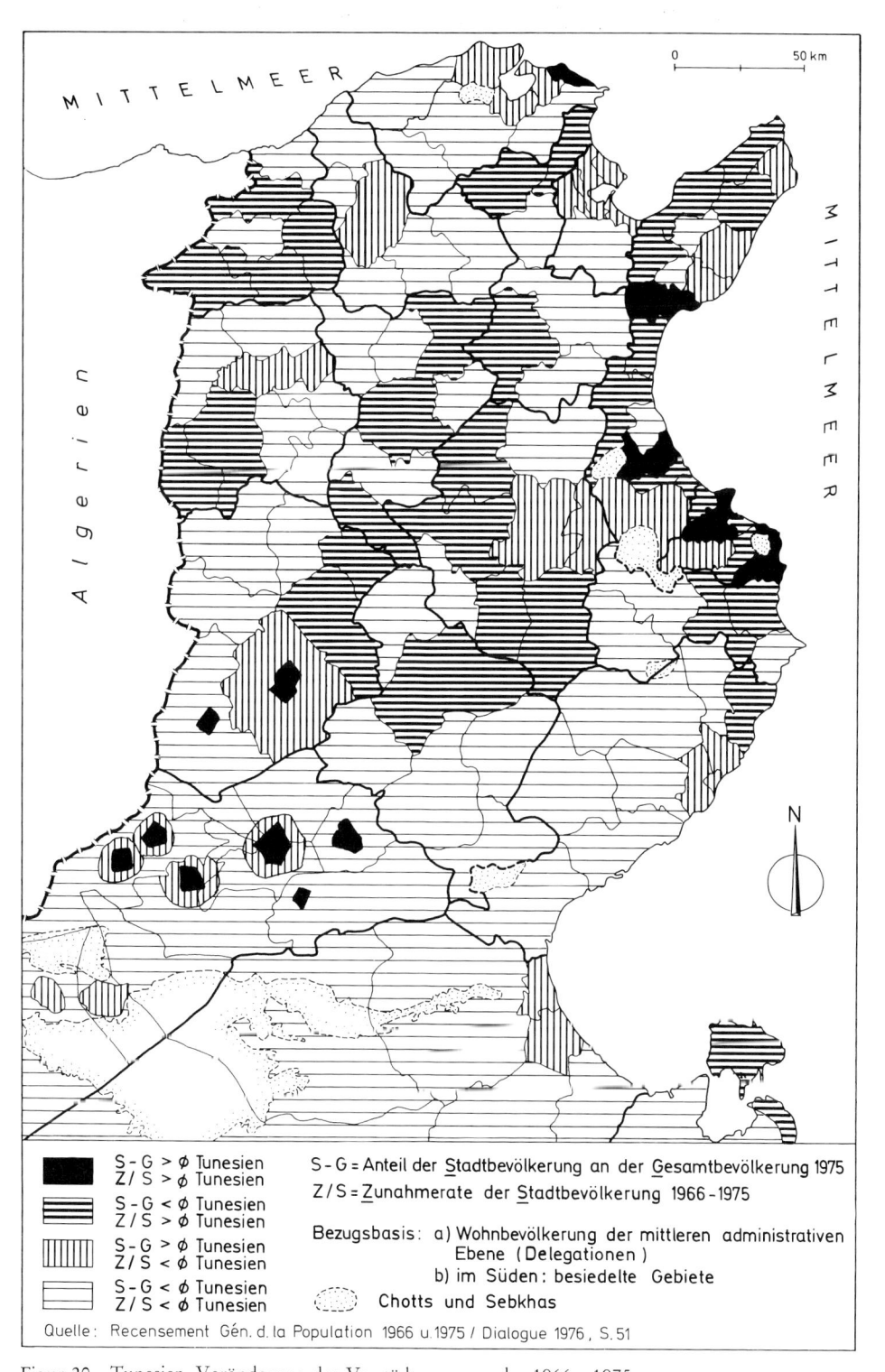

	S-G > ø Tunesien
■	Z/S > ø Tunesien
≡	S-G < ø Tunesien Z/S > ø Tunesien
‖‖‖	S-G > ø Tunesien Z/S < ø Tunesien
□	S-G < ø Tunesien Z/S < ø Tunesien

S-G = Anteil der Stadtbevölkerung an der Gesamtbevölkerung 1975
Z/S = Zunahmerate der Stadtbevölkerung 1966-1975

Bezugsbasis: a) Wohnbevölkerung der mittleren administrativen Ebene (Delegationen)
b) im Süden: besiedelte Gebiete
Chotts und Sebkhas

Quelle: Recensement Gén. d. la Population 1966 u.1975 / Dialogue 1976, S.51

Figur 20 Tunesien. Veränderung des Verstädterungsgrades 1966—1975 von der zentralen Kernstadt Tunis. Außerdem wird unterstrichen, daß die Wanderungsüberschüsse, wie oben bereits angedeutet, doppelter Provenienz sind: Sie stammen einerseits aus der Kernstadt (soziale Mittel- und Oberschichten), andererseits aus ländlich-agrarischen Räumen außerhalb des Großraumes Tunis (soziale Unterschicht, sous-prolétariat).

Angaben über die Gliederung der Erwerbsbevölkerung des Großraumes Tunis (Gouvernorat) liegen z. Z. nur aus dem veralteten RECENSEMENT 1966 vor (s. *Tab. 24*). Einem geringen Anteil des Agrarsektors steht eine hohe Quote von Erwerbspersonen im tertiären Sektor gegenüber. Dennoch scheint diese Angabe etwas zu niedrig zu liegen (auch wenn der Posten „ohne nähere Angaben" noch zugerechnet wird). Tunis ist im Vergleich zu den anderen Städten des Landes (s. *Fig. 19*) von hoher öffentlicher und privatwirtschaftlicher Zentralität geprägt, die in den Daten der *Tabelle 24* unterrepräsentiert ist. Hinsichtlich des Zunahmegrades an städtischer Bevölkerung (s. *Fig. 20*) nimmt der Großraum Tunis keine Spitzenstellung in Tunesien ein.

Tabelle 24   Gouvernorat Tunis 1966. Erwerbspersonen (> 15 Jahre) nach Wirtschaftsbranchen (vgl. *Tab. 12*)

	absolut	in %	insgesamt Tunesien
Landwirtschaft	33 790	14,2	448 300
Bergbau	1 400	0,6	23 500
Industrie, Handwerk	33 600	14,1	103 600
Bauwesen, öffentliche Arbeiten	14 600	6,1	59 400
Medizinische Dienste, Elektrizitäts-, Gas-, Wasserwerke	2 600	1,1	17 110
Handel, Banken	27 200	11,4	73 505
Transport, Verkehr	17 000	7,2	38 700
übrige Dienstleistungen, überwiegend in öffentlichen Institutionen	77 000	32,4	213 200
ohne Angaben	21 400	9,0	75 600
ohne erstmalige Beschäftigung	9 300	3,9	40 800
	237 890	100,0	1 093 715

Quelle: RECENSEMENT GÉNÉRAL DE LA POPULATTION ET DES LOGEMENTS (8 mai 1966). 3me partie. Characteristiques Economiques, S. 87 u. 90.

5.2.4   Halbinsel Cap Bon

Wenige Landschaftsräume des zu analysierenden Kartenausschnittes sind hinsichtlich der heutigen Bevölkerungsverteilung und Siedlungsstruktur genetisch so differenziert wie die Halbinsel Cap Bon. Drei Einflußbereiche ergeben sich bei starker Generalisierung, jeder müßte in sich jedoch vielfältig untergliedert werden: Die historische Entwicklung der wirtschaftsräumlichen Grundlagen, der Einfluß der von Tunis ausstrahlenden Verstädterung und die modifizierende Wirkung der Fremdenverkehrseinrichtungen am südlichen Küstensaum der Halbinsel.

Ein partieller Erklärungsansatz des gegenwärtigen demographischen Raummusters müßte die römischen Gründungen der heutigen Städte Kelibia (Clupea), Korba (Curubis) und Nabeul (Neapolis) als Determinanten des Siedlungsgefüges im süd(öst-)lichen Teil der Halbinsel mit einbeziehen. Nachhaltig bestimmte jedoch die Einwanderung von Andalusiern nicht nur Orts- und Hausformen (große, geschlossene Dorfsiedlungen), sondern vor allem die landwirtschaftlichen Bodennutzungssysteme (Intensivkulturen auf Bewässerungsbasis) im Rahmen des mediterran-semihumiden bis semiariden Klimaregimes. Die traditionelle Marktnähe der Metropole Tunis war jedoch hinsichtlich der Höhe der agraren Tragfähigkeit für die Bevölkerungsdichte stets von größter Bedeutung. In der historisch vorgeformten Attraktivität des Siedlungsraumes der Halbinsel Cap Bon lag zweifellos ein wichtiges Motiv für die Standortwahl der ersten kolonialzeitlichen, europäischen Einwanderer (Italiener, Malteser), die insbesondere in der Ebene von Grombalia kleine und mittelgroße Agrarbetriebe anlegten, während im inneren Bergland das traditionelle Bevölkerungs- und Siedlungsgefüge erhalten blieben. Entsprechend diesen persistenten Strukturen kann nicht nur die heutige regional differenzierte Dichte der in Streusiedlungen und kleinen Ortskernen lebenden ländlichen Bevölkerung erklärt werden, auch die räumliche Anordnung städtischer Zentren mit zentralörtlichen Funktionen hat hier eine wichtige genetische Wurzel.

Überformt wird das geschilderte Verteilungsmuster von den sich verstärkenden Fernwirkungen der Großregion Tunis. Einerseits macht sich die nach Süden (Sousse, Sfax) verlaufende Verkehrsachse konzentrierend bemerkbar, andererseits sind nach wie vor die regionalen, insbesondere die Agrarstruktur fördernden Umlandbeziehungen von Tunis für eine Zunahme der Verdichtung im westlichen Teil Cap Bons ausschlaggebend. Schließlich läßt sich auch die Innovation urbaner Lebensformen und Sozialgruppen nicht übersehen, die neue Akzente im Siedlungsgefüge setzen („Zweitwohnsitze" der Oberschicht).

Nachhaltig bestimmt an der Südostküste der Halbinsel das Fremdenverkehrsgewerbe die Grundlinien der Wirtschaftsstruktur. Daraus ergeben sich in gewissem Umfang auch Impulse für die Zuwanderungsattraktivität dieses Raumes. Ebenso wie Bizerte stellt das Gouvernorat Nabeul (etwa mit der naturräumlichen Einheit Cap Bon identisch) nach Sfax mit heute (1975) ca. 6,5 % der Gesamtbevölkerung Tunesiens einen wichtigen demographischen Agglomerationsraum, der im Zuge der interregionalen Migration zwischen Sousse und Tunis eine bedeutende Stellung einnimmt (s. *Tab. 4*).

Die vom Fremdenverkehr geprägten Städte Nabeul und Hammamet verzeichneten als Migrationsziel anläßlich der Volkszählung Mai 1975 im Verhältnis zur Wohnbevölkerung etwa 5 % ortsanwesende Zuwanderer mit einem höchstens 6 Monate zurückliegenden Ankunftsdatum. Die breite Palette der z. T. hochspezialisierten Arbeitsplätze ist jedoch nur für gut qualifizierte Erwerbspersonen geeignet, die nach einer bestimmten Aufenthaltsdauer auch in Tunis oder im Ausland weiterführende Beschäftigungen finden (N. SETHOM 1978, S. 160).

5.2.5 Hochflächenlandschaften des Hohen Tell und des Constantinois

Im Gegensatz zu den bisher analysierten Regionen mit relativ starker naturräumlicher Differenzierung, zeichnen sich die Hochflächenlandschaften des Hohen Tell durch reliefmäßig größere Einheitlichkeit aus, die im Nord-Süd-Profil sogar noch zunimmt. Dominante Kontinentalität, winterkaltes bis winterkühles Regime im Klimajahresgang bei 5—7 humiden Monaten bestimmen den physisch-geographischen Habitus dieses Raumes, der von 500 m ü. d. M. im NW (Le Kef) auf rund 1 000 m ü. d. M. im Süden und Westen (Constantinois) ansteigt.

Bevölkerungsverteilung und Siedlungsweise wurden vor Beginn der Kolonialzeit von nomadischen bis halbnomadischen Wirtschaftsformen bestimmt. Bis gegen die Jahrhundertwende fanden regelmäßig saisonale Herdenwanderungen zwischen den Hochflächenregionen, den zentralen Steppengebieten und den Wüstensteppen im Süden statt. Rund 90 % der ländlichen Siedlungssubstanz bestand um 1900 noch aus Zelten (WOHNSTÄTTENZÄHLUNG 1906). Von Norden her wurden diese Weidegebiete schrittweise in Getreideland umgewandelt. Französische Farmer erschlossen sich zunächst um Le Kef, Ebba-Ksour, Souk-Ahras und besonders im Constantinois ausgedehnte Anbauflächen. In Tunesien war allerdings auch einheimischer Mittel- und Großbesitz an dieser Agrarkolonisation beteiligt, die im wesentlichen einen flächenhaften Getreidebau mit Einschaltung von Brache zum Ziel hatte (Trockenfeldbau). Der Anteil der europäischen Farmen erreichte im Norden der Hochflächenlandschaften rasch eine beträchtliche Dichte; in den südlichen Bereichen trat das europäische Siedlungselement jedoch auch später bei weitem nicht so stark in den Vordergrund, hier überwog einheimischer Mittel- und Kleinbesitz mit Streu- und Weilersiedlung.

Das Fehlen eines älteren Dauersiedlungsnetzes einerseits und die Systematik der kolonialzeitlichen Ausdehnung von Getreideflächen bewirkten nicht nur weitgehend „traditionslose" Siedlungsstrukturen, sondern schufen auch neue Voraussetzungen für die Bevölkerungsverteilung in diesen Räumen, deren Anordnungsmuster sich nach Beginn der staatlichen Unabhängigkeit nicht mehr grundlegend geändert haben.

Obwohl die naturräumlichen Rahmenbedingungen der Hochflächenlandschaften des Hohen Tell bei generalisierter Betrachtung als weitgehend homogen angesprochen werden können, erweisen sich die siedlungs- und bevölkerungsgeographischen Prozesse im tunesischen und ostalgerischen Teilbereich als durchaus unterschiedlich. Sowohl der Entwicklungsgang als auch die resultierenden Strukturen lassen eine deutliche Eigenständigkeit erkennen, die bereits dem Bevölkerungsverteilungsmuster auf der Karte N 8 zu entnehmen ist: Einer relativen Gleichverteilung in Tunesien steht eine lineare Anordnung in Ostalgerien gegenüber. Den unterschiedlichen Erschließungsmaßnahmen folgte jedoch sehr einheitlich die kontinuierliche Verstärkung des anthropogenen Eingriffes „in einen ursprünglich besser ausgewogenen Landschaftshaushalt" (ACHENBACH 1971, S. 65).

Im tunesischen Teil des Hohen Tell konzentrierte sich die europäische Erschließung zunächst auf die leichter mit Maschinen zu bewirtschaftenden Ebenen (z. B. Siliana, Gafour). Mit der Verbesserung der verkehrsräumlichen Erschließung (Bahnbau zu den Minen, z. B. Kalaa Djerda) trat dann eine Ausdehnung ein. Partiell entstand hier jeweils ein relativ dichtes Netz von europäisch geführten Farmen, in deren Nähe Lehmhüttensiedlungen für die wenigen ständig benötigten Arbeitskräfte der meist maschinell-extensiv bewirtschafteten Betriebe entstanden. An diesem Erschließungsvorgang waren auch tunesische Eigentümer beteiligt, sogar nichtagrarische Sozialgruppen, die im Landerwerb und in der Getreideproduktion eine rentable Kapitalanlage erblickten (ACHENBACH 1971, S. 68).

Abseits dieser Siedlungskomplexe wurden ehemals halbnomadische Gruppen fest ansässig, die sich auf kleinen Flächen gleichfalls dem Getreidebau zuwandten, ihre Zelte mehr und mehr durch Lehmgourbis ersetzten und hinsichtlich der Viehhaltung zu transhumanten Formen übergingen. Dieser zweite Siedlungstyp ist noch heute von dichten Opuntienheckenreihen umgeben, die in Trockenjahren Notfutter lieferten. Die ursprünglich regelmäßige saisonale Zusatzbeschäftigung auf den großen europäischen und einheimischen Farmen entfiel mit deren zunehmender Mechanisierung. Diese Entwicklung wurde seit Beginn der Unabhängigkeit sowie seit der 1963 zugunsten von Cooperativen erfolgten Enteignung des europäischen Bodeneigentums nicht rückgängig gemacht. Damit verloren zahlreiche landwirtschaftliche Kleinbetriebe in verstärktem Maß einen wichtigen Teil ihrer Existenzgrundlage. Die Abwanderung in die Gouvernoratshauptorte und darüber hinaus in die Großregion Tunis verstärkte sich deshalb seit 1956 beträchtlich.

Generell entwickelte sich der zweite Siedlungstyp im Laufe der vergangenen etwa einhundert Jahre so flächenhaft, daß ihm in der Bevölkerungskarte N 8 ein relativ gleichmäßiges Punktraster entspricht. Da das Ackerland seit 1900 auf ca. das Fünffache ausgedehnt worden ist, konnte sich auch angesichts des Trockenheitsrisikos auf der Basis des vorherrschenden Getreidebaus im Umkreis von Thala, Ebba Ksour, Maktar und Siliana mit Dichtewerten der ländlich-agrarischen Bevölkerung von 40—70 E/km^2 im Vergleich mit Tunesien insgesamt eine beachtliche etwa mittlere Konzentrationsstufe herausbilden.

Als dritter Siedlungstyp entstanden mit den oben genannten Orten regionale bis lokale Versorgungszentren, an deren Peripherie nach 1956 einfache Neusiedlungen und Gourbiquartiere zu beobachten sind (Le Kef, Thala, Maktar). Trotz dieses Suburbanisierungsprozesses lebt heute (1975) in diesen Kommunen nur rund ein Fünftel der Gesamtbevölkerung des Gouvernorates Le Kef (s. *Tab. 4*). Offensichtlich hat die kolonialzeitlich herausgebildete Zentralität dieser Städte Einbußen erlitten.

Im algerischen Teilbereich der Tellhochflächen setzte die Ablösung des halbnomadisch-vollnomadischen Wirtschafts- und Siedlungssystems nach 1871 ein, nachdem zuvor einige schweizerische und algerische Kapitalgesellschaften nur örtliche Kolonisationserfolge bei Sétif und östlich von Constantine errungen hatten. Nach Beendigung des deutsch-französischen Krieges wurden für die aus dem Elsaß vertriebenen Bauern in Ostalgerien staatlicherseits Plansiedlungen errichtet, in deren Gemarkungen landwirtschaftliche Betriebe mittlerer Größenordnung ausgewiesen wurden. Diese Landstädte mit regelmäßigem Straßennetz im Ortskern bilden teilweise noch heute Mittelpunkte zentraler Bereiche mit lokaler und regionaler Reichweite. Seit Erlangung der staatlichen Unabhängigkeit (1962) wirkten diese Zentren zunehmend als Wanderungsziel im Zuge der Land-Stadt-Migration, so daß sich der Anteil der kommunalen Bevölkerung vervielfachen konnte und heute (ohne Constantine) einen Umfang von 40 % erreicht haben dürfte (1975). Regionale Wanderungen und Suburbanisationsprozesse richten sich nicht nur auf die übergeordneten hierarchischen

Zentren (Constantine, Annaba, Skikda), sondern orientieren sich vor allem an den ehemals rein europäisch geprägten Landstädten, deren Strukturwandel an verschiedenen Beispielen aufgezeigt werden konnte (H.-G. WAGNER 1971 b, S. 125, 127).

Ein zweites siedlungsstrukturelles Grundelement, nach dessen Lokalisation sich die Verteilung der ländlich-agrarischen Bevölkerung ausrichtete, begann ab 1880 Bedeutung zu gewinnen, als die nur bedingt auf Dauer erfolgreiche staatliche Ansiedlungspolitik von privaten Kolonisationsinitiativen französischer Colons und algerischer Agrarunternehmer ergänzt und erweitert wurde (ACHENBACH 1971, S. 191). So entstand als Grundtyp auch hier die Einzelfarm in Streulage, jeweils unmittelbar umgeben von Eigentums- und Pachtflächen sowie kleineren und größeren Lehmhüttensiedlungen. Dieser Siedlungstyp dehnte sich dann schrittweise bis zum Beginn des Zweiten Weltkrieges nach Süden in die Gebiete von Ain M'Lila und Ain-Beida aus (vgl. FREMONT 1962, S. 35). Basierend auf einem hochmechanisierten Trockenfarmsystem, also mit nur geringem Bedarf an manueller Arbeitskraft, folgte diesen großräumlichen Vorstößen zunächst jedoch nur eine geringfügige Erhöhung der Bevölkerungsdichte.

Einen dritten Siedlungstyp bewirkte in den durch europäische und algerische Großbetriebe nicht erschlossenen Arealen die kontinuierliche Seßhaftwerdung voll- und halbnomadischer Gruppen. Dieser Vorgang, basierend auf Übernahme eines kleinbetrieblichen Getreidebaus mit Schaf- und Rinderhaltung, führte schließlich zu einer nachhaltigen Erhöhung der Bevölkerungsdichte. In gezielter Standortwahl (Wadis und deren Feuchtökotope mit Weideflächen) entstanden lineare Konzentrationen von Siedlungsgruppen (Weiler, kleine Dörfer, Lehmhüttensiedlungen), die auch im Verteilungsgefüge der absoluten Darstellung der Bevölkerung erkennbar sind (Punktsignaturen).

An diesem Bild der Bevölkerungsverteilung hat die nach 1962 durchgeführte Kollektivierung sowie die Errichtung von Genossenschaftsbetrieben keine grundsätzliche Veränderung bewirkt. Zweifellos hat sich die mittlere Bevölkerungsdichte erhöht, die Bevölkerung der kleinen zentralen Orte und Landstädte ist infolge Zuwanderung und hoher Geburtenüberschüsse angestiegen und das Siedlungsgefüge wurde durch den Typ der Neusiedlung (Reihen- und Kettenhäuser mit schematisch-einheitlichem Grundriß) um ein neues Element bereichert. Hinsichtlich des Verteilungsmusters der Bevölkerung lassen sich jedoch seit der Hochphase der Kolonialzeit keine prinzipiell neuen Trends erkennen, wenn man in der zunehmenden Suburbanisierung, d. h. in der Vergrößerung des in Städten oder stadtähnlichen Siedlungen lebenden Bevölkerungsteils, nur einen graduellen Unterschied sieht.

5.2.6 Berg- und Gebirgslandschaften der tunesischen Dorsale und ihres Vorlandes

Das dominante Merkmal der räumlichen Differenzierung der Bevölkerungsverteilung dieses Raumes vermittelt die absolute Darstellung der Karte N 8 (Punktsignaturen): Während die zentralen Teile sowie die höheren Höhenstufen der Dorsale nur in geringem Umfang landwirtschaftliche Dauersiedlungen aufweisen, lassen die randlichen, nach Nordwesten bzw. nach Südosten exponierten Hänge eine relative Verdichtung erkennen. Hier zogen sich bereits während der frühen arabischen Einwanderungen berberische Ureinwohner zurück. Reste berberischer Siedlungsarchitektur sind in den heutigen Höhensiedlungen, z. B. La Kesra und Takrouna, noch fast unverändert erhalten. In die mittleren Hangbereiche wurden im Zuge der französischen Kolonisation des Vorlandes als Getreide- und Weinkultur die dort ansässigen tunesischen Fellachen abgedrängt. Ihre Siedlungen reihen sich heute in einer Höhenlage von etwa 400 m ü. d. M. Eine auffällige Konzentration belebt das Kartenbild im Bereich der Stadt Zaghouan, ein abgeschwächter Übergang zum Vorland wird in den südwestlichen Ausläufern der Dorsale erkennbar, die mit abnehmender Höhe in die Hochsteppenbereiche zwischen Kasserine und Tebessa übergehen.

Ansätze zu jüngerer Siedlungsverdichtung ist überall dort zu konstatieren, wo Fußflächen vom zentralen Gebirgskörper ins Vorland überleiten, wie z. B. im Bereich des Djebel Mrhila. Hier hat man außerhalb der Getreideanbauflächen versucht, Fruchtbaumkulturen anzulegen, die eine gewisse Steigerung der agrarisch bedingten Tragfähigkeit erlauben und deshalb zukünftig auch eine Vergrößerung nahe gelegener Siedlungen ermöglichen könnten. In diesem Zusammenhang ist immerhin zu erwähnen, daß während der römischen Kulturlandschaftsentwicklung auf diesen Gebirgsfußflächen Getreideanbau betrieben wurde und in großem Umfang sogar Olivenbestände existiert haben, deren Flursysteme auf Luftbildern noch heute erkennbar sind.

5.2.7 Gebirgslandschaften des Aurès

Bevölkerungs- und Siedlungsstruktur des Aurès unterscheiden sich in zweifacher Hinsicht von den bisher analysierten Regionen Ostalgeriens: Wirtschaftsräumlich handelt es sich um eine gegenüber den angrenzenden Räumen zumindest bis an die Schwelle der Gegenwart stärker isolierte Region. Die physisch-geographischen Grenzen wirken dabei im Norden, im Bereich eines sanften Anstiegs aus dem Niveau der um 1 000 m ü. d. M. gelegenen Vorlandgebiete über ein ausgedehntes Glacissystem durchaus als breiter Übergangssaum, innerhalb dessen sich der Getreideanbau in die Gebirgsregion vorgeschoben hat; umgekehrt vollzieht sich hier reliefbegünstigt winterliche Transhumanz zwischen Gebirge und den nördlich angrenzenden Ebenen. Wesentlich stärker ist die naturräumliche Grenze des Aurès im Süden gegenüber dem nordsaharischen Trockenraum ausgeprägt. Allerdings öffnen sich auch hier mehrere Taleinschnitte dem ariden Klimaregime und bilden somit innerhalb des Gebirgsmassives ökologische Sonderräume mit kleinen Grundwasser-Taloasen (Dattelpalmen). Ineinandergreifender Wärme- und Feuchtemangel bedingen eine differenzierte Höhenstufung, wobei der Regenfeldbau mit Brache im Süden die 1 100-m-Isohypse kaum unterschreitet, während im zentralen Teil des Aurès Flurkomplexe und geschlossene Dorfsiedlungen bis etwa 1 800 m ü. d. M. auftreten. H. ACHENBACH hat (1971, 1973) detailliert dargelegt, daß die Lage des Aurès als Hochgebirge zwischen Sahara und Hochflächen die agrare Produktionsbasis nicht nur in vielseitig kleinräumlich modifiziert, sondern auch die Grenzen seiner Leistungs- und Tragfähigkeit stark einengt und damit die zukünftigen Entwicklungschancen der ökonomischen Grundlagen der Bevölkerung zumindest problematisch erscheinen läßt.

Die bevölkerungsgeographische Situation des Aurès wird (zweitens) durch seine ethnische[2] Sonderstellung gekennzeichnet. Als weitgehend geschlossener Lebensraum

---

[2] Die Ethnographie wird auf Blatt N 10 des AFRIKA-KARTENWERKES von R. BECKER & R. HERZOG (1976) dargestellt.

berberischer Stämme (Chaouia) unterlagen die Formen agrarischer Nutzung, die Siedlungsweisen, vor allem aber auch die Außenbeziehungen stets einer eigenständigen Entwicklung. Arabischen Stammesgruppen gelang es lediglich, in die schmalen Täler des Südaurès einzudringen. Während der Kolonialzeit waren die Einflüsse der europäischen Landnahme auf die nördliche Gebirgsumrahmung und einige wenige intramontane Becken begrenzt geblieben. Die Bevölkerungszählung von 1966 zeigt, daß die ethnische Sonderstellung noch weitgehend unangetastet war: Die Bevölkerung der Aurès-Dairate Arris, Khenchela galt zu etwa 90—95 % als berberophon.

Im Hinblick auf die bevölkerungsgeographische Situation stellt sich nun die Frage, ob diese historisch belegte wirtschaftliche Autarkie und die sozial-ethnische Eigenständigkeit der Aurèsbevölkerung gewahrt werden wird. Abgesehen von den Bemühungen des algerischen Staates um die Gestaltung eines einheitlichen nationalen Bewußtseins, wirkt die gegenwärtig rasche natürliche Bevölkerungszunahme als nachhaltige Ursache grundlegender Veränderungen. Bis gegen Ende der Kolonialzeit war das demographische Wachstum schwach, erreichte gegen Ende der vierziger Jahre jedoch einen vehementen Anstieg, während in den übrigen Regionen Algeriens die positive Entwicklung der Bevölkerung schon früher eingesetzt hatte. Schon vor einem Jahrzehnt war deutlich geworden, daß die schmale traditionelle Agrarbasis (Getreidebau in den höheren Höhenstufen, vielfältige Fruchtbaumkulturen, transhumante Viehhaltung und Bewässerungswirtschaft in den südlichen Tälern) als Hauptexistenzgrundlage nicht in ausreichendem Umfang tragfähig genug sein konnte. Entsprechend der räumlichen Verteilung der Bevölkerung, die von den Punktsignaturen der Bevölkerungskarte N 8 dokumentiert wird, stellen sich die entscheidenden Probleme in den dicht besiedelten Tälern. Hier werden zwar auch heute nur in bescheidenem Ausmaß nichtagrare Erwerbsmöglichkeiten angeboten, andererseits erleichtert der fortgeschrittene Ausbau des Verkehrsnetzes die Abwanderung in die nördlichen Landesteile und in die urbanen Verdichtungsräume. Trotzdem hat die Bevölkerung der Wilaya Aurès von 1966 bis 1977 von 750 000 auf 990 000 Einwohner zugenommen (s. *Tab. 19*). Bezüglich der Bevölkerungsdichte-Darstellung auf der Karte N 8 ist auf die Notwendigkeit einer differenzierten Betrachtung im Aurèsgebiet hinzuweisen. Von Norden nach Süden fortschreitend werden die den Dichteflächen zugrunde gelegten kleinsten Verwaltungseinheiten (Algerien: Communes) immer größer und überspannen insbesondere in Gebirgsregionen unterschiedlichste naturräumliche Grenzen, die ihrerseits Einfluß auf die Bevölkerungsverteilung haben. Die auf der Karte N 8 eingetragenen Flächen der Bevölkerungsdichte im Aurès sollten deshalb in enger Beziehung zu den Punktsignaturen gesehen werden, die mit der Flächendichte direkt korrespondieren und nach dem Gesichtspunkt größtmöglicher Lagetreue festgelegt wurden. Hätten ausreichende Größenangaben über die tatsächlich besiedelten Gebiete im engeren Sinne zur Verfügung gestanden, wäre hier eine Pseudo-Isolinien-Methode angebracht gewesen. Den Räumen effektiver Siedlungsnutzung kommt gerade innerhalb des Aurès eine höhere tatsächliche Bevölkerungsdichte zu als sie aus datenbedingten Gründen auf der Karte N 8 eingetragen ist. In den weiter südlich gelegenen Kontaktgebieten zwischen den Steppen- zu den Wüstenregionen lagen zwar Flächenangaben unterhalb der kleinsten Verwaltungseinheiten ebenfalls nicht vor; angesichts der hier ohnehin fließenden Übergänge war jedoch die Einführung einer zusätzlichen Abgrenzungslinie (also unterhalb der niedrigsten Verwaltungseinheit) vertretbar.

5.2.8 Steppenhochland Zentraltunesiens und Ostalgeriens

Bevölkerungs- und siedlungsgeographisch ist diese naturräumliche Einheit in zwei Teile zu gliedern, da die jüngere ökonomische Entwicklung im tunesischen Teilbereich früher eingesetzt hat, in Ostalgerien dagegen phasenverschoben im wesentlichen erst 1962, also nach Beendigung des Befreiungskrieges, begann. Dennoch verlaufen die in Gang befindlichen Veränderungen trendmäßig in gleicher Richtung. Dabei ist abzusehen, daß nach Ablauf eines überschaubaren Zeitraumes eine prinzipielle Konvergenz erreicht sein wird. Ein entscheidender räumlicher Unterschied dürfte jedoch längs eines Ost-West-Profils bestimmend bleiben: Die zunehmende Kontinentalität bietet in Verbindung mit ansteigender mittlerer Höhenlage von 600 m ü. d. M. beim Übergang zu den tunesischen Tieflandsteppen bis zu 1 000 m ü. d. M. im algerischen Nememchagebiet für die agrarwirtschaftliche Inwertsetzung und damit auch für den jüngeren siedlungsgeographischen Wertwandel eine räumlich sehr differenzierte Rahmenbedingung.

Die regionale Abgrenzung dieses Bereiches als bevölkerungsgeographische Raumeinheit kann wie folgt skizziert werden. Im Westen bildet der Anstieg zum Aurèsgebirge mit altseßhafter Berberbevölkerung eine klare, fast lineare Limitierung. Demgegenüber sind die Übergänge von hier aus nach Norden, gegen die Hochflächen des Hohen Tell, sowie nach Süden, in Richtung auf die nordsaharische Chottregion, nicht nur naturgeographisch fließend, sondern auch angesichts der hier noch fortbestehenden Reste halbnomadischer Weideflächenwechselsysteme. Im tunesischen Teil des Steppenhochlandes bilden die südwestlichen Ausläufer der Dorsale (Sbeitla-Thala) eine klare Nordbegrenzung, während sich der Übergangsraum nach Osten in Richtung auf die Tieflandsteppen breit auffächert. Für die siedlungs- und bevölkerungsgeographische Struktur des zentralen Steppenhochlandes ist seitens der Naturausstattung die Verbreitung und Nutzung der Halfagrasbestände stets die entscheidende Grundlage gewesen. Auf dieser Basis hatte sich die nomadische Wirtschaftsweise entfaltet, die in Tunesien seit Beginn der Protektoratszeit, im ostalgerischen Steppengebiet der Nememcha seit etwa 1940 schrittweise von Seßhaftigkeit und stationärer Agrarnutzung abgelöst wurde, obwohl episodischer Getreidebau in feuchten Reliefsenken und „Anbau auf Regenverdacht" auch schon vorher verbreitet waren. Stärker als in den bisher besprochenen Regionen korrespondiert im Bereich der zentralen Hochsteppen die Bevölkerungsentwicklung sehr eng mit den Veränderungen der Bodenbewirtschaftung und der Entstehung neuer Siedlungsmuster. Im folgenden werden deshalb die demographische Entwicklung und die Wandlungen des Siedlungsgefüges entsprechend den zwischen ihnen bestehenden sehr vielseitigen Wechselwirkungen zu behandeln sein.

5.2.8.1 Tunesische Hochsteppengebiete

Im tunesischen Teil der Hochsteppenlandschaften vollzog sich die Bevölkerungsentwicklung der vergangenen rund einhundert Jahre in fünf voneinander zu unterscheidenden Phasen.

— Vor Beginn der Seßhaftwerdung wurden die Halfagrasregionen seit den arabischen Invasionen der Beni Hilal durch halb- bis vollnomadische Stämme bewohnt. Dabei handelte es sich um verschiedene Fraktionen der Fraichich zwischen Kasserine und dem heutigen Thala, um die Majeur mit Stammesgebieten um die alten Nomadenmärkte Sbeitla und Djilma sowie um die Hammama im südwestlichen Teil der zentralen Hochsteppen im Gebiet des Gamouda-Bled (Sidi Bou Zid).

In diesem Zusammenhang ist auf das Blatt N 10, Ethnographie der Serie Nordafrika des AFRIKA-KARTENWERKES zu verweisen. Detaillierte Angaben zu den demographischen Aspekten machen MONCHICOURT (1906) und ATTIA (1966). Nach BARDIN (1944) umfaßten die Fraktionen der Hammama in der ersten Hälfte der Vierziger Jahre rund 100 000 Personen. Das generative Verhalten und die Geburtenüberschüsse lassen — soweit die diesbezüglichen Hinweise verläßlich sind — mehr eine oszillierend-stagnierende Bevölkerungsentwicklung als ausgeprägte Zunahme erkennen. Das fast periodische Auftreten von Trockenjahren und die im Nord-Südprofil zunehmende Variabilität der Niederschläge schränken die wirtschaftliche Tragfähigkeit des Gesamtraumes angesichts des großen Flächenbedarfes der halbnomadischen Nutzungssysteme stark ein. Fehden mit den seinerzeit bereits seßhaften Gruppen des Tell waren besonders in den Dürrejahren häufig. ATTIA (1966) beschreibt entsprechende Auseinandersetzungen noch für 1946.

Vereinzelt wurden Stammesfraktionen schon vor Beginn der Protektoratszeit seßhaft. Feilich ist der Übergang von vollnomadischen zu vollseßhaften Wirtschafts- und Siedlungsformen hinsichtlich der Akzentuierung der Wirtschaftsweise und des zeitlichen Ablaufs höchst vielgestaltig. Insgesamt ist jedoch anzunehmen, daß mit Zunahme des Getreidebaus die Leistungsfähigkeit der Nahrungsgüterproduktion pro Flächeninhalt gegenüber der reinen Weidewirtschaft angestiegen ist. Diese Entwicklung gilt auch angesichts der Tatsache häufiger Dürregefährdung des Getreidebaus und der größeren räumlichen Flexibilität der Weidewirtschaft. Insgesamt muß davon ausgegangen werden, daß auch bei geringen Flächenerträgen der ernährungsphysiologische Wert eines Hektars Getreidekultur wesentlich höher ist als derjenige einer entsprechend großen Weidefläche (vgl. STRAHM 1978, S. 73). Diese Relation dürfte auch auf dem Weg des Tauschhandels (Vieh gegen Getreide) mit den altseßhaften Bauern des Sahel oder des Tell nicht ausgleichbar gewesen sein. Diese Überlegungen könnten zur Erklärung der Tatsache beitragen, daß mit dem Beginn der Seßhaftwerdung eine Zunahme der Bevölkerung eingesetzt hat.

Die ersten Schritte zur Seßhaftigkeit und damit zur räumlich differenzierten Bevölkerungszunahme führten nicht sofort zu veränderten Siedlungs- und Wohnformen, sondern machten sich primär durch die Einführung neuer Methoden der landwirtschaftlichen Nutzung bemerkbar. In den Flutbereichen der Wadis wurden Überschwemmungskulturen für Getreide angelegt (MENSCHING 1968, S. 191), in den grundwasserhöffigen, zwischen den zahlreichen Schichtkämmen befindlichen tektonisch verstärkten Bekken mit quartärer Sedimentfüllung entstanden erste Baumkulturen, die arbeitsteilig neben der zu transhumanten Formen tendierenden Weidewirtschaft die ernährungswirtschaftliche Tragfähigkeit der Steppenhochflächen steigerten. Siedlungsgeographisch erlangte dieser Prozeß schon sehr früh, vor Beginn der Protektoratszeit, im Bled von Gamouda und in der Region zwischen Sbeitla und Gafsa Raumwirksamkeit. Mit der Parzellierung fraktionskollektiver ehemaliger Weideflächen in familiär-individuelles Saatland entwickelten sich entsprechend einer Landnahmesituation (HÜTTEROTH 1967, S. 92) nicht nur neue Flurformen, sondern neben Zelten entstanden auch feste Behausungen, die häufig von Opuntienpflanzungen umgeben wurden. Sie dienten in Trockenjahren als Viehfutterausgleich.

Die räumliche Orientierung an hydrographischen Gegebenheiten wie Grundwasseraustritten, Brunnen und Wadiläufen war damit nicht nur für die räumliche Fixierung erster dauerhafter Siedlungsstrukturen, sondern auch für die regionale Verteilung der Bevölkerung von entscheidender Bedeutung. Das heutige Raummuster der Bevölkerungsverteilung, wie es auf der Karte N 8, „Bevölkerung 1966", zum Ausdruck kommt, zeigt das ursprüngliche System nicht mehr, da neuere Entwicklungsphasen eine stärkere Gleichverteilung bewirkt haben. Lediglich im algerischen Bereich der zentralen Hochsteppen (Nememcha) ist die auf hydrologische Leitlinien orientierte Entscheidung der Wohnstandortwahl noch gut erkennbar. Die beginnende Seßhaftigkeit auf ackerbaulicher Basis bewirkte keine entscheidende Reduzierung der Weidewirtschaft auf den ausgedehnten Halfaflächen. Es ist sogar anzunehmen, daß die infolge der verbesserten ackerbaulichen Nahrungsbasis einsetzende Zunahme der Bevölkerung rückwirkend auch eine Intensivierung der Beweidung mit entsprechenden Dauerschäden an der Vegetationsdecke ausgelöst hat.

— Eine zweite Phase der Bevölkerungszunahme begann mit den administrativen Versuchen zu Beginn der Protektoratszeit, die Seßhaftwerdung zu fördern. So wurden in den Regionen von Sidi Bou Zid, Maknassy und Sened an bereits halbseßhafte Nomaden kleine Betriebsflächen verpachtet. Waren auch hier die Erfolge ähnlich wie im westlichen Teil des Kairouaner Beckens zunächst gering (ZGHAL 1967; ACHENBACH 1971, S. 107), so dürfte das Beispiel dennoch auch andernorts spontane Nachahmung gefunden haben (DESPOIS 1961, S. 109). Im Bereich des Gouvernorates Kasserine vollzogen in den dreißiger Jahren zahlreiche Stammesunterfraktionen den schrittweisen Übergang zu überwiegender Seßhaftigkeit. Kollektives Bodeneigentum wurde in diesem Zusammenhang nutzungsmäßig aufgeteilt, parzelliert und im Rahmen der natürlichen pedologischen und klimaräumlichen Gegebenheiten mit Getreide sowie Oliven- und Mandelkulturen intensiver bewirtschaftet.

Auch die Ansiedlung von europäischen Farmern trug — wenn auch vergleichsweise in kleinem Umfang — zur Vermehrung der Bevölkerung bei. Die Anpflanzung von Olivenbeständen leitete in Anlehnung an das Vorbild der Region von Sfax den Kulturlandschaftswandel ein: im Bled von Maknassy ab 1899 und zwischen 1920/21, im Gebiet von Sened um 1920, in der Region Kasserine-Sbeitla 1926/27 und im Gamouda-Bled erneut 1932 (DESPOIS 1961, S. 107). Die Beispielswirkung dieser Kolonisationsaktivitäten darf bei der Gesamtbeurteilung der Zunahme der Bevölkerungsdichte nicht übersehen werden. Nach ACHENBACH (1971, S. 108) nahm im Zeitraum von 1911 bis 1936 in den Gouvernoraten Kasserine und Gafsa-Nordhälfte die Bevölkerung von 176 000 auf 250 000 Menschen zu.

— Als dritter entscheidender Impuls löste der Eisenbahnbau eine Erweiterung der wirtschaftlichen Existenzbasis aus (1899—1909 und in den Folgejahren). Ursprünglich auf das Phosphatgebiet um Metlaoui und Moularès orientiert, ergab sich die Möglichkeit des

Transportes von gepreßten Halfagrasballen nach Sousse und Sfax. Zahlreiche Sammel- und Verladestationen entstanden: Fériana, Kasserine, Sbeitla, in der Regel an alten Nomadenmärkten. Das Schneiden des Halfagrases konnte damit zu einer neuen Erwerbsmöglichkeit zahlreicher bereits halbseßhaft gewordener Gruppen der Hochlandsteppen werden. War die agrarische Tragfähigkeit dieses Raumes insgesamt begrenzt, so bot die Halfawirtschaft doch ein gewisse Absicherung der Bevölkerungszunahme.

Die fortschreitende Seßhaftigkeit führte zu einer aufgelockerten Streusiedlung mit kleineren Zeltgruppen, deren Standort sich nach der Erreichbarkeit von Wasserstellen, Anbau-, Weide- und Halfaflächen richtete, aber auch der traditionellen Wohnweise der Stammesunterfraktionen und Sippen entsprach. Die zunehmende Dauerhaftigkeit dieser Siedlungsplätze wurde durch das Anpflanzen von Opuntienhecken sowie die Errichtung einfacher Lehmhäuser, gelegentlich sogar schon von Steinquaderhäusern verstärkt. Die einzelnen Zeltgruppen wurden zu Weilern, stellenweise zu Schwarmsiedlungen erweitert. Größere Siedlungszentren entstanden nur an wenigen Stellen, die auch heute noch das Grundgerüst des zentralörtlichen Versorgungsnetzes bilden: Fériana, schon zu Beginn der Protektoratszeit ausgebaut, ursprünglich reiner Nomadenmarkt, erhielt nach dem Bahnbau ebenso wie Kasserine und Sbeitla zusätzliche Funktionen. Daneben hoben sich allmählich einige „Aioun"-Siedlungskerne heraus, an Wasserstellen und Brunnen (Bir) sich entwickelnde kleine zentrale Orte. Sicher trug auch das Festhalten der nunmehr Seßhaften am tradierten Raumbewußtsein nomadischer Wochenmarktbeziehungen zur neuen Bevölkerungsverteilung bei. Siedlungskerne entstanden vornehmlich an alten Nomadenwegen und an Soukplätzen (Märkten), denen die Ausstattung mit materieller Bausubstanz ursprünglich weitgehend fehlte.

— Eine vierte Phase der Bevölkerungszunahme in den Hochsteppenlandschaften begann nach Erlangung der staatlichen Unabhängigkeit mit umfangreichen Projekten zur Agrarkolonisation. Waren die früheren Versuche, Baumkulturen anzulegen, mehr oder weniger inselhaft und weitgehend spontan erfolgt, so begannen nunmehr nationale und internationale Institutionen mit der schematischen Planung von „Entwicklungszellen" („Cellules de Mise en Valeur"). In enger Anpassung an die pedologischen Verhältnisse (Tongehalt des Bodens) entstanden im Raum Sbeitla—Djilma, Sidi-Ali-Nsar-Allah, im weiteren Umkreis der alten kolonialen Farmgebiete Maknassy, Sidi-bou-Zid, Sened, Regueb, aber auch bei Hadjeb-el-Aioun großflächige Oliven- und Mandelbaumkulturen, die zahlreiche Erwerbsmöglichkeiten boten, gleichzeitig aber auch innovativ zu privater Nachahmung anregten. Neben dem Kulturlandschaftswandel durch Baumkulturen spielte auch die Anlage von Bewässerungsflächen eine nicht unbedeutende Rolle (z. B. Chebikha, Sidi-Ali-Bou-Salem). Während die Getreideerträge auf den Trockenfeldbauflächen im Mittel nicht wesentlich gesteigert werden konnten, bildete trotz erheblicher Rückschläge in Dürrejahren (1966) die Schafhaltung einen noch immer bedeutenden Teil der Wirtschaftsbasis der Hochsteppen. Auch die öffentlichen Arbeiten (Straßenbau, Wasserbau, Melioration) stellten langfristig einige Tausend Arbeitsplätze. Vergleicht man jedoch die Zunahme neuer Erwerbsmöglichkeiten quantitativ mit der demographischen Entwicklung, so wird trotz der großen Planungserfolge die Problematik einer zu hohen Bevölkerungsdichte sichtbar (s. *Tab. 25*).

Tabelle 25   Tunesien. Bevölkerungsentwicklung in den zentralen Hochsteppenlandschaften 1956—1975

Verwaltungseinheit[a]	1956	1966	1975
Delegation Kasserine	26 000	39 300	56 300
Delegation Er Regueb	20 300	23 730	30 400
Delegation Ben Aioun	21 200	28 100	34 360
Delegation Fériana	20 400	27 400	34 400

[a] Die Abgrenzung der hier aufgeführten Verwaltungseinheiten entspricht dem Stand 1975; die älteren Einwohnerzahlen wurden entsprechend umgerechnet. Zur Lage der Delegationen s. *Figur 9*.

Quellen: RECENSEMENT GÉNÉRAL DE LA POPULATION (1er février 1966). — RECENSEMENT GÉNÉRAL DE LA POPULATION ET DES LOGEMENTS (8 mai 1966). — RECENSEMENT GÉNÉRAL DE LA POPULATION ET DES LOGEMENTS (8 mai 1975). Tunis 1976, S. 116, 129, 131, 135.

Die Geschwindigkeit der Bevölkerungszunahme hat sich gegenüber der unmittelbaren postkolonialen Phase nach 1966 noch bedeutend verstärkt und in diesem Zeitraum Wachstumsraten von 30 bis 40 % erreicht, obwohl gleichzeitig eine Abwanderung in die verstädterten Regionen der Küste und des Großraumes Tunis stattfand. Die kartographische Darstellung der Bevölkerungszunahme 1966/75 hebt die zentralen Steppenlandschaften als Gebiete mit einem demographischen Wachstum heraus, das den Landesdurchschnitt um bis zu einhundert Prozent übersteigt (s. *Fig. 8*). Es ist fraglich, ob der durch naturgeographisch definierbare Minimumfaktoren und nicht exakt vorherbestimmbare ökologische Risiken (Niederschlagsvariabilität) belastete und deshalb nur bis zu einem bestimmten Tragfähigkeitsniveau entwickelbare Agrarsektor in der Lage sein kann, den steigenden Bevölkerungsdruck dieser Region aufzufangen.
— Die jüngste Phase der Bevölkerungsentwicklung wird deshalb von dem Versuch bestimmt, an ausgesuchten Standorten nichtagrares Wirtschaftspotential zu schaffen. Die Errichtung der Zellulosefabrik in Kasserine (1962) zur Verarbeitung der Halfabestände hat hier zweifellos richtungsweisend gewirkt. Auch andere Industrie- und Gewerbezweige, die auf der parallel zur Bevölkerungskarte N 8 erschienenen Wirtschaftskarte N 12 des AFRIKA-KARTENWERKES (A. ARNOLD 1976) erläutert werden, haben neue Arbeitsplätze bereitgestellt. Voraussetzung für die Förderung nichtagrarer Aktivitäten war jedoch eine stärkere räumliche Konzentration der bislang in Streulage seßhaft gewordenen ehemaligen Nomadenbevölkerung. Alle Raumordnungsleitbilder sind deshalb in diesen Regionen Tunesiens seit 1965 auf die Entwicklung eines Netzes von leistungsfähigen zentralen Orten ausgerichtet.

Die konkrete Verwirklichung dieses Zieles begann in den Steppenlandschaften mit der Errichtung von Standorten der allgemeinen Verwaltung. Polizeistation, ärztliche Versorgung, der Neubau einer Moschee und die Verbesserung des Konsumgüterangebotes waren damit in der Regel eng verbunden. Die stärkste räumliche Konzentration auf die Wahl der Wohnstandorte übten die Volksschulen aus, die mit Einführung der allgemeinen Schulpflicht häufig als erste feste Gebäude errichtet wurden. Die Lokalisation vieler dieser zentralen Einrichtungen orientierte sich an den bereits erwähnten traditionalen Raumbeziehungen. Nomadenwanderwege, deren Kreuzungspunkte, vor allem Örtlichkeiten von Nomadenwochenmärkten wurden durch Errichtung von modernen Markthallen als Kristallisationspunkte für Neusiedlungen und Bevölkerungskonzentration gefördert. Institutionen der beruflichen Aus- und Fortbildung entstanden dann in einer weiteren Entwicklungsphase und dienen seitdem der Schaffung eines breiten Spektrums gewerblichen Arbeitskraftpotentials (vgl. KLÖPPER 1969; IBRAHIM 1975; H.-G. WAGNER 1972; GORMSEN 1976).

5.2.8.2 Ostalgerische Hochsteppengebiete

Auch im algerischen Teilbereich der vom Kartenblatt erfaßten Hochsteppen muß die Bevölkerungsentwicklung in engem Zusammenhang mit der Seßhaftwerdung analysiert werden. Nördlich einer Linie von Khenchela bis Abiod (südlich Tébessa) hatte die Umwandlung ehemaliger nomadischer Sommerweideflächen in Getreideland bis zum Beginn des Unabhängigkeitskrieges weitgehend ihren Abschluß gefunden (DESPOIS & RAYNAL 1967, S. 184). Ländliche Siedlungszentren mit einfachen Versorgungseinrichtungen bildeten bereits funktionale Mittelpunkte eines insgesamt durch Einzelgehöfte französischer oder algerischer Farmer bewirtschafteten Raumes.

In enge Anlehnung an französische Militärforts der Eroberungszeit, die ihrerseits wiederum antike Siedlungen aufleben ließen, konnten als Hauptorte von Arrondissements (heute: Daira) Khenchela und Tébessa mittelzentrale Versorgungsfunktionen entfalten. Die Bevölkerungszunahme (s. *Tab. 26*) zeigt, daß diese Entwicklung bis in die Gegenwart verstärkt fortwirkt, nachdem bereits während des Unabhängigkeitskrieges die vorher relativ konstant gebliebene Bevölkerungszahl bereits sprunghaft angestiegen war. Am Beispiel von Khenchela läßt sich zeigen, wie das demographische, überwiegend wanderungsbedingte Wachstum schrittweise auch zu einer Differenzierung der Sozialstruktur geführt hat, vor allem aber mit einer zentralörtlichen Bedeutungszunahme parallelisiert war, wie in einer detaillierten Analyse gezeigt werden konnte (H.-G. WAGNER 1971 a, S. 130—134).

Südlich des oben genannten Grenzsaumes Khenchela-Abiod waren um 1970 halbseßhafte Gruppen — nach Süden zunehmend — noch wichtige Träger der Agrarnutzung. Unter „halbseßhaft" wird hier eine in Richtung auf Vollseßhaftigkeit bereits weit entwickelte Form der zahlreichen halbnomadischen Wirtschaftsweisen verstanden. Schafhaltung entfällt arbeitsteilig als Transhumanz auf Teilgruppen einer Sippe, während einige der ehemaligen Weideflächen aus der kollektiven Nutzung bereits gelöst, zunehmend parzelliert dem Ackerbau dienen. Wie eine Luftbildinterpretation zeigt (H.-G. WAGNER 1971 a,

Tabelle 26   Ostalgerien. Bevölkerungsentwicklung der Städte Khenchela und Tébessa 1946—1974

	1946	1966	1970	1974
Khenchela	11 500	34 500	41 500	49 900
Tébessa	23 000	45 700	51 500	58 000

Quelle: SUPPLEMENT AU BULLETIN TRIMESTRIEL DE STATISTIQUE, Alger (1976).

S. 122), liegen die Streu- und Gruppensiedlungselemente am Rand von Feuchtökotopen, die langstreifenähnlichen Flurparzellen erstrecken sich auf den angrenzenden, zu Schichtkämmen aufsteigenden Flachhängen.

Die folgenden Hinweise verfolgen das Ziel, auf den Darstellungszeitraum der Bevölkerungskarte N 8 bezogen, das Anteilsverhältnis von halbseßhaften und vollseßhaften Gruppen der Agrarbevölkerung im ostalgerischen Steppenhochland der Nememcha aufzuzeigen.

Die Region der Verwaltungsgebiete (Dairate) Tébessa und Khenchela wird von vier Stämmen bewohnt, deren Fraktionen sich zwar randlich stark durchdringen, die aber in ihrem Kern auf bestimmte Teilräume konzentriert sind. Lediglich die Siedlungsräume der Brarcha und Alaouna überschneiden sich relativ großflächig im Gebiet der Kommunen Ogla und Chéria (s. *Fig. 21*).

Die *Tabelle 27* zeigt, daß 1966 etwa 40—45 % der Stammesangehörigen bereits eine seßhafte Wirtschaftsform erreicht hatten. Lediglich der Stamm der Alaouna, dessen Fraktionen administrativ den Kommunen Ogla, Chéria und Bir Mokadem zugerechnet werden, umfaßte noch fast zur Hälfte Halbseßhafte. Die gleiche Feststellung dürfte auch auf den Stamm der Sidi Abid zutreffen, der westlich und östlich der tunesisch-algerischen Staatsgrenze lebt. Die *Figur 21* zeigt, daß im Bereich der Kommune Djebel Onk 70—80 % der agrarischen Bevölkerung noch Halbnomaden waren.

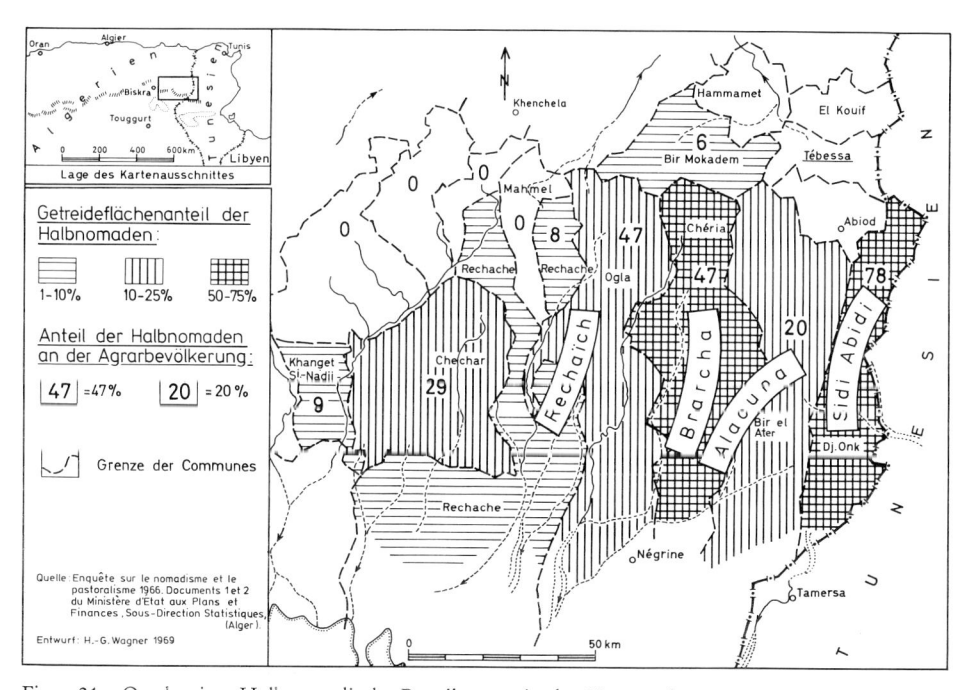

Figur 21 Ostalgerien. Halbnomadische Bevölkerung in der Nememcha

Tabelle 27   Ostalgerien. Nememcha. Halbnomadische Bevölkerung 1966.

Stamm	Halbnomaden %	Halbseßhafte %	Seßhafte %	Gesamtzahl Familieneinheiten
Rechaiche	5	50	45	4 800
Alaouna	40	25	35	5 500
Brarcha	30	30	40	8 600

Quelle: ENQUÊTE SUR LE NOMADISME ET PASTORALISME 1966. Ministère d'Etat aux Plans et Finances, Alger. (Unveröffentlichtes Material).

Aus der *Figur 21* geht hervor, daß für 1966 im Gebiet der Gemeinden von Chéria und Ogla noch mit einem Anteil von 40—50 % Halbnomaden an der Gesamtbevölkerung gerechnet werden muß. Naturgemäß konzentrierten sich größere Gruppen von bereits Halbseßhaften in den nördlichen Teilen der genannten Kommunen, wo seit etwa 80 Jahren um kolonialzeitlich angelegte Siedlungszellen große Getreideflächen bestanden hatten (Chéria). In ihren Randbereichen entschlossen sich dann mehr und mehr Halbnomaden zu Dauerseßhaftigkeit. Größere Gruppen noch halbnomadischer Bevölkerung waren dagegen in den südlichen Teilen der Kommunen anzutreffen.

Wie die *Figur 21* zeigt, war der Anteil der halbnomadischen Bevölkerung im Bereich der Kommune Bir el Ater geringer als in den westlich und östlich davon liegenden Räumen, obwohl die naturgeographischen Grundlagen keine wesentlichen Unterschiede aufweisen. Der Grund für den schnelleren Fortschritt der „Fixation" kann hier nur darin gesehen werden, daß von den an der Phosphatbahn Tébessa-Bir el Ater entwickelten kleinen Siedlungskernen gerade im Jahrzehnt (1956—1966) starke Trends zur staatlich gelenkten Seßhaftwerdung ausgegangen waren. Während des Befreiungskrieges (1954—1962) wurden durch das französische Militär Halbnomaden in stacheldrahtumgebenen „Regroupements" zusammengefaßt. Diese Zwangsansiedlung sollte in erster Linie die algerische Befreiungsarmee isolieren; sie ließ sich relativ leicht durchführen, weil durch die Kriegeinwirkungen große Teile der Schafherden vernichtet worden waren. Die „Regroupements", mit geringen Funktionserweiterungen heute noch bewohnt, vergrößerten die algerischen Behörden nach Beginn der Unabhängigkeit noch durch zahlreiche Neusiedlungen.

Wie die bisherigen Beobachtungen zeigen, war die von Halbnomaden bewirtschaftete Getreideflächen in den beiden Gemeindeverwaltungsbezirken Chéria und Djebel Onk um 1966 noch beträchtlich hoch. Ihr Anteil an der gesamten Anbaufläche belief sich jeweils auf etwa 50 %. In den übrigen Gebieten überwogen die von Halbseßhaften bewirtschafteten Getreidegebiete (s. *Tab. 28*).

Zusammenfassend kann man festhalten: Zweifellos können statistische Werte, deren Erhebung bereits zahlreiche Unsicherheitsfaktoren birgt, nur Näherungsgrößen sein. Sie sollen deshalb lediglich eine ungefähre Vorstellung vom zahlenmäßigen Verhältnis von Halbnomaden und Vollseßhaften geben, deren Nebeneinander oder Integration die Bevölkerungs- und Siedlungsstruktur entscheidend bestimmt. Im Rahmen der so eingeengten Interpretation läßt sich sagen, daß im Arron-

Tabelle 28 Angenäherter Anteil der Halbnomaden und Halbseßhaften an der gesamten agrarischen Bevölkerung (1966) im Gebiet der ostalgerischen Steppenregion Nememcha

Commune	agrarische Familiengemeinschaften („menages") absolut	angenäherter Anteil der Halbnomaden an der Gesamtzahl der „menages" %	angenäherter Anteil der Halbseßhaften („semi-sédentaires") an der Gesamtzahl der „menages" %	Getreideflächen insgesamt ha	angenäherter Anteil der von Halbnomaden und Halbseßhaften bewirtschafteten Getreideflächen %
Bir el Ater	2 600	20	12	20 000	12
Bir el Mokadem	3 200	6	40	20 000	2
Chéria	3 700	47	25	40 000	51
Djebel Onk	3 000	78	.	30 000	63
El Kouif	2 800	0	.	.	.
El Abiod	1 200	0	.	.	.
El Ogla	4 500	47	15	45 000	23
Kanga SiNadj	560	9	.	2 500	4
Mahmel	2 000	0	33	45 000	—
Rechache	3 100	8	44	35 000	2

Quellen: zusammengestellt nach: ENQUÊTE SUR LE NOMADISME ET PASTORALISME (1966). Ministère d'Etat aux Plans et Finances, Alger. (Unveröffentlichtes Material). — (s Fig 21 und Tab. 27).

dissement Tébessa um 1966 die halbnomadische, u. U. im Übergang zur Halbseßhaftigkeit begriffene Bevölkerung noch einen Anteil von 30 % an der Gesamtbevölkerung besaß und damit bedeutender war als gleichzeitig im tunesischen Hochsteppenland.

Das Siedlungsgefüge in den Gebieten mit ehemals halbnomadischen Wirtschaftsformen war überwiegend die Streu- und Einzelgehöftsiedlung, bei fortgeschrittener Zuwendung zu regelmäßigem Anbau auch die kleine Gruppensiedlung nahe den Feldflächen und Brunnen, die der Trinkwassergewinnung dienen. Die Kontakte der zunächst halbseßhaften, periodisch Ackerbau treibenden Bevölkerung zu den kolonialzeitlichen Siedlungszentren waren anfangs wohl gering, werden aber mit steigendem Bedarf an zivilisatorischen Hilfsmitteln größer geworden sein. Es bleibt zu fragen, ob sich — wie gegenwärtig in den Hochsteppen Tunesiens — eine Phase der staatlich gelenkten Zusammenführung der locker gestreut lebenden Bevölkerung in eigens hierfür geschaffene Zentren anbahnen wird.

5.2.9 Steppentiefland in Tunesien

Naturräumlich ist dieser Raum als ein Übergangsgebiet zwischen den Sahels von Sousse und Sfax im E zu den Hochsteppen im W anzusprechen. Seine westliche Begrenzung fällt angenähert mit den auffälligen N-S streichenden Schichtkämmen zusammen, die sogar in den Karten Bevölkerungsgeographie N 8 und Siedlungsgeographie N 9 des AFRIKA-KARTENWERKES mit herausgehobenen Sonderstrukturen erkennbar sind.

Die Bevölkerungsentwicklung dieses Gebietes kann in ihrer ersten Phase wie in den Hochsteppenlandschaften nur vor dem Hintergrund der Seßhaftwerdung ehemals nomadischer und halbnomadischer Gruppen und der kolonialzeitlichen agraren Entwicklungsprojekte dargestellt werden. Außerdem ist zu beachten, daß die klimageographischen Rahmenbedingungen im N (Kairouaner Becken) günstigere, im S (Gebiet westlich des Sahel von Sfax) schwierigere Voraussetzungen für die Agrarnutzung, die siedlungsräumliche Erschließung und damit insgesamt für die Bevölkerungsentwicklung bieten.

Im Kairouaner Becken gehen die ersten Anfänge der Seßhaftwerdung in die Zeit vor Beginn des Protektorates zurück, als man durch Errichtung von Staudämmen Getreidebau auf Überschwemmungsflächen ermöglichte. Während der kolonialen Entwicklungsperiode dehnten sich die Getreidegebiete aus, meist von tunesischen Mittel- und Kleinbetrieben getragen. Südlich des Beckens von Kairouan, im Gebiet der seßhaft gewordenen Zlass, erreichte die Getreidenutzung infolge der hier stärkeren Niederschlagsvariabilität nur extensive Formen, die auch in Verbindung mit Schafweidewirtschaft nicht zur vollen Existenzsicherung ausreichen und deshalb noch heute Abwanderung erzwingen. Während im westlichen Bereich des Kairouaner Beckens Streu- und Schwarmsiedlungen die frühe Seßhaftwerdung und die damit verbundene rasche Bevölkerungszunahme dokumentieren, überwiegen im Gebiet der Souassi die Einzelsiedlungen kleiner Gehöftgruppen (TAUBERT 1967, S. 91). Die Bevölkerungskarte N 8 bestätigt diese Feststellung. Die örtliche Konzentration der Punkte in der absoluten Darstellung läßt die Siedlungsschwerpunkte besonders am Westrand des Beckens von Kairouan sichtbar werden. Südlich davon (Souassi) ist dagegen eine stärkere

Gleichverteilung der Bevölkerung dominant. Eine höchst detaillierte Analyse der Kulturlandschaftsentwicklung der Tieflandsteppen gibt DESPOIS in seinem umfassenden Werk „La Tunisie Orientale". Er schildert unter anderem die Seßhaftwerdung der Nomaden und macht Angaben über die ältere regionale Bevölkerungsentwicklung (1955, S. 400 sowie S. 429).

Die jüngere Zunahme der ortsanwesenden Bevölkerung im Gouvernorat von Kairouan, also im nördlichen Teil des hier zu charakterisierenden Steppentieflandes, verlief im Zeitraum 1956—1966 rascher als im darauffolgenden Jahrzehnt (s. *Tab. 29*). Die geringeren jährlichen Zuwachsraten müssen jedoch durch die Werte der Abwanderung ergänzt werden. Exakte Daten liegen hierfür jedoch für den Zeitraum nach 1966 noch nicht auf kleinräumlicher Basis (Cheikate/Secteurs) vor.

Tabelle 29   Tunesien. Bevölkerungsentwicklung in ausgewählten Delegationen des Gouvernorates Kairouan 1956—1975. Daten auf den Gebietsstand 1975 umgerechnet

Delegation	1956 absolut	1966 absolut	1975 absolut	1956—1966 jährlicher Zuwachs in %	1966—1975 jährlicher Zuwachs in %
Ousseltia	17 100	23 100	27 800	3,5	2,2
Sbikha	25 000	34 200	40 900	3,6	2,1
Kairouan[a]	62 500	85 000	107 400	3,6	2,9

[a]   Die Angaben der Delegation Kairouan schließen die Bevölkerung der Stadt Kairouan ein.
Quellen: RECENSEMENT GÉNÉRAL DE LA POPUALTION (1er février 1956). — RECENSEMENT GÉNÉRAL DE LA POPULATION ET DES LOGEMENTS (3 mai 1966). — RECENSEMENT GÉNÉRAL DE LA POPULATION ET DES LOGEMENTS (8 mai 1975). Tunis, 1976, S. 186—188.

Der Wanderungsumfang innerhalb des Gouvernorates läßt sich näherungsweise den beiden folgenden Tabellen entnehmen. Kairouan, die einstige Hauptstadt Tunesiens, zog bereits in historischer Zeit großräumlich alle urbanen Funktionen auf sich und ließ auch in der jüngeren Vergangenheit sowie in der Gegenwart nur in geringem Umfang die Entstehung stadtähnlicher Siedlungsstrukturen außerhalb ihres unmittelbaren Einflußbereiches zu. Kairouan ist deshalb heute das konkurrenzlose regionale Wanderungsziel einer Land-Stadt-Migration, die hinsichtlich ihres Umfanges in den vergangenen zehn Jahren offensichtlich zugenommen hat. Eine Studie zum Problem des „Exode rural" im Umkreis Kairouans hat kürzlich TRABELSI vorgelegt (1976). Er untersucht die kausalen Beziehungen zwischen ländlichem, städtischem Arbeitsmarkt einerseits und der natürlichen regionalen Bevölkerungszunahme andererseits. Unterscheidet man die Zunahme der ländlichen und der städtischen Bevölkerung, die weitgehend mit derjenigen Kairouans identisch ist und sonst nur einige kleine, zu Kommunen erhobene Zentren (z. B. Hadjeb-el-Aioun) umfaßt, so zeigt sich für den Zeitraum ab 1956 ein rascheres urbanes Wachstum sehr deutlich (s. *Tab. 30*).

Die Zentralität Kairouans erfaßt hinsichtlich ihrer Reichweite heute mit Ausnahme des Sahels von Sousse und Sfax weitgehend ganz Zentraltunesien. Kairouan war als Heilige Stadt stets der geistliche Mittelpunkt des östlichen Maghreb, aber auch die wirtschaft-

Tabelle 30   Tunesien. Bevölkerungsentwicklung im Gouvernorat Kairouan 1956—1975. Daten auf den Gebietsstand 1975 umgerechnet

	ländliche Bevölkerung	städtische Bevölkerung	insgesamt
1956	153 900	37 200	191 000
1966	210 900	56 480	267 300
1975	256 000	76 100	332 100
jährlicher Zuwachs 1956—1966 in %	3,7	5,1	4,0
jährlicher Zuwachs 1966—1975 in %	2,3	3,8	2,6

Quellen: RECENSEMENT GÉNÉRAL DE LA POPULATION (1er février 1956). — RECENSEMENT GÉNÉRAL DE LA POPULATION ET DES LOGEMENTS (3 mai 1966). — RECENSEMENT GÉNÉRAL DE LA POPULATION ET DES LOGEMENTS (8 mai 1975). Tunis, 1976, S. 183.

Tabelle 31   Tunesien. Bevölkerungsentwicklung der Stadt Kairouan

1936	23 000	1966	47 300
1946	32 000	1971	58 000
1956	34 000	1975	69 100

Quelle: RECENSEMENT GÉNÉRAL DE LA POPULATION ET DES LOGEMENTS (3 mai 1966). 2me fascicule. Population par division administrative. S. 64.

lichen Beziehungen zum näheren und weiteren Hinterland stützten die Bedeutung der Stadt als Zentrum von Handel, Handwerk und Gewerbe. Obwohl die Sahelstädte Sousse und Sfax in dieser Hinsicht während der beiden letzten Jahrzehnte höhere Zuwachsraten verzeichneten, ist die Bevölkerung der Stadt Kairouan seit 1966 jährlich um etwa 4,5 % gestiegen. Administrative Zentralität, Ausbildungseinrichtungen und nicht zuletzt der Tourismus fördern die monozentrale Stellung Kairouans in der Gegenwart nachhaltig (s. *Tab. 31*).

Die südlichen Bereiche der Tieflandsteppen, administrativ teilweise schon zum westlichen Teil des Gouvernorats Sfax gehörend, heben sich mit geringerer Bevölkerungsdichte von den umgebenden Regionen deutlich ab. Die Seßhaftwerdung der Nomaden hat hier wesentlich später eingesetzt als im Becken von Kairouan. In den dreißiger Jahren versuchte die Administration des Protektorates größere Herdenwanderungen einzuschränken, um den Getreidebau zu fördern. Für Festansiedlung und Fruchtbaumkulturen wurden Subventionen zur Verfügung gestellt. Entsprechend der traditionellen Wohnweise der nomadischen Gruppen entstand eine weitständige Streusiedlung. Im Gefolge der Risikogefährdung der agrarischen Nutzungssysteme stieg die Bevölkerungsdichte mit Ausnahme des Souassigebietes zunächst nur geringfügig an. Ausgehend von einzelnen regionalen Ansatzpunkten begann die europäische Agrarkolonisation, Steppenareale in Kulturland umzuwandeln. Um Bou Thadi (zwischen Sfax und Sbeitla) wurden Getreideflächen und Olivenkulturen angelegt und von Fellahs in Kleinbetrieben sowie von Colons in größeren Farmeinheiten bewirtschaftet. Peripher an den Sahel von Sfax angrenzend breiteten sich zellenartig Olivenpflanzungen aus, die teilweise von städtischen Bürgern finanziert wurden (ACHENBACH 1971, S. 100). Weiter außerhalb blieben die Ölbaumbestände lückenhaft (MENSCHING 1968, S. 185) und bilden auch heute neben vereinzelten Getreide- und Weideflächen bei nach SW zunehmender Aridität und Niederschlagsvariabilität eine im ganzen nur schmale wirtschaftliche Basis. Die Bevölkerungszunahme liegt deshalb heute (1966—1975) selbst bei geringer Abwanderung nur knapp über dem tunesischen Landesmittelwert (s. *Fig. 8*). Eine stärkere Bevölkerungszunahme ist für 1966—1975 im Bereich der Delegation Bir-Sidi-ben-Khalifa nachzuweisen, da sich hier um verschiedene zentrale Einrichtungen bescheidene nichtagrare Erwerbsmöglichkeiten entwickelt haben. Als wichtige agrarische Innovation bilden hier Oliven-, Mandel- und Aprikosenkulturen die Basis gestiegener Tragfähigkeit und zunehmenden Wachstums der ortsanwesenden Bevölkerung. Auch abseits dieses Steppenortes tendiert die postkoloniale Raumordnungspolitik auf eine räumliche Konzentration der noch weitgehend gestreut liegenden Sieldungselemente. Ähnlich wie in den Hochsteppen bilden Verwaltungsstellen, Schulen, ärztliche Versorgungsstationen, orientiert an dem in seinen Grundzügen bereits kolonialzeitlich entstandenen Verkehrsnetz (Straßen und Eisenbahn Sfax-Gafsa) Ansatzpunkte neuer Siedlungsschwerpunkte (s. *Tab. 32*).

Tabelle 32 Tunesien. Bevölkerungsentwicklung im südlichen Teil des Steppentieflandes. Daten auf den Gebietsstand 1975 umgerechnet

Delegation	1956 absolut	1966 absolut	1975 absolut	1956—1966 jährlicher Zuwachs in %	1966—1975 jährlicher Zuwachs in %
Menzel Chaker[a]	13 900	21 000	25 800	5,1	2,5
Bir-Sidi-ben-Khalifa	14 000	22 500	28 200	6,1	2,8
Souassi et Chorbane	44 600	52 950	66 950	1,8	2,8

[a] Die Delegation Menzel Chaker schließt das Entwicklungszentrum Bou Thadi ein.

Quellen: RECENSEMENT GÉNÉRAL DE LA POPUALTION (1er février 1956). — RECENSEMENT GÉNÉRAL DE LA POPULATION ET DES LOGEMENTS (3 mai 1966). — RECENSEMENT GÉNÉRAL DE LA POPULATION ET DES LOGEMENTS (8 mai 1975). Tunis, 1976, S. 175, 178, 198, 201.

ACHENBACH (1971, S. 91) zeigte an zahlreichen Beispielen, daß die älteren Olivenbestände seit 1930 durch Mandelbaumkulturen ersetzt wurden. Dieser Trend hält gegenwärtig an und führt im Randbereich zwischen Tieflandsteppen und Sahel von Sfax zu einem Intensivierungsprozeß, der sich ebenfalls in der Erhöhung der agrarischen Tragfähigkeit und der Bevölkerungsdichte niederschlägt.

Versucht man die Bevölkerungsentwicklung der Tieflandsteppen zusammenfassend zu beurteilen, so müssen zwei unterschiedliche Aspekte und Ursachen dieses Prozesses festgehalten werden: Zunächst resultiert das demographische Wachstum aus der zunehmend optimalen Gestaltung seiner unmittelbaren Determinanten (Geburtenüberschüsse steigen, Kindersterblichkeit sinkt aufgrund besserer medizinischer

Versorgung). Andererseits verschob sich seit den Anfängen der Protektoratszeit mit Beendigung der historisch-traditionellen Auseinandersetzung zwischen Sahelbauern und Steppennomaden sowie insbesondere seit Beginn der staatlichen Unabhängigkeit die Grenze der Sahelkulturen westwärts. Damit griffen Bodennutzungssysteme mit vergleichsweise höherer Tragfähigkeit in die Tieflandsteppenregionen über. Die Inwertsetzung der agrarischen Wirtschaftsflächen wurde gesteigert und ermöglichte — trotz unverändert fortwirkenden ökologischen Risikos — eine zwar regional differenzierte, insgesamt jedoch bedeutende Zunahme der Bevölkerung.

5.2.10 Sahel von Sousse

Um die räumliche Bevölkerungsverteilung im Sahel von Sousse charakterisieren zu können, ist der Wandel des relativen Anteils der Sahelbevölkerung an der Gesamtbevölkerung Tunesiens zu analysieren. Zweitens müssen die historisch-genetisch voneinander abweichenden demographischen Strukturen im Sahel und in den unmittelbar westlich angrenzenden Tieflandsteppen des Gouvernorates Kairouan verglichen werden. Drittens verdient der Verstädterungsgrad des Sahelküstenraumes Beachtung und schließlich sind die Beziehungen zwischen Siedlungsstruktur (Großdörfer) und räumlicher Bevölkerungsverteilung im inneren Teil des Sahels von Sousse zu untersuchen (vgl. ATTIA 1970).

Während im 19. Jahrhundert großräumig gesehen die Sahelgebiete von Sousse und Sfax noch die bevölkerungsreichsten Regionen Tunesiens waren, hat sich der hier lebende Bevölkerungsanteil heute verringert (s. *Tab. 1*). Demgegenüber verzeichnet der Nordosten des Landes, also der Großraum Tunis-Bizerte-Nabeul, relativ und absolut größere Zuwachsraten, die sich vornehmlich aus Wanderungsgewinnen ergeben.

Aufgrund der bei GANIAGE (1966) mitgeteilten Auswertungen von Steuerlisten kommt man zu der Feststellung, daß noch um 1900 etwa 25 % der Bevölkerung Tunesiens im Bereich des Sahels von Sousse und seiner Randgebiete lebten (TAUBERT 1967, S. 82; MENSCHING 1968, S. 158). Bis 1936 nahm der Anteil der Sahelbevölkerung auf 13,6 %, bis 1966 auf 11,5 % ab (PICOUET 1971 a, S. 127). 1975 konnte ein leichter Anstieg registriert werden; unter Bezug auf das Gouvernorat Sousse in der Flächenausdehnung von 1966 (entspricht ab 1975 der Summe der Gouvernorate Sousse, Mahdia und Monastir) lebten 1975 im Sahel von Sousse 12,6 % der Gesamtbevölkerung Tunesiens (s. *Tab. 4*). Daraus wird ersichtlich, daß die bevölkerungsgeographische Bedeutung des Sahels von Sousse — relativ gesehen — seit Beginn dieses Jahrhunderts abgesunken ist, während sich die Akzente der wirtschaftlichen Zuwachsraten in andere Räume verlagerten.

Vergleicht man in kleinräumlicher Sicht das demographische Wachstum des Sahels von Sousse mit demjenigen des Tieflandsteppengebietes von Kairouan im Durchschnitt der letzten einhundert Jahre, so ergeben sich bemerkenswert unterschiedliche Zunahmegeschwindigkeiten. Die Bevölkerung im Gebiet des heutigen Gouvernorates Kairouan hat sich seit 1890 etwa versechsfacht, während im Kernsahel (abgrenzbar mit den heutigen Gouvernoraten Sousse und Monastir) lediglich etwas mehr als eine Verdreifachung festzustellen ist. Diese Unterschiede erklären sich aus wirtschaftsraum-genetischer Sicht.

Während in den Tieflandsteppen seit Beginn der Seßhaftwerdung um 1880 mit der Einführung des Getreidebaus eine Intensivierung der Nahrungsgüterproduktion und damit der generellen Tragfähigkeit erst relativ spät erreicht wurde, waren im Kernsahel die landwirtschaftlichen Nutzungsmöglichkeiten in früheren Jahrhunderten bereits voll erschlossen. Seit der Antike besaß der Agrarsektor hier eine hohe Leistungsfähigkeit, die eine bedeutende Bevölkerungsdichte ermöglichte. Fast kontinuierlich, lediglich mit einigen Unterbrechungen zwischen dem 12. und dem 15. Jahrhundert, bildeten die Sahelkulturen im Hinterland von Sousse eine umfassende Basis einer gleichmäßigen Bevölkerungszunahme. Heute lassen sich die Grenzen der demographischen Tragfähigkeit in der Kulturlandschaft des Sahels von Sousse nur noch durch die Expansion des nichtagrarischen Wirtschaftssektors erweitern, während in den Steppenregionen möglicherweise trotz des ökologischen Risikos sogar gegenwärtig noch durch eine „rationellere" Inwertsetzung der landwirtschaftlichen Flächen neue Existenzbereiche erschlossen werden können. Die nachholende Bevölkerungsentwicklung der Tieflandsteppen dauerte bis etwa 1936 und verlief dann im gleichen Maßstab wie im Sahel von Sousse (s. *Tab. 33*). Dennoch vollzog sich die Bevölkerungszunahme in den Kerngebieten des Sahel gleichmäßiger als in den peripheren Steppengebieten, da dort infolge von Trockenjahren, Ernteausfällen und Nahrungsmangel die Einwohnerzahlen stark schwankten (Despois 1955, S. 429; Trabelsi 1976). Heute beginnen jedoch offensichtlich die Wanderungsverluste im peripheren Bereich der Tieflandsteppen eine im Vergleich zum Kernsahel wieder langsamere Bevölkerungsentwicklung einzuleiten, wie die folgenden Beobachtungen zeigen.

Analysiert man die Bevölkerungszunahme in einem noch kleiner dimensionierten Maßstab auf der Ebene der Delegationen, so werden interessante Modifikationen innerhalb des Sahels erkennbar. Im Zeitraum 1956—1966 entfielen auf die Randgebiete des Sahels von Sousse fast durchweg höhere Wachstumsraten als auf den Kernsahel (s. *Fig. 22*). Die ersten umfassenden Versorgungsprogramme in den Tieflandsteppengebieten nach Erlangung der Unabhängigkeit ließen die Tragfähigkeit hier zunächst schneller ansteigen. Im Gegensatz dazu verzeichneten in der Folgeperiode (1966—1975) die küstennahen Ver-

Tabelle 33   Bevölkerungsentwicklung im Kernsahel und im Gouvernorat Kairouan

Jahr	Kernsahel[a]	Gouvernorat Kairouan
1887[b]	140 000	50 000
1936	240 000	170 000
1956	307 000	191 000
1966	375 000	267 000
1975	488 000	332 000

[a]   Kernsahel umfaßt die heutigen Gouvernorate Sousse und Monastir (1975). Die älteren Daten wurden auf diese Fläche umgerechnet.
[b]   Die Angaben für 1887 stammen von Poncet (1962, S. 276), decken sich jedoch größenordnungsmäßig mit den Informationen von Ganiage (1966, S. 871—875). Quelle der übrigen Bevölkerungszahlen sind die Recensements 1956 und 1966. Angaben 1975 s. *Tabelle 4*.

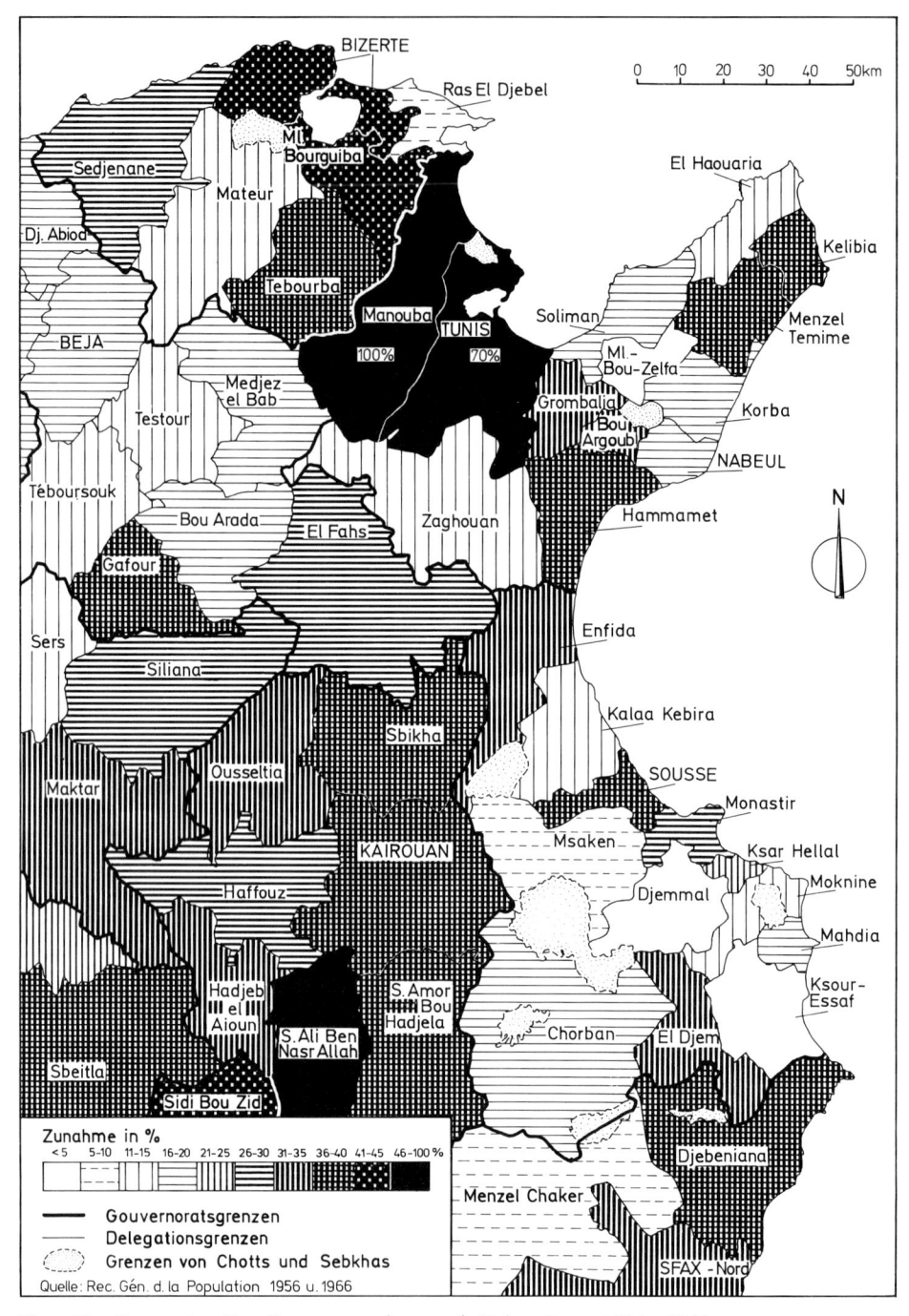

Figur 22 Osttunesien. Bevölkerungszunahme nach Delegationen 1956–1966

städterungszonen und deren nahe gelegenes Hinterland größere Zunahmeraten (s. *Fig. 8*). Die Ursache ist in dem für diese jüngste wirtschaftliche Entwicklungsphase charakteristischen Zuwachs an nichtagrarischen Arbeitsplätzen sowie in der dadurch bedingten regionalen Zuwanderung aus den peripheren Sahelbereichen und aus den Tieflandsteppengebieten zu sehen.

Der Prozeß der Verstädterung hat das Kulturlandschaftsgefüge am Küstensaum des Sahel und in den Randzonen der alten Stadtkerne von Sousse, Monastir, teilweise auch im Nahbereich von Mahdia seit Beginn der Unabhängigkeit nachhaltig verändert. Nicht nur die progressive Entwicklung des industriell-gewerblichen Sektors hat hierzu beigetragen, sondern auch die unübersehbare räumliche Konzentration tertiärer Einrichtungen, die ein unmittelbar zugeordnetes Hinterland mit regionalen Diensten versorgen. Außerdem kommt im Küstenraum dem Tourismus als Wirtschaftsfaktor eine nunmehr hervorragende Rolle zu. Ihm sind nicht nur zahlreiche Arbeitsplätze unmittelbar zu verdanken, auch indirekt, d. h. in versorgenden Branchen, setzte ein Zuwachs an Beschäftigungsmöglichkeiten ein, der die traditionellen Verarbeitungsbereiche für Sahel-Agrarprodukte an Bedeutung teilweise überrundete. Die wirtschaftliche Entwicklung, die an anderer Stelle näher erläutert wird (vgl. ARNOLD 1979), hat seit Beginn der Unabhängigkeit, verstärkt ab 1966 die Bevölkerungszunahme im Küstenbereich des Sahel entscheidend gesteuert. Trotz der Abwanderungsüberschüsse hat der Kernsahel durch Zuwanderung aus dem ariden Süden Tunesiens und auch den zentralen Steppenlandschaften (absolut gesehen) seinen Bevölkerungsbestand erhöhen können. Wenn auch die Stadtregion Sousse mit ca. 130 000 Einwohnern (nach Angaben und Berechnungen der GROUPE HUIT 1971) die Bevölkerungszahl der Stadtregion von Sfax (278 000 E.) nach wie vor nicht erreicht und deshalb weiterhin die dritte Position unter den tunesischen Agglomerationen einnimmt, so sind doch die nächstgrößeren wirtschaftlichen Raumeinheiten, nämlich die heutigen Gouvernorate Sousse-Monastir mit 488 000 E. einerseits und das Gouvernorat Sfax mit 473 000 E. andererseits, hinsichtlich ihrer Bevölkerungszahl heute (1975) als etwa gleichrangig einzustufen (s. *Tab. 34*). Hinsichtlich der Siedlungsstruktur unterscheiden sich beide Gebiete jedoch beträchtlich, wie noch zu zeigen sein wird.

Demgegenüber ist jedoch festzuhalten, daß die Zunahme des Verstädterungsgrades im Randbereich der Stadtregion von Sousse (1966—1975) erheblich höher lag als bei Sfax (s. *Fig. 20*). Man könnte diese Entwicklung dahingehend interpretieren, daß im Gouvernorat Sousse die Bevölkerungszunahme vorwiegend den bereits verdichteten städtischen Teilbereichen des Siedlungsgefüges zugute gekommen ist, während sich im Gouvernorat Sfax die Wachstumsrate gleichmäßiger auf alle Siedlungstypen verteilt hat. Diese Interpretation entspricht ohnehin den historisch entstandenen Unterschieden der Siedlungsstruktur der beiden Großregionen. Eine weitere Interpretation wäre jedoch mit der Feststellung möglich, daß im Bereich der Stadtregion von Sousse und ihrer Randbereiche im Verlauf des letzten Jahrzehntes Bevölkerungswachstum und Verstädterung schneller erfolgten als in der Stadtregion Sfax, während die Verhältnisse im vorangegangenen Jahrzehnt 1956—1966 noch umgekehrt waren (s. *Tab. 34*). Diese Tatsache deutet auf eine nachholende wirtschaftliche Entwicklung im Gouvernorat Sousse hin.

Tabelle 34 Tunesien. Zunahme des Verstädterungsgrades 1966—1975. Daten auf Gebietsstand 1975 umgerechnet

Gouvernorate	1966		1975		1966—1975 jährlicher Zuwachs in %
	absolut	%	absolut	%	
Gesamtbevölkerung					
Sousse / Monastir	375 000		488 000		3,3
Sfax	394 000		472 000		2,2
davon Anteil der „urbanen" Bevölkerung					
Sousse / Monastir	260 000	69,3	364 000	74,5	4,4
Sfax	228 000	57,9	273 000	57,8	2,2

Quellen: RECENSEMENT GÉNÉRAL DE LA POPULATION ET DES LOGEMENTS (3 mai 1966). — RECENSEMENT GÉNÉRAL DE LA POPULATION ET DES LOGEMENTS (8 mai 1975). Tunis, 1976, S. 169, 205, 215.

Bezüglich einer näheren Analyse der hier angedeuteten Probleme muß jedoch auf die Erläuterungshefte zu den Karten Wirtschaftsgeographie N 12 und Siedlungsgeographie N 9 des AFRIKA-KARTENWERKES verwiesen werden, denen insbesondere die Darstellung der Wirtschaftsräume und der Stadtregionen vorbehalten ist.

Die räumliche Bevölkerungsverteilung innerhalb des Sahel von Sousse ist nur dann voll verständlich, wenn die Grundzüge der Siedlungsstruktur berücksichtigt werden, die sich von denjenigen der Nachbarräume (Kairouan, Sfax, auch Nabeul) stark unterscheidet. Seitdem sich die Kulturlandschaft des Sahel von Sousse nach den Zerstörungen, die durch die Beni Hilal im 11. Jahrhundert verursacht und erst allmählich wieder behoben worden waren, mit dem 16. Jahrhundert wieder voll entwickelte, verstärkten die Städte ihre ökonomischen und sozialen Beziehungen zu ihrem landwirtschaftlichen Umland (vgl. WIRTH 1973). So lebten Handwerker, Gewerbetreibende und Händler von Verarbeitung und Vermarktung agrarischer Produkte. Städtische Bürger traten zunehmend als Eigentümer landwirtschaftlicher Nutzflächen in Erscheinung. Der größte Teil der bäuerlichen Bevölkerung lebte nicht wie in anderen Küstenlandschaften Tunesiens streusiedlungsartig in der Nähe ihrer Anbauparzellen, sondern in großen geschlossenen Dörfern. DESPOIS (1955) hat Genese und Struktur dieser Kulturlandschaft eingehend untersucht und dabei näher begründet, warum sich das Siedlungsgefüge des inneren Sahels überwiegend durch große, baulich höchst verdichtete Siedlungskerne mit Einwohnerzahlen zwischen je 10 000 bis 30 000 auszeichnet. Diese Großsiedlungen verfügen zwar physiognomisch über einzelne urbane Kennzeichen, die Mehrheit der Erwerbspersonen ist jedoch auch heute landwirtschaftlich in den umliegenden Olivenhainen, Bewässerungskulturen oder Fruchtbaumhainen tätig. Neben dem Agrarsektor hatte lediglich das Textilgewerbe in historischer Zeit nennenswerte Bedeutung als Wirtschaftsfaktor (IBRAHIM 1975). Aufgrund der dadurch über Generationen entwickelten Arbeitserfahrung konnte sich heute in einigen dieser „Großdörfer" eine bedeutende Textilindustrie entwickeln, die kaum mehr auf heimischen Rohstoffen basiert, sondern Importwaren verarbeitet. Dem Fehlen jeder Art von Streusiedlung im inneren Sahel von Sousse und dem dominanten Vorherrschen der räumlich konzentrierten und verdichteten Siedlungsweise hat die Bevölkerungskarte N 8 Rechnung zu tragen. Wie im *Kapitel 4.2* erläutert, wurden sowohl bei der relativen als auch bei der absoluten Darstellung der Bevölkerung die größeren ländlichen Siedlungszentren sowie die Städte nicht in die Dichteflächenfarbstufen mit einbezogen, sondern in schwarz-quadratischen, lagetreuen Ortssignaturen berücksichtigt. Die Bevölkerungskarte N 8 gibt damit das Grundmuster der Siedlungsstruktur unmittelbar wieder und hebt den Sahel von Sousse deutlich von seinen Nachbarräumen, z. B. vom Sahel von Sfax, ab.

5.2.11 Sahel von Sfax

In mehrfacher Hinsicht unterscheidet sich der Sahel von Sfax mit seinen Randlandschaften von den Ölbaumgebieten um Sousse. Die Grundausstattung des physisch-geographischen Faktorengefüges tendiert bereits zu Vollaridität. Die im statistischen Mittel bereitstehenden Jahresniederschläge in Höhe von 200 mm unterliegen einer mittleren Abweichung von 50 % (MENSCHING 1968, S. 169) und würden deshalb eine ackerbauliche Feldnutzung mit zu großem Risiko belasten. Die ökologisch-agrargeographische Basis bietet damit eine wesentlich geringere Tragfähigkeit für die Bevölkerungsentwicklung als im Sahel von Sousse (vgl. ACHENBACH 1971, S. 92). Auch in kulturlandschaftsgenetischer Sicht sind Unterschiede zwischen den beiden großen Sahelgebieten erkennbar. Die Region um Sfax war zwar ebenfalls während der römischen und der früharabischen Entwicklungsphase als Wirtschaftsraum das Zentrum eines großen Einzugsgebietes. Nach der Zerstörung der Agrarlandschaft im Umkreis der Stadt Sfax im Zusammenhang mit dem Einfall der kriegerischen Nomaden im 11. Jahrhundert sanken der ökonomische Standard und damit die Bevölkerungszahl aber rapide ab, ohne bis zur Mitte des vorigen Jahrhunderts wieder einen erwähnenswerten Aufschwung zu erlangen. Um 1880 lebten in Sfax etwa 25 000 Menschen.

Wenn die Region um Sfax heute die zweitwichtigste geschlossene Agglomeration Tunesiens auch in bevölkerungsgeographischer Sicht ist, so verdankt sie diesen Status der spezifischen agrarräumlichen Entwicklung im Bereich der Ölbaumkulturen seit Beginn der Protektoratszeit und den Impulsen, die durch den Phosphatexport ausgelöst und nach Erlangung der staatlichen Unabhängigkeit durch verschiedene Maßnahmen im industriellen Sektor noch verstärkt wurden (vgl. M. FAKHFAKH 1971, 1975).

Obwohl die Daten der *Tabelle 35* verschiedenen Quellen entnommen sind, läßt sich doch eine weitgehend gleichsinnige Zunahme der Einwohnerzahl in Parallelität zur wirtschaftlichen Entwicklung feststellen, die sowohl im Gebiet mit ausgeprägt städtischer Bebauung („Stadtgebiet") als auch zusätzlich im sogenannten Gartenstadtgürtel für das zurückliegende Jahrhundert nahezu eine Vervierfachung erreicht. In der räumlichen Expansion der Bevölkerung über das engere Stadtgebiet hinaus kommt eine bedingte Randwanderung zum Tragen. Denn im Zuge der Entwicklung der Baumkulturen im inneren und äußeren Gartenstadtgürtel (vgl. MENSCHING 1968, S. 175, Fig. 14, die sich maßstabsmäßig mit der Bevölkerungskarte N 8 1 : 1 Mio. deckt!) verlegten fast alle

Tabelle 35   Bevölkerungsentwicklung im Großraum Sfax

Jahr	Stadtgebiet	Jahr	Stadtgebiet plus Gartengürtel
1880	25 000	1906	69 000
1936	43 000	1921	72 000
1946	54 000	1956	152 000
1956	65 000	1960	175 000
1966	86 000	1966	214 000
1975	93 000	1975	277 000

Daten zusammengestellt und auf die angegebenen Flächen umgerechnet mit Hilfe folgender Quellen: DESPOIS 1955, S. 509, LALUE & MARTHELOT 1962, S. 300, GROUPE HUIT 1971, Vol. II, S. 495, RECENSEMENTS 1956, 1966 und 1975.

Tabelle 36   Tunesien. Erwerbsbevölkerung der Delegation Sfax 1966. Erfaßt wird nur die „population urbaine"

	absolut	%
Agrarsektor	12 233	24,1
außeragrarischer Bereich	38 507	75,9
innerhalb dessen:		
produzierender Bereich	16 881	43,6
Dienstleistung	21 626	56,4

Quelle: GROUPE HUIT 1971, Vol. II, S. 464.

Bodeneigentümer ihren ersten Wohnsitz aus dem Stadtkern nach außen. Die in gleichmäßig dichter Streulage entstandenen Einzelgehöft-Innenhofhäuser mit hoher Belegungsdichte ließen im Radius von 10—12 km um die Medina eine höchste Verdichtung von Wohnstandorten entstehen, die sich jedoch im äußeren Gartenstadtgürtel, der auf Olivenbasis bereits ausschließlich marktorientiert genutzt wird, nicht fortsetzt. Auf der Bevölkerungskarte N 8 kommt diese Raumgliederung exakt zum Ausdruck. Die dichte Punktscharung reicht bis zur Grenze des inneren, die hohe Bevölkerungsdichte aufgrund der nur auf Verwaltungsgebietsbasis verfügbaren Daten bis zur Grenze des äußeren Gartenstadtgürtels.

Die Erwerbsstrukturstatistik (s. Tab. 36) zeigt, daß etwa ein Viertel der städtischen Bevölkerung („population urbaine") der Delegation Sfax (identisch mit dem gesamten Gartenstadtgürtel) im Jahre 1966 im Agrarsektor beschäftigt war, drei Viertel dagegen einem außerlandwirtschaftlichen Beruf nachging, wobei die große Zahl der Doppelexistenzen nicht speziell ausgewiesen wird.

Diese Sozialstruktur ist Merkmal und Folge der hier vollzogenen Agrarlandschafts- und Siedlungsentwicklung, die nur zum kleinsten Teil von bäuerlichen Gruppen, weitgehend von stadtbürgerlichen Kapitalanlegern getragen worden war (s. Tab. 36).

Außerhalb des Gartenstadtgürtels verdünnt sich die Siedlungsstruktur und entsprechend sinkt die Bevölkerungsdichte markant ab. Die sich hier bis zu 60 km in ehemaliges Steppenland erstreckenden Olivenbestände sind seit Beginn der Kolonialzeit zunächst nicht als bäuerliche Kulturen angelegt worden, sondern wurden von Kapitalgesellschaften sowie von europäischen Großfarmern forciert (ACHENBACH 1971, S. 92). Da als saisonale Arbeitskräfte zur Erntezeit Angehörige der Nomaden (Methellith), die früher hier ihre Weideflächen hatten, kurzfristig herangezogen wurden, blieb die Siedlungs- und Bevölkerungsdichte im Ölbaumsahel von Sfax zunächst gering. Erst allmählich wurden Nomadengruppen mit Zelt und Lehmhüttenweilern in Streulage vorübergehend und schließlich fest ansässig. Außerdem bot das hier übliche Mogharsa-System tunesischen landlosen Bauern die Möglichkeit, ihre Arbeitskraft mit dem hier investierten Kapital der Stadtbürger oder der europäischen Erschließungsgesellschaften zu verbinden, die Urbarmachung der Steppe und die Aufzucht der Olivenhaine vorzunehmen, um am Ende der Kontraktzeit mit der Hälfte der von ihnen erschlossenen Kulturfläche belohnt zu werden. Insgesamt blieb dieses System jedoch bei hohem Kapitaleinsatz arbeitsextensiv und z. T. hochmechanisiert. Deshalb ist es verständlich, daß die Bevölkerungsdichte im Olivensahel von Sfax gering geblieben ist. Erst in der postkolonialen Zeit hat sich der Arbeitskräftebesatz in den als „Cooperatives" weitergeführten ehemaligen Europäerfarmen erhöht. So entstanden neben den wachsenden Lehmhüttendörfern staatliche Neusiedlungen, die Zuwanderer aus den peripheren Steppengebieten aufnahmen. Die im letzten Jahrzehnt verstärkt betriebene Siedlungskonzentration wirkt sich auf eine Steigerung der Bevölkerungsdichte nur unwesentlich aus.

5.2.12 Der aride Süden Tunesiens und Ostalgeriens

Für die bisher besprochenen Teilräume des Kartenblattes N 8 mußte bereits eine zwar regional unterschiedliche, im Nord-Süd-Profil jedoch gleichsinnig sich verstärkende Orientierung der agrarwirtschaftlichen Inwertsetzung an den klimageographischen Gegebenheiten festgestellt werden. Noch unmittelbarer tritt dieser Aspekt im ariden Süden Tunesiens ins Blickfeld.

Mit der Nahrungsgüterproduktion richtet sich hier in stärkerem Umfang als in den Hochsteppen und in den Tellregionen die räumliche Standortwahl menschlicher Daseinsfunktionen nach der Belastbarkeit des Wasserhaushaltes (vgl. SCHWEIZER 1978, S. 99). Er limitiert angesichts der seit zwanzig Jahren verstärkten natürlichen Bevölkerungszunahme in allen Teilen der Südregionen — abgesehen vielleicht von den Bergbaugebieten westlich von Gafsa — die Tragfähigkeit heute nachhaltiger und definitiver als in der Vergangenheit. Die Ausweitung des nichtagraren Wirtschaftssektors in den Oasenstädten schafft nur begrenzten, mittelbaren Ausgleich. Ohnehin ist die Zunahme der in diesen Branchen Tätigen eher ein Zeichen von Unterentwicklung. Die Folge dieser Gesamtsituation schlägt sich in zunehmender Emigration nieder. Der Norden, das Ausland und Libyen sind wichtigste Ziele. Der hohe Grad von temporärer Ortsabwesenheit, die der Zensus von 1975 für den Süden eindrucksvoll und generell dokumentiert, zeigt, daß kurzfristige Sucheaufenthalte häufig in endgültige Abwanderung einmünden. Sie allein muß heute als das umfassendste Regulativ eines demographisch überlasteten Lebens- und Wirtschaftsraumes angesehen werden. Unterstrichen wird diese Feststellung durch die paradoxe, aber dennoch nicht untypische Tatsache, daß die Arbeitsplätze der neu errichteten Industrien in Gabès und des expandierenden Fremdenverkehrsgewerbes auf Djerba überwiegend von Arbeitskräften mit guter beruflicher Ausbildung aus dem Norden eingenommen werden. Auch diesen Sachverhalt beweist die Bevölkerungszählung von 1975 eindeutig.

Trotzdem sind die physisch-geographisch relevanten Minimumfaktoren nicht die einzigen Determinanten der angespannten demographisch-ökonomischen Gesamtbilanz. Vielfach wurde bereits der Nachweis geführt, daß die über Jahrhunderte entwickelten, modifizierten und schließlich partiell auch erstarrten gesellschaftlichen Organisationsformen nicht intuitiv stets die „optimale" Inwertsetzung und Nutzung dieses Raumes ermöglicht haben. So ist in der Kulturlandschaftsentwicklung der Oasengebiete nicht zu übersehen, daß durch die komplexe Zersplitterung von Besitztiteln und Eigentumsformen die ohnehin komplizierte Nutzung des Naturhaushaltes zusätzlich belastet und damit die Tragfähigkeit insgesamt erheblich beeinträchtigt wurde. Desgleichen ist zu fragen, ob die heute unter dem Vorzeichen einer spezifischen Entwicklungseuphorie betriebenen Ausweitungen der Oasenkulturen auf Basis juvenilen Wassers aus Tiefbrunnen die Chancen dieser Wirtschaftsräume langfristig erhöhen können. Das Zusammenspiel ökonomisch-sozialer und physischer Faktoren ist in einem ariden Raum von äußerster Labilität. Das Ökosystem bleibt nur dann leistungsfähig, wenn die Zielsetzung der wirtschaftlichen Nutzung seiner Sensibilität und Variabilität untergeordnet wird. Diese Einsicht löst allerdings nicht die Frage nach alternativen Existenzmöglichkeiten für eine in großer Zahl ins erwerbstätige Alter eintretende jugendliche Bevölkerung (vgl. SEKLANI 1976).

Eine bevölkerungsgeographische Analyse der Südgebiete Tunesiens und Ostalgeriens muß deshalb versuchen, Siedlungsweisen, Formen wirtschaftlicher Existenzsicherung und Tragfähigkeit hinsichtlich der Chancen eines nationalen ökonomischen Lastenausgleichs zu bewerten. Diese Frage muß entsprechend der hier anzutreffenden vier Wirtschaftsraumtypen differenziert werden.

Die Darstellung der Bevölkerungsverteilung im ariden Süden stand vor der methodischen Schwierigkeit, die große Flächenerstreckung der Verwaltungsgebiete und damit die Bevölkerungsdichte mit der tatsächlichen Siedlungsstruktur, die vorwiegend von räumlicher Konzentration geprägt wird, in Einklang zu bringen. Im Unterschied zu den mittleren und nördlichen Teilen des Blattes N 8 erfolgte deshalb eine von den Verwaltungsgrenzen z. T. erheblich abweichende Begrenzung der flächenhaften Dichtewerte. Dabei wurde versucht, sowohl die Wirtschaftsfläche zu berücksichtigen (Gebiete der halbseßhaften, noch Weideviehhaltung betreibenden Bevölkerung) als auch die Verdichtung der Wohnstandorte zum Ausdruck zu bringen. Die Dichteflächen mit Werten von unter 1 E/km^2 charakterisieren diejenigen Teile der Südregion außerhalb der Kernbereiche des Großen Erg, in denen noch heute episodisch bis saisonal-periodisch Fernweidewirtschaft betrieben wird.

5.2.12.1 Oasengebiete

Zu den großen Oasensiedlungen zählen neben den Djerid-, Nefzaoua- und Souf-Oasen (Algerische Sahara) Gabès und Gafsa, die wenigstens teilweise ihre heutige wirtschaftliche Entwicklung auf Bewässerungskulturen gründen. Bereits in numidischer und römischer Zeit nutzten seßhafte Fellahs artesische sowie wadigebundene Grundwasserangebote im südlichen Gebirgsvorland der Atlasketten, um Dattelpalmen, Getreide und Gemüse zu erzeugen. Ohne auf die historischen Wandlungen einzugehen, muß darauf hingewiesen werden, daß die nichtseßhaften Nomadengruppen bis in die Gegenwart mit der Oasenbevölkerung ein symbiotisches Wechselverhältnis pflegten. Marktorientierter Warenaustausch und Verflechtungen im Bereich des Grundeigentums an Bewässerungsflächen gestalteten die merkantilen und sozialen Umfeldbeziehungen der Oasen, deren jüngere Strukturen exemplarisch von SAREL-STERNBERG (1961), ATTIA (1965) und ACHENBACH (1971) untersucht und dargestellt wurden, sehr kompliziert.

Tabelle 37   Tunesien. Bevölkerungsentwicklung ausgewählter Oasenstädte 1931—1975

Jahr	Gafsa	Gabès	Nefta	Tozeur	El Hamma
1931	11 750	15 600	13 000	11 600	5 100
1936	11 260	18 600	13 600	11 700	5 900
1946	11 320	22 510	14 200	12 500	7 200
1956	24 350	24 420	14 600	11 800	6 800
1966	32 400	32 300	10 400	13 900	9 800
1975	45 300	43 130	12 150	17 300	12 400

Quellen: RECENSEMENT GÉNÉRAL DE LA POPULATION ET DES LOGEMENTS (3 mai 1966). 2me fascicule. Population par division administrative. S. 64—66. — RECENSEMENT GÉNÉRAL DE LA POPULATION ET DES LOGEMENTS (8 mai 1975). Tunis, 1976, S. 141, 144, 161, 163.

Verfolgt man die Bevölkerungsentwicklung der Oasenstädte sowie ihrer zugehörigen Verwaltungsgebiete, so zeigt sich seit Beendigung des Protektorates eine markante Zunahme, die sowohl durch Festansiedlung nomadischer Gruppen als auch durch steigende Geburtenüberschüsse ausgelöst wurde (s. *Tab. 37* und *Tab. 8*).

Die Bevölkerung von Gafsa verdankt ihren hohen Zunahmefaktor den hier lokalisierten Verwaltungsfunktonen des Phosphatbergbaugebietes und des Gouvernorates, während bei Gabès die traditionellen Verkehrsströme in den Süden, jüngst auch der Tourismus, die nahe gelegene industrielle Entwicklungsregion Ganouche sowie die Attraktivität auf Abwanderer (als Etappenort) eine wichtige Rolle spielten. Die demographische Entwicklung der Djeridoasen Nefta und Tozeur verlief langsamer. Ursache dürfte hierfür die Tatsache sein, daß die agrarische Tragfähigkeit aus ökologischen Gründen und infolge der geringen Ertragsleistung traditioneller Kulturen nicht mehr expansionsfähig ist. Jüngere Neuanpflanzungen von Dattelpalmen haben bereits zu merklichen Wasserengpässen geführt. Nachteilig wirken sich auch hier die tradierten Sozialverhältnisse aus, die durch komplizierte, vielschichtige Eigentums-, Pacht- und Schuldtitel an Bewässerungsparzellen eine Leistungssteigerung ausschließen. Gerade deshalb ist jedoch die neueste Bevölkerungszunahme in den Oasenstädten bemerkenswert. Im Mittel der Periode 1961—1969 lagen die Geburtenüberschüsse der Oasengebiete bei rund 3 % und damit höher als in den zentralen Steppengebieten Tunesiens. Außerdem setzte sich der Prozeß der Seßhaftwerdung in den ehemaligen Nomadengebieten der Gouvernorate Gafsa und Gabès fort. Schließlich bilden auch die Oasenorte u. U. längerfristige Zwischenstationen bei Wanderungsvorgängen, die in die verstädterten Gebiete Nordosttunesiens und Nordalgeriens gerichtet sind. Dabei werden historische Arbeiterwanderungen zwischen Oasen und Städten des Nordens wieder belebt (vgl. Despois 1961, S. 74).

Weist die *Tabelle 38* die Zunahme der ortsanwesenden Wohnbevölkerung aus, so läßt das Recensement von 1975 noch zwei weitere interessante Informationen über die Etappenortfunktion der Oasenhauptorte zu. Neben der „Population présente" (ortsanwesende Bevölkerung) wird die bei den Oasenstädten in der Regel wesentlich höhere „Population résidente" ausgewiesen, die auch diejenigen — vorwiegend männlichen — Personen erfaßt, die „vorübergehend" (bis zu 6 Monaten), wahrscheinlich bereits für einen längeren Zeitraum abgewandert sind (s. *Fig. 10* und *Tab. 42*).

Ein zweites Indiz der sich verstärkenden migratorischen Dynamik ist in der Tatsache zu sehen, daß im Zeitraum 1966—1975 das Wachstum der Bevölkerung in den Zentren („communes" = population urbaine) wesentlich höher war als dasjenige der Gesamtbevölkerung der einzelnen Verwaltungseinheiten (s. *Tab. 39*). Offensichtlich vollzieht sich damit die Wanderung anders als in den nördlichen Regionen des Tell, wo die Wanderung aus dem Hinterland unter Umgehung der Gouvernoratshauptorte und ähnlich großer Siedlungszentren direkt auf die verstädterten Agglomerationen an der Küste gerichtet ist.

Soweit die datenmäßige Erfassung der Bevölkerungsentwicklung in den peripher gelegenen Kleinoasen möglich ist (z. B. Tamerza, Chebika, Midès in der Delegation Redeyef, westlicher Teil des Gouvernorates Gafsa), scheint im letzvergangenen Jahrzehnt eine aus hohen Geburtenüberschüssen und bedeutenden Abwanderungswerten resultierende Stagnation typisch zu sein.

Versucht man die demographische Gesamtsituation der Oasensiedlungen zu beurteilen, so ist eine Expansion auf der Basis traditioneller agrarischer Produktionsmethoden aus Gründen betrieblicher und ökologischer Handicaps wohl auszuschließen. Moderne Dattelpalmenpflanzungen staatlicher Gesellschaften erbringen zwar höhere Erträge; diese stehen jedoch der Wohnbevölkerung nicht unmittelbar als Einkünfte zur Verfügung (Douz). Außerdem scheint bereits schon jetzt die Grenze der Wasserbeschaffung erreicht zu sein, so daß auch aus ökologischer Sicht die agrarische Tragfähigkeit der Oasensiedlungen kaum erweitert werden kann.

Tabelle 38   Tunesien. Bevölkerungsentwicklung ausgewählter mittlerer Verwaltungsbezirke (Delegationen) im Oasengebiet 1956—1975; Gebietsstand 1975

Delegation	1956	1966	1975
Nefta	13 400	12 150	13 450
Tozeur	13 900	16 200	20 350
Douz	17 450	20 350	22 800
Kebili	29 900	23 250	44 350

Quellen: Recensement Général de la Population (1er février 1956). — Recensement Général de la Population et des Logements (3 mai 1966). — Recensement Général de la Population et des Logements (8 mai 1975). Tunis, 1976, S. 141, 144, 164, 166.

Tabelle 39   Tunesien. Wachstumsraten von Zentrenbevölkerung („communes") und Gesamtbevölkerung südtunesischer Gouvernorate 1966—1975

Gouvernorat	1966 absolut	1975 absolut	1966—1975 jährliche Zunahme in %
Gabès[a]			
Gesamtbevölkerung	203 580	253 250	+ 2,7
Zentrenbevölkerung	72 150	95 730	+ 3,6
Gafsa			
Gesamtbevölkerung	192 821	237 534	+ 2,5
Zentrenbevölkerung	102 113	137 164	+ 3,8
Médénine			
Gesamtbevölkerung	242 300	290 000	+ 2,1
Zentrenbevölkerung	31 300	66 330	+ 10,3

[a] Nur geringfügige Änderung der Grenzen der „communes". Im Gouvernorat Gabès wurde Mareth mit 2 180 Einwohnern zwischen 1966 und 1975 zur „commune" erhoben.

Quellen: RECENSEMENT GÉNÉRAL DE LA POPULATION (1er février 1956). — RECENSEMENT GÉNÉRAL DE LA POPULATION ET DES LOGEMENTS (8 mai 1975). Tunis, 1976, S. 135, 147, 159.

5.2.12.2 Halbnomadengebiete

Die zahlenmäßige Entwicklung der halbnomadischen Bevölkerung ist mangels einschlägigen Datenmaterials nur näherungsweise möglich. Die Schwierigkeit der statistischen Erfassung ist dabei nicht nur in der unsicheren Registrierungsgenauigkeit sowie in der grundlegenden Verschiebung der administrativen Grenzen des mittleren Verwaltungsniveaus (Delegationen) begründet, sondern resultiert in erster Linie aus der Vielfältigkeit von Existenzformen, die sich zwischen Halbnomadismus und Vollseßhaftigkeit entwickelt haben. Die Spannweite dieses Übergangs muß bereits als ein Hinweis auf den Trend zur Seßhaftwerdung gedeutet werden. Seit Beginn der Protektoratszeit machten sich mit der beginnenden Befriedung zwischen Djeffara-Nomaden und berberisch-bäuerlichen Gruppen im Bereich der südtunesischen Schichtstufen Anfänge dieses Prozesses bemerkbar, der nach Erlangung der staatlichen Unabhängigkeit verstärkt fortgesetzt wurde und seinen bedeutendsten Umfang nach 1966 erreichte.

In den randlichen Niederungen der Chotts ist dieser Vorgang anschaulich erkennbar. Er wird jüngst dadurch dokumentiert, daß in der Nähe der seit längerer Zeit stationären Zeltgruppen von den staatlichen Behörden Material zur Errichtung fester Hütten in Eigenbauweise bereitgestellt wird, wie im Bereich zwischen Gafsa und Gabès 1976 zu beobachten war. In der Regel wird die Viehhaltung, organisiert als eine Art Fernweidewirtschaft, als wichtigste Erwerbsgrundlage weitergeführt, während die Getreide-Trockenfeldbau-Flächen auf den Glacis der Schichtstufen am Rand der Chotts im Rahmen des meridionalen ökologischen Risikozuwachses zu ausgedehnterer Bewirtschaftung als früher herangezogen werden (vgl. MENSCHING 1979, S. 203, Figur 16, S. 218). Bleibt in diesen Gebieten der hohe Grad an Streusiedlung erhalten, so verdichtet er sich in der Nähe neu errichteter Schulen und unterer Verwaltungsstellen bereits zum Typ der

Schwarmsiedlung. Ein Teil der ehemaligen Halbnomaden wird jedoch in unmittelbarer Nähe der Oasen ansässig und ordnet sich peripher in den dortigen Wirtschaftskreislauf ein, wobei die Schulpflicht einerseits, die traditionellen Bindungen der Nomaden zu Bodeneigentum in den Oasen andererseits ausschlaggebend sind.

Eine nicht unbedeutende Bevölkerungszunahme verzeichnen auch die Siedlungsgebiete der ethnisch noch stark berberischen bäuerlichen Gruppen am Djebel Orbata östlich von Gafsa und besonders am Fuß der südtunesischen Schichtstufen. Hier hat sich die Ausweitung des altüberlieferten Systems der Djessur-Kultur, bei dem Oberflächenwasser durch Dammbauten gestaut und dadurch den Anbauflächen zugeleitet wird, als hinreichend tragfähig erwiesen. Hat diese Tatsache zu umfassend räumlicher Siedlungsverlagerung von den historischen Ksar-Orten in das Schichtstufenvorland geführt, wo individuelle Schwarmsiedlungen neben staatlichen Neubauprojekten entstanden, verstärkte sich gleichzeitig die regionale und überregionale Emigration, da auch hier eine Erweiterung der Agrarbasis auf große Schwierigkeiten stößt. Die Abwanderung schlägt sich in einer überproportionalen Zunahme der Zentrenbevölkerung, z. B. im Delegationshauptort Foum Tataouine oder im Gouvernoratshauptort Médénine nieder (s. *Tab. 40*). Die diesbezüglichen Daten zeigen, daß im unmittelbaren Siedlungsbereich dieser zentralen Orte die Wohnbevölkerung während des vergangenen Jahrzehnts besonders stark zugenommen hat. Dabei stellt sich auch hier die Frage nach der Erwerbsgrundlage der hier ansässig

Tabelle 40   Tunesien. Entwicklung der örtlichen Wohnbevölkerung ausgewählter zentraler Orte im Gouvernorat Médénine 1931—1975

Jahr	Foum Tataouine	Médénine	Ben Gardane
1931	1 200	1 700	1 600
1936	1 250	1 500	1 400
1946	1 400	1 600	1 700
1956	2 600	5 300	2 100
1966	4 700	7 900	5 200
1975	10 700	16 700	6 400

Quellen: RECENSEMENT GÉNÉRAL DE LA POPULATION ET DES LOGEMENTS (3 mai 1966). 2me fascicule. Population par Division administrative. S. 64—66. — RECENSEMENT GÉNÉRAL DE LA POPULATION ET DES LOGEMENTS (8 mai 1975). Tunis, 1976.

gewordenen Bevölkerung. Sind bei Foum Tataouine zweifellos Gruppen anzutreffen, die als Seßhafte noch Weidewirtschaft betreiben, so überwiegen in Médénine jedoch unter den jüngst Zugezogenen solche Personen, die sich von einer agraren Existenz bereits gelöst haben und eine Weiterwanderung in die Stadtregionen des Nordens anstreben. Bereits traditionell bestanden Migrationsbeziehungen zwischen den Siedlungsgebieten des Südens und den Städten im Norden Tunesiens und Algeriens. Spezialisierte Berufe, wie Zeitungsverkäufer, Schuhputzer, Zuckerbäcker, Träger, wurden dort stets von Angehörigen bestimmter Siedlungs- und Dorfgemeinschaften ausgeübt. Der hohe Zunahmeanteil der Zentrenbevölkerung („population urbaine") wird für den Zeitraum 1966—1975 auf Gouvernoratsbasis in *Tabelle 39*, für ausgewählte Delegationen in *Tabelle 41*, dargestellt.

Tabelle 41 Tunesien. Bevölkerungszunahme ausgewählter Delegationen im Gouvernorat Médénine 1966—1975

Delegation	Gesamtbevölkerung			Zentrenbevölkerung		
	1966	1975	jährliche Zunahme	1966	1975	jährliche Zunahme
	absolut	absolut	%	absolut	absolut	%
Médénine	39 500	51 500	3,4	7 900	16 700	12,3
Beni Khedache	15 900	17 600	1,1	—	—	—
Chomrassen	15 600	17 500	1,3	3 400	4 000	1,7
Tataouine	34 100	42 400	2,7	4 700	10 700	14,1
Ben Gardane	24 950	31 400	2,8	5 200	6 500	2,7

Quellen: Recensement Général de la Population et des Logements (3 mai 1966). — Recensement Général de la Population et des Logements (8 mai 1975). Tunis, 1976, S. 148—150, 153, 155.

Tabelle 42 Tunesien. Differenz zwischen ortsanwesender Bevölkerung („population présente") und langfristig gemeldeter Wohnbevölkerung ("population résidente") 8. Mai 1975

Delegation	ortsanwesende Bevölkerung		langfristig gemeldete Wohnbevölkerung[a]	
	männlich	weiblich	männlich	weiblich
Médénine	26 250	25 670	27 360	26 290
Tataouine	20 760	21 650	22 120	22 700
Djerba	36 300	38 300	33 760	36 450
Douz	10 940	11 860	12 480	12 730
Commune				
Gafsa	24 530	20 760	21 800	20 430
Metlaoui	8 850	8 470	9 130	8 610
Tozeur	8 830	8 510	8 420	8 350
Tataouine	5 680	5 020	5 210	5 190
Houmt Souk	9 550	8 150	8 220	7 980
Médénine	9 100	7 590	8 100	7 720

[a] Die Differenz zwischen ortsanwesender Bevölkerung („population présente") und langfristig gemeldeter Bevölkerung („population résidente") gibt Aufschluß über kurzfristige, d. h. sechsmonatige Wanderungsüberschüsse bzw. Wanderungsdefizite.

Quelle: Recensement General de la Population et des Logements (8 mai 1975). Tunis, 1976, S. 135—138, 141, 148, 149, 156.

Den ausgeprägten Trend zur Abwanderung unterstreicht auch die Bevölkerungszählung 1975, wenn sie zwischen den tatsächlich ortsanwesenden („population présente") und solchen Personen unterscheidet, die schon bis zu 6 Monaten ortsabwesend sind (= Differenz zur langfristig am Ort gemeldeten Wohnbevölkerung = „population résidente"). Eine vorübergehende Abwesenheit führt häufig zu einer definitiven Migration.

Figur 10 zeigt die großräumlichen Defizite und Überschüsse der männlichen Bevölkerung auf Basis der Delegationen. Aus *Tabelle 42* sind für ausgewählte Gebiete Südtunesiens Angaben über ortsabwesende bzw. kurzfristig zugewanderte, zusätzlich ortsanwesende Personen zu entnehmen.

Eine Beurteilung der Bevölkerungszunahme außerhalb der großen Oasensiedlungen kann angesichts des Fehlens detaillierter, kleinräumlicher Analysen nur mit Einschränkung auf die Frage der Tragfähigkeit des Gesamtraumes bezogen werden. Alle Autoren weisen jedoch darauf hin, daß Bevölkerungszuwachs und Seßhaftwerdung als ein komplexer Vorgang der Problemverschärfung gesehen werden müssen. Stets wird betont, daß die starke Seßhaftwerdung zu einer Störung des ökologisch-ökonomischen Gleichgewichts geführt habe. Durch die ausgewogene Aufrechterhaltung einer halbnomadisch oder transhumant betriebenen Weidewirtschaft dürfte diesem Raum (bei gleichzeitiger Anpassung an die physisch-geographischen Rahmenbedingungen) eine optimale Tragfähigkeit abzuringen sein (vgl. SAREL-STERNBERG 1963).

5.2.12.3 Phosphatbergbaugebiete und Insel Djerba als Sonderräume

Von den bisher analysierten Siedlungstypen weichen zwei weitere ab, die sich durch eine jeweils spezifische historische Entwicklung auszeichnen. In den Phosphatbergbaugebieten westlich von Gafsa konzentriert sich seit etwa 1900 nicht-authochthone Bevölkerung. Sie wurde vor 1956 vorwiegend von Marokkanern, Libyern und Zuwanderern aus den algerischen Souf-Oasen gebildet. Nach Beginn der staatlichen Unabhängigkeit dominierten zunehmend Tunesier (vgl. BUREAU DE RECHERCHES SOCIOLOGIQUES 1968; SEKLANI 1970). Dem sich ausweitenden Phosphatabbau, der steigenden Zentralität und der verbesserten Infrastrukturausstattung entspricht die beachtliche Bevölkerungszunahme (s. *Tab. 43*). Sie resultiert offensichtlich nicht nur aus Wanderungsgewinnen, sondern auch aus steigenden Geburtenüberschüssen. Bei der hohen Gesamtmenge von ortsanwesender Bevölkerung sind gleichzeitige Wanderungsverluste verständlich (s. *Tab. 42*, Metlaoui).

Tabelle 43   Tunesien. Bevölkerungsentwicklung ausgewählter Delegationen 1956—1975; auf Gebietsstand 1975 umgerechnet

Delegation	1956	1966	1975
Metlaoui M'dilla	14 380	25 930	33 960
Redeyef	20 170	34 970	43 440
Djerba	62 440	58 220	74 599

Quellen: RECENSEMENT GÉNÉRAL DE LA POPULATION (1er février 1956). — RECENSEMENT GÉNÉRAL DE LA POPULATION ET DES LOGEMENTS (3 mai 1966). — RECENSEMENT GÉNÉRAL DE LA POPULATION ET DES LOGEMENTS (8 mai 1975). Tunis, 1976, S. 138, 139, 157.

Eine Sonderstellung hinsichtlich Zahl, ethnischer (vorwiegend jüdischer und berberischer) Zuordnung, sozialer Position und erwerbsmäßiger Orientierung nimmt die Bevölkerung der Insel Djerba ein. Nur teilweise im Agrarsektor beschäftigt, weilte schon in historischer Zeit ein großer Teil der männlichen Bevölkerung langfristig als Groß- und

Einzelhändler in den Städten des Festlandes. KLUG (1973) hat gezeigt, daß diese traditionellen Beziehungen nach Abklingen der Kollektivierungswelle im Dienstleistungssektor fortleben. Allerdings nehmen die Fälle von definitiver Abwanderung zu. Die hohe Bevölkerungsdichte auf Djerba basiert heute auf drei Wirtschaftsbereichen. Die nach wie vor hohen Einkünfte aus externen Erwerbsquellen (Handel) bilden die wichtigste Grundlage. Die landwirtschaftliche Bodennutzung bedingt durch hochentwickelte Bewässerungstechnik eine mit Oasen vergleichbare Tragfähigkeit. Seit etwa zwanzig Jahren führt der expandierende Massentourismus zu einer Ausweitung der Erwerbsmöglichkeiten. Deshalb wird die vorübergehende Ortsabwesenheit der Djerbis (Händler) heute bereits von Wanderungsüberschüssen überlagert, die von kurzfristig zugezogenen Beschäftigten im Fremdenverkehrsgewerbe verursacht werden (vgl. *Tab. 42*).

Manuskript abgeschlossen: März 1979.

Literaturverzeichnis

Abkürzungen

Rev. Tun. Sc. Soc. = Revue Tunisienne des Sciences Sociales. Tunis.
CICRED = Comité International de Coordination des Recherches Nationales de Démographie. Paris.

ACHENBACH, HERMANN 1967: Die Agrarlandschaft der tunesischen Nordküste um Bizerte. Erdkunde. Archiv für wissenschaftliche Geographie, Bonn. 21 (1967), S. 132—146.
— 1971: Agrargeographische Entwicklungsprobleme Tunesiens und Algeriens. Hannover. (Jahrbuch der Geographischen Gesellschaft zu Hannover für 1970.)
— 1973: Bevölkerungsdynamik und Wirtschaftsstruktur in den berberisch besiedelten Gebirgen Algeriens. (Große Kabylei und Aurès.) Kiel. In: STEWIG, R.; & WAGNER, H.-G. (Hrsg.) 1973: Kulturgeographische Untersuchungen im Islamischen Orient. Kiel. (Schriften des Geographischen Institutes der Universität Kiel. 38. S. 1—42.)
— 1976: s. AFRIKA-KARTENWERK, Serie N, Blatt 11.
— (in Vorbereitung): s. AFRIKA-KARTENWERK, Serie N, Beiheft 11.
— 1979: Zum räumlichen Beziehungsverhältnis von Bevölkerungsdynamik und agrarer Tragfähigkeit in Tunesien. Kiel. (Kieler Geographische Schriften, 50. S. 395—416.)
AFRIKA-KARTENWERK. Herausgegeben im Auftrage der Deutschen Forschungsgemeinschaft von U. FREITAG, K. KAYSER, W. MANSHARD, H. MENSCHING, L. SCHÄTZL, J. H. SCHULTZE †.
  Serie N: Nordafrika (Tunesien, Algerien) 32° N—37° 30′ N, 6° E—12° E.
  — Blatt 5: Klimageographie, 1:1 000 000. Autoren: GIESSNER, K.; & MENSCHING, H. Berlin · Stuttgart. (In Vorbereitung.)
  — Beiheft 5: Klimageographie. Autoren: GIESSNER, K.; & MENSCHING, H. Berlin · Stuttgart. (In Vorbereitung.)
  — Blatt 8: Bevölkerungsgeographie, 1:1 000 000. Autor: WAGNER, H.-G. Berlin · Stuttgart. 1976.
  — Blatt 9: Siedlungsgeographie, 1:1 000 000. Autor: WAGNER, H.-G. Berlin · Stuttgart. (In Vorbereitung.)
  — Beiheft 9: Siedlungsgeographie. Autor: WAGNER, H.-G. Berlin · Stuttgart. (In Vorbereitung.)
  — Blatt 10: Ethnographie, 1:1 000 000. Autoren: BECKER, R.; & HERZOG, R. Berlin · Stuttgart. 1976.
  — Beiheft 10: Ethnographie. Autor: HERZOG, R. Berlin · Stuttgart. 1981.
  — Blatt 11: Agrargeographie, 1:1 000 000. Autor: ACHENBACH, H. Berlin · Stuttgart. 1976.
  — Beiheft 11: Agrargeographie. Autor: ACHENBACH, H. Berlin · Stuttgart. (In Vorbereitung.)
  — Blatt 12: Wirtschaftsgeographie, 1:1 000 000. Autor: ARNOLD, A. Berlin · Stuttgart. 1976.
  — Beiheft 12: Wirtschaftsgeographie. Autor: ARNOLD, A. Berlin · Stuttgart. 1980.
  — Blatt 15: Historische Siedlungsgeographie. Autor: HAFEMANN, D. Berlin · Stuttgart. 1977.
  — Beiheft 15: Historische Siedlungsgeographie. Autor: HAFEMANN, D. Berlin · Stuttgart. 1981.
ANNUAIRE STATISTIQUE DE L'ALGÉRIE 1960. Herausgegeben vom Secrétariat d'Etat au Plan. Direction des Statistiques.

ANNUAIRE STATISTIQUE DE LA TUNISIE. Tunis (jährlich). Herausgegeben vom Secrétariat d'Etat au Plan et à l'Economie Nationale, Services des Statistiques.

ARNBERGER, ERIK 1966: Handbuch der thematischen Kartographie. Wien.

ARNOLD, ADOLF 1972: Die Industrialisierung in Algerien und Tunesien als Mittel zur Verbesserung der Regionalstruktur. Wiesbaden. (Tagungsberichte und wissenschaftliche Abhandlungen des Deutschen Geographentages Nürnberg/Erlangen 1971. S. 322—334.)

— 1976: s. AFRIKA-KARTENWERK, Serie N, Blatt 12.

— 1979: Untersuchungen zur Wirtschaftsgeographie Tunesiens und Ostalgeriens. Hannover. (Jahrbuch der Geographischen Gesellschaft zu Hannover für 1976.)

— 1980: s. AFRIKA-KARTENWERK, Serie N, Beiheft 12.

ATTIA, HABIB 1965: Modernisation agricole et structures sociales: exemples des oasis du Djerid. Rev. Tun. Sc. Soc., Tunis. 2 (1965), S. 59—93.

— 1966 a: L'évolution des structures sociales et économiques dans les Hautes steppes. Rev. Tun. Sc. Soc., Tunis. 3 (1966), S. 5—41.

— 1966 b: La répartition géographique de la population tunisienne à partir de recensement de 1966. Rev. Tun. Sc. Soc., Tunis. 6 (1969), S. 505—524.

— 1969: Densité de Population Recensement 1966. Karte der Bevölkerungsdichte Tunesiens. Centre d'Etudes et de Recherches Economiques et Sociales (CERES), Tunis.

— 1970: Croissance et migrations des populations sahéliennes. Rev. Tun. Sc. Soc., Tunis. 7 (1970), S. 91—117.

— 1972: L'urbanisation de la Tunisie. Rev. Tun. Sc. Soc., Tunis. 9 (1972), S. 9—32.

BÄHR, JÜRGEN 1971: Eine Faktorenanalyse zur Bevölkerungsstruktur, dargestellt am Beispiel Südwestafrikas. Die Erde, Berlin. 102 (1971), S. 262—285.

BAHRI, A. 1968: Le recensement algérien de 1966. Revue Algérienne des Sciences Juridiques Economiques et Politiques, Algier. 5 (1968), S. 415—427.

— 1974 a (Edit.): La population de l'Algérie. Paris. Année mondiale de la Population 1974. (Mit umfassendem Literaturverzeichnis.)

— 1974 b: Population et économie en Algérie. In: BAHRI, A. (Edit.) 1974 a: La population de l'Algérie. Paris. CICRED, S. 143—154.

BAHRI, A.; & DELLOUCI, B. 1971: L'emploi en Algérie à travers le recensement de 1966. Population, Paris. 26 (1971), S. 13—24.

BARDIN, PAUL 1944: Les populations du contrôle civil de Gafsa et leurs genres de vie. Revue de l'Institut des belles lettres arabes à Tunis (IBLA), Tunis. 26 (1944), S. 139—156; 27 (1944), S. 257—277; 28 (1944), S. 427—448.

BARDINET, CLAUDE 1967: Densités de population en Algérie au recensement de 1966. Annales Algériennes de Géographie, Algier. 2 (1967), S. 1—18.

— 1972: Problèmes démographiques de l'urbanisation en Algérie dans la période 1962—1972. Bulletin de la Société Languedocienne de Géographie, Montpellier. 6 (1972), S. 11—31.

— 1974: La répartition géographique de la population algérienne. In: BAHRI, A. (Edit.) 1974 a: La population de l'Algérie. Paris. CICRED, S. 63—85.

BARTELS, DIETRICH 1961: Zur Bevölkerungssituation Algeriens. Geographische Rundschau, Braunschweig. 13 (1961), S. 162—165.

B'CHIR, M.; BOURAOUI, A.; et al. 1973: L'influence sur le taux de fécondité du statut et du rôle de la femme dans la société tunisienne. Rev. Tun. Sc. Soc., Tunis. 10 (1973), S. 103—159.

B'CHIR, M.; & DJEMAI, H. 1977: Les migrations traditionelles chez les „Jebalias" de Matmata: Etude socio-démographique. Rev. Tun. Sc. Soc., Tunis. 14 (1977), S. 23—79.

BECKER, REINHOLD; & HERZOG, ROLF 1976: s. AFRIKA-KARTENWERK, SERIE N, BLATT 10.

BEDJAOUI, M. 1978: Le probleme de l'emploi. El Djeich. Algier. 178 (1978), S. 13—22.

BORTOLI, L.; GOUNOT, M.; et al. 1969: Climatologie et Bioclimatologie de la Tunisie septentrionale. 2 Volumes. Tunis. (Annales de INRAT-Institut Nationale de Recherches Agronomiques de la Tunisie. Vol. 42, Fascicule 1.)

BOURAOUI, ABDELHAMID 1976: Les travailleurs tunisiens en France. Analyse démographique. Rev. Tun. Sc. Soc., Tunis. 13 (1976), S. 19—36.

BREIL, M. JACQUES 1957: Etude de Démographie quantitative. La population en Algérie. Paris.
BUREAU DE RECHERCHES SOCIOLOGIQUES 1968: Les conditions de vie des mineurs de la region de Gafsa. Tunis.
CORNATON, MICHEL 1967: Les regroupements de la décolonisation en Algérie. Paris.
CORVINUS, FRIEDEMANN 1978: Regionale Analyse von Volkszählungen in Südnigeria. Gießen. (Gießener Geographische Schriften. 42.)

DAMETTE-GROUPE HUIT 1970: Les migrations dans la région minière du Sud. Rev. Tun. Sc. Soc., Tunis. 7 (1970), S. 175—207.
DELLOUCI, B.; & MEHANI, M. 1974: L'émigration algérienne. In: BAHRI, A. (Edit.) 1974 a: La population de l'Algérie. Paris. CICRED, S. 86—99.
DESPOIS, JEAN 1955: La Tunisie Orientale. Sahel et Basse Steppe. Paris.
— 1960: La répartition de la population en Algérie. Annales. Economies, Sociétés, Civilisation. Paris. 15 (1960), S. 915—926.
— 1961: La Tunisie. Paris.
DESPOIS, JEAN; & RAYNAL, RENÉ 1967: Géographie de l'Afrique du Nord-Ouest. Paris.
DIALOGUE 1976: Ce qu'il faut savoir sur la population tunisienne. Dialogue, Tunis. 80 (1976), S. 50—54.
DIRECTION DE L'AMÉNAGEMENT DU TERRITOIRE 1972: Tunis 1972—1976, Composantes actuelles objectifs quadriennaux d'aménagement. Tunis.
DOSSIERS DOCUMENTAIRES, Alger: (unregelmäßig erscheinende Zeitschrift) herausgegeben vom Ministère de l'Information et de la Culture. Hier: Volume 19—20, La Démographie Algérienne.

ECKERT, HEDI 1970: Die Medina-Gesellschaft. Versuch einer Rekonstruktion der Sozialstrukturen. Kölner Zeitschrift für Soziologie und Sozialpsychologie, Köln. 22 (1970), S. 473—499.
EL DJEICH: Tageszeitung, Algier.
EMBERGER, L. 1955: Une classification biogéographique des climats. Montpellier (Travaux de l'Institut Botanique Montpellier, 7, S. 3—43.)
EMBERGER, L.; GAUSSEN, H.; et al. 1962: Carte Bioclimatique de la Région Méditerranéenne. Paris. Herausgegeben von der UNESCO/FAO.
ENQUÊTE SUR LE NOMADISME ET PASTORALISME (1966). Unveröffentlichtes Material des Ministère d'Etat aux Plans et Finances, Alger.
EXTRAITS DE L'ANNUAIRE STATISTIQUE DE L'ALGÉRIE 1976. Herausgegeben von: République Algérienne Démocratique et Populaire. Sécrétariat d'Etat au Plan. Direction des Statistiques et de la Comptabilité Nationale (unregelmäßig erscheinend).

FAKHFAKH, FRANÇOISE 1977: Une banlieue de Tunis depuis l'independance: l'Ariana. In: Urbanisation, reseaux urbains, régionalisation au Maghreb, Tours. Volume 1 (1977), S. 1—222.
FAKHFAKH, MOHAMED 1971: Croissance urbaine de l'agglomération Sfaxienne. Rev. Tun. Sc. Soc., Tunis. 8 (1971), S. 173—191.
— 1975: Sfax et sa région: Etude de géographie humaine et économique. Paris.
— 1976: L'urbanisation, frein en Tunisie: réflexions sur les méthodes d'analyse. In: Colloque Système urbain et développement au Maghreb. (Vervielfältigtes Manuskript.)
— 1978: Villes et régions en Tunisie. Réflexions sur les méthodes d'analyse. Urbanisation, reseaux urbains, régionalisation au Maghreb, Tours. Volume 3 (1978), S. 237—242.
FRÉMONT, ARMAND 1961 a: Un petit regroupement des hautes plaines constantinoises. Cahiers de Sociologie Economique, Paris. 4 (1961), S. 93—105.
— 1961 b: La région d'Ain M'Lila dans les hautes plaines constantinoises. Mediterranée, Montpellier. 3 (1962), S. 29—64.
FRIEDMANN, J. 1966: Regional Development Policy: A Case Study of Venezuela. Cambridge, London.

GANIAGE, JEAN 1966: La population de la Tunisie vers 1860, Essai d'évaluation d'après les registres fiscaux. Population, Paris. 5 (1966), S. 857—886.

GIESSNER, KLAUS 1979: Die klima- und phytoökologische Gliederung Tunesiens. In: Natur- und wirtschaftsgeographische Forschungen in Afrika. Würzburg. (Würzburger Geographische Arbeiten. 49. S. 199—236.)
GIESSNER, KLAUS; & MENSCHING, HORST (in Vorbereitung): s. AFRIKA-KARTENWERK, Serie N, Blatt 5.
— (in Vorbereitung): s. AFRIKA-KARTENWERK, Serie N, Beiheft 5.
GLAUERT, GÜNTER 1962: Bevölkerung und Städtewesen des östlichen Maghreb im Zeitabschnitt der Entkolonisierung. (Mitteilungen der Geographischen Gesellschaft München. 47. S. 117—156.)
GROUPE HUIT 1971: Les villes en Tunisie. Tunis. 2 Bände.
— 1974: L'armature urbaine Tunisienne et son devenir. In: Villes et sociétés au Maghreb, études sur l'urbanisation. Herausgegeben von Centre de recherches et d'études sur les sociétés méditerranéennes (CRESM), Paris. S. 174—189.

HAFEMANN, DIETRICH 1977: s. AFRIKA-KARTENWERK, Serie N, Blatt 15.
— 1981: s. AFRIKA-KARTENWERK, Serie N, Beiheft 15.
HAUSER, JÜRG A. 1974: Bevölkerungsprobleme der Dritten Welt. Bern, Stuttgart. (UTB-Bd. 316.)
HERZOG, ROLF 1981: s. AFRIKA-KARTENWERK, Serie N, Beiheft 10.
HIRSCHMAN, ALBERT O. 1967. Die Strategie der wirtschaftlichen Entwicklung. Stuttgart. (Ökonomische Studien. 13.)
HOUIDI, TAÏEB; & MIOSSEC, JEAN MARIE 1976 a: L'évolution de la population tunisienne de 1966 à 1975: premiers enseignements du recensement du 8 mai 1975. Information géographique, Paris. 40 (1976), S. 129—136.
— 1976 b: La population tunisienne en 1975. Tunis. (Ministère de l'Equipement.)
HÜTTEROTH, WOLF-DIETER 1967: Die Bedeutung kollektiver und individueller Landnahme für die Ausbildung von Streifen- und Blockfluren im Nahen Osten. Beiheft zur Geographischen Zeitschrift, Wiesbaden. 18 (1967), S. 85—93.

IBRAHIM, FOUAD 1975: Das Handwerk in Tunesien. Eine wirtschafts- und sozialgeographische Strukturanalyse. Hannover. (Handbuch der Geographischen Gesellschaft zu Hannover, Sonderheft 7.)
INSTITUT NATIONAL DE LA STATISTIQUE 1971: Mouvement naturel de la population, 1961—1969. Statistiques de l'INS, série démographie. Institut National de la Statistique, Tunis. No. 1.
— 1976: Naissances, décès, mariages, divorces. Statistiques de l'INS, série démographie. Institut National de la Statistique, Tunis. No. 6.

KLUG, HEINZ 1973: Die Insel Djerba. Wachstumsprobleme und Wandlungsprozesse eines südtunesischen Kulturraumes. In: STEWIG, R.; & WAGNER, H.-G. (Hrsg.) 1973: Kulturgeographische Untersuchungen im Islamischen Orient, Kiel. (Schriften des Geographischen Institutes der Universität Kiel. 38. S. 45—87.)
KOELSTRA, R. W.; & TIELEMANN, H.-J. 1977: Développement ou migration: une enquête portant sur les possibilités de production de l'emploi dans les régions moins développées de Tunisie. Den Haag.
KULS, WOLFGANG (Hrsg.) 1978: Probleme der Bevölkerungsgeographie. Darmstadt. (Wege der Forschung. 168.)

LALUE, R.; & MARTHELOT, P. 1962: La répartition de la population tunisienne. Annales. Economies, Sociétés, Civilisations, Paris. 17 (1962), S. 283—301.
LAPHAM, ROBERT J. 1971: Family planning in Tunisia and Morocco. A summary and evaluation of the recent record. Studies in Family Planning. Population Council, New York. 2 (1971), S. 101—110.

MAISON, DOMINIQUE 1973: La population de l'Algérie. Population, Paris. 28 (1973), S. 1079—1107.
MAKLOUF, EZZEDINE 1969: L'évolution de la population de la Tunisie septentrionale depuis 1921. Milieu rural et structures de production. Rev. Tun. Sc. Soc., Tunis. 6 (1969), S. 525—560.
— 1972: Les changements récents dans le contenu socioéconomique de l'exode rural. Rev. Tun. Sc. Soc., Tunis. 9 (1972), S. 33—72.

Mansour, Ali 1977: La croissance urbaine dans la region de la capitale (Tunis). Revue tunisienne de l'Equipement, Tunis. 6 (1977), S. 84—93.

Marcoux, Alain 1971 a: Quelques éléments de la situation démographique en Tunisie 1966—1970. Rev. Tun. Sc. Soc., Tunis. 8 (1971), S. 165—172.

— 1971 b: La Croissance de la population de la Tunisie. Passé récent et perspectives. Population. Paris. 26 (1971), numéro spécial, S. 105—124.

Meckelein, Wolfgang (Hrsg.) 1971: Geographische Untersuchungen am Nordrand der tunesischen Sahara. Stuttgart. (Stuttgarter Geographische Studien. 91.)

Mensching, Horst 1971: Der Maghreb. Eine regionalgeographische Einführung. Geographische Rundschau, Braunschweig. 23 (1971), S. 289—296.

— 1979: Tunesien. Eine geographische Landeskunde. Darmstadt. (Wissenschaftliche Länderkunden. 1, 1. Aufl. 1968.)

Mertins, Günter (Hrsg.) 1978: Zum Verstädterungsprozeß im nördlichen Südamerika. Marburg. (Marburger Geographische Schriften. 77.

Monchicourt, Ch. 1906: La steppe tunisienne chez les Fraichich et les Majeur. Bulletin de la Direction de l'Agriculture, Tunis. (1906), S. 38—76 und S. 156—199.

— 1913: La région du Haut Tell en Tunisie. Paris.

Myrdal, Gunnar 1974: Ökonomische Theorie und unterentwickelte Regionen. Weltproblem Armut. Frankfurt am Main.

Negadi, G. 1974: Les sources de la démographie en Algérie. In: Bahri, A. (Edit.) 1974 a: La population de l'Algérie. Paris. CICRED, S. 5—15.

Negadi, G.; Tabutin, D.; et al. 1974: La situation démographique de l'Algérie. In: Bahri, A. (Edit.) 1974 a: La population de l'Algérie. Paris. CICRED, S. 16—62.

Picouet, Michel 1970: Description et analyse rapide des migrations intérieures en Tunisie. Tunis. (Institut National de la Statistique.)

— 1971 a: Aperçu des migrations intérieures en Tunisie. Population, Paris. 26 (1971), numéro spécial, S. 125—148.

— 1971 b: Les migrations intérieures en Tunisie. Revue Tunisienne d'économie et de statistique, Tunis. 1 (1971), S. 113—128.

Poncet, Jean 1962: Paysages et problèmes en Tunisie. Tunis.

Prenant, André 1976: Essai d'évaluation et d'interprétation de la croissance urbaine en Algérie 1966—1974. Alger. (Sécrétariat d'Etat du Plan.)

— 1978: Aspects de la croissance relative des petits centres urbains en Algérie. Urbanisation, reseaux urbains, régionalisation au Maghreb, Tours. 3 (1978), S. 123—146.

Recensement Général de la Population et de l'Habitat 1966.. Oran. 1967—1971. Série I, 17 Volumes; Série A, 8 Volumes; Série B, 4 Volumes; Série D, 2 Volumes; herausgegeben: Republique Algérienne Démocratique et Populaire. Direction des Statistiques.

Recensement Général de la Population et de l'Habitat 1966. Oran, 1967. Volume I. Démographie, Générale, Instruction.

Recensement Général de la Population de la Tunisie (1er Février 1956). Répartition géographique de la population. Tunis (1957). Herausgegeben von: Institut National de la Statistique.

Recensement Général de la Population et des Logements (3 Mai 1966). Tunis. 1969 (zahlreiche Bände). Herausgegeben von: Sécrétariat d'Etat au Plan et à l'Economie Nationale. Direction Générale du Plan. Section des Statistiques Démographiques.

Recensement Général de la Population et des Logements. 2me fascicule. Tunis, 1969. Herausgegeben von Sécrétariat d'Etat au Plan et à l'Economie Nationale. Direction Générale du Plan, Section des Statistiques Démographiques.

Recensement Général de la Population (3 Mai 1966). 3me fascicule. Migration. Tunis 1969. Herausgegeben vom Sécrétariat d'Etat au Plan et aux Finances. Direction Générale du Plan. Division de la Démographie et des Statistiques Sociales.

Recensement Général de la Population et des Logements (3 Mai 1966). Résultats Généraux, 3ᵐᵉ partie. Characteristiques Economiques, Tunis. 1969. Herausgegeben von Sécrétariat d'Etat au Plan et à l'Economie Nationale. Direction Général du Plan. Section des Statistiques Démographiques.

Recensement Général de la Population et des Logements, 8 Mai 1975. Population par division administrative. Tunis. (1976). Herausgegeben vom Institut National de la Statistique.

Sarel-Sternberg, B. 1961: Les Oasis du Djerid. Cahiers Internationales de Sociologie (1961), S. 131—145.
— 1963: Semi-nomades du Nefzaoua. In: Nomades et Nomadisme au Sahara. Recherches sur la zone aride. Paris. UNESCO, S. 123—133.
Schmid, Josef 1976: Einführung in die Bevölkerungssoziologie. (Rowohlt-Studium. 98.)
Schweizer, Günter 1971: Bevölkerungsentwicklung und Verstädterung in Iran. Geographische Rundschau, Braunschweig. 23 (1971), S. 343—353.
— 1977: Bevölkerungsverteilung Vorderer Orient. Tübinger Atlas des Vorderen Orients (TAVO). Blatt A VIII 2. Wiesbaden.
— 1978: Bevölkerungsverteilung im Vorderen Orient. Geographische Rundschau, Braunschweig. 30 (1978), S. 98—100.
Seklani, Mahmoud 1961: La population de la Tunisie. Situation actuelle et évolution probable jusqu'en 1986. Population, Paris. 16 (1961), S. 473—504.
— 1965: Quelques données démographiques sur la population tunisienne. Confluent, Rabat. 50 (1965), S. 190—199.
— 1966 a: Les sources et les données fondamentales de la démographie tunisienne. Portée et limites. Rev. Tun. Sc. Soc., Tunis. 3 (1966), S. 7—51.
— 1966 b: Problèmes démographiques et développement. Rev. Tun. Sc. Soc., Tunis. 3 (1966), S. 115—134.
— 1970 a: Les migrations dans la région minière du sud. Rev. Tun. Sc. Soc., Tunis. 7 (1970), S. 175—207.
— 1970 b: Concepts de dimension de la famille et planning familial à Tunis. Rev. Tun. Sc. Soc., Tunis. 7 (1970), S. 39—66.
— 1974: La population de la Tunisie. Tunis. Comité International de Coordination des Recherches Nationales de Démographie (CIRCRED) — Année mondiale de la population 1974.
— 1976: Economie et population du Sud tunisien. Paris.
Sethom, Hafedh 1974: Les fellahs de la presqu'ile du Cap-Bon. Paris. (Thèse Doctorat d'Etat Paris VII.)
Sethom, Nourreddine 1978: Les investissements et l'emploi touristiques dans la zone de Nabeul-Hammamet. Rev. Tun. Sc. Soc., Tunis. 15 (1978), S. 155—170.
Signoles, Pierre 1972: Migrations intérieures et villes en Tunisie. Les cahiers de Tunisie, Tunis. 20 (1972), S. 207—240.
— 1973: Le Système Urbain Tunisien. Quelques éléments d'approche. Bulletin de la Sociéte Languedocienne de la Géographie, Montpellier. 7 (1973), S. 15—45.
— 1975: Villes, industries et organisation de l'espace en Tunisie. Travaux du Centre Géographique d'Etudes et de Recherches Rurales, Poitiers. 5 (1975), S. 19—81.
Simon, Gildas 1957: Etat et perspectives de l'émigration tunisienne. Tunis. (Ministère du Plan.)
Stambouli, Fredj 1967: Urbanisme et développement en Tunisie. Rev. Tun. Sc. Soc., Tunis. 4 (1967), S. 77—107.
Stambouli, Fredj & Zghal, Abdelkader 1974: La vie urbaine dans le Maghreb précolonial. In: Villes et sociétés au Maghreb. Etudes sur l' urbanisation. (CNRS), Centre National de Recherches Scientifiques Paris. S. 191—213.
Statistisches Bundesamt 1978 a: Länderkurzbericht Algerien 1978. Wiesbaden.
— 1978 b: Länderkurzbericht Tunesien 1978. Wiesbaden.
— 1978 c: Statistisches Jahrbuch 1978 für die Bundesrepublik Deutschland. Wiesbaden.
Strahm, Rudolf 1978: Überentwicklung — Unterentwicklung. Stein/Mfr.

SUPPLÉMENT AU BULLETIN TRIMESTRIEL DE STATISTIQUE. Alger. Herausgegeben vom Sécrétariat d'Etat au Plan et à l'Economie Nationale, Services des Statistiques, Alger.

TAUBERT, KARL 1967: Der Sahel von Sousse. Hannover. (Jahrbuch der Geographischen Gesellschaft zu Hannover für 1967.)

TRABELSI, MOSHEN 1976: L'exode rural et son impact sur le développement des villes régionales: l'exemple de Kairouan. Rev. Tun. Sc. Soc., Tunis. 13 (1976), S. 147—171.

TREBOUS, MADELAINE 1970: Migration and Development. The Case of Algeria. Manpower requirements in Algeria and vocational training in Europe. Paris. (OECD Development Center Studies.)

VALLIN, JACQUES 1971 a: Limitation des naissances en Tunisie. Efforts et résultats. Population, Paris. 26 (1971), numéro spécial, S. 181—204.
— 1971 b: L'enquête nationale démographique tunisienne. Population, Paris. 26 (1971), numéro spécial, S. 205—244.
— 1971 c: Les motifs du sous-enregistrement des naissances et décès à l'état civil: une éxperience tunisienne. Population, Paris. 26 (1971), numéro spécial, S. 246—266.

VERSCHIEDENE VERFASSER 1971: Le Maghreb. Population, Paris. 26 (1971), numéro spécial, S. 9—244.
— 1972: La démographie algérienne. Alger. Dossiers Documentaires. Edité par le Ministère de l'Information et de la Culture. 19/20. 93 S.

WAGNER, HORST-GÜNTER 1971 a: Bevölkerungsentwicklung im Maghreb. Geographische Rundschau, Braunschweig. 23 (1971), S. 297—305.
— 1971 b: Das Siedlungsgefüge im südlichen Ostalgerien (Nememcha). Erdkunde. Archiv für wissenschaftliche Geographie, Bonn. 25 (1971), S. 118—135.
— 1972: Postkoloniale Wandlungen der Siedlungsstruktur im östlichen Maghreb. Wiesbaden. (Tagungsbericht und wissenschaftliche Abhandlungen des Deutschen Geographentages 1971. S. 335—345.)
— 1973: Die Souks in der Medina von Tunis. Versuch einer Standortanalyse von Einzelhandel und Handwerk in einer nordafrikanischen Stadt. In: STEWIG, R.; & WAGNER, H.-G.: Kulturgeographische Untersuchungen im islamischen Orient. Kiel. (Schriften des Geographischen Institutes der Universität Kiel, Bd. 38, S. 91—142.)
— 1976: s. AFRIKA-KARTENWERK, Serie N, Blatt 8.
— (in Vorbereitung): s. AFRIKA-KARTENWERK, Serie N, Blatt 9.
— (in Vorbereitung): s. AFRIKA-KARTENWERK, Serie N, Beiheft 9.

WANDER, HILDE 1965: Die Beziehungen zwischen Bevölkerungs- und Wirtschaftsentwicklung, dargestellt am Beispiel Indonesiens. Tübingen. (Kieler Studien. Forschungsberichte des Instituts für Weltwirtschaft an der Universität Kiel. 70.)
— 1969: Bevölkerungsprobleme im Wirtschaftsaufbau kleiner Länder. Das Beispiel Jordanien. Tübingen. (Kieler Studien. Forschungsberichte des Instituts für Weltwirtschaft an der Universität Kiel. 99.)

WELTBANK 1978: World Bank Atlas. Population, Per Capita Product, Growth Rates. Washington.
— 1979: World Atlas of the Child. Washington.

WIRTH, EUGEN 1973: Die Beziehungen der orientalisch-islamischen Stadt zum umgebenden Lande. Ein Beitrag zur Theorie des Rentenkapitalismus. Geographische Zeitschrift, Wiesbaden. Beiheft. 33 (1973), S. 323—333.

WITT, WERNER 1970: Thematische Kartographie. Methoden und Probleme, Tendenzen und Aufgaben. Hannover. (Veröffentlichungen der Akademie für Raumforschung und Landesplanung. Abhandlungen. 49.)

ZGHAL, ABDELKHADER 1967: Modernisation de l'Agriculture et populations semi-nomades. Den Haag.

Kartenverzeichnis

Carte de l'Algérie 1:50 000, Type 1922, Edition 1950. Sämtliche Blätter Ostalgeriens. Ministère des Travaux Publics et des Transports. Institut Géographique National. Paris.

Carte de l'Algérie 1:200 000, Type 1960. Ministère des Travaux Publics et des Transports. Institut Géographique National. Paris.

Carte de l'Algérie 1:500 000, Type Tourisme, Edition 1957. Ministère des Travaux Publics et des Transports. Institut Géographique National. Paris.

Carte de l'Algérie. Limites Administratives. Ministère des Finances et du Plan. Commissariat National au Recensement de la Population Service de Cartographie Urbanisme. Alger, 1968.

Carte de Tunisie 1:50 000, Type 1922, Edition 1957, 1959. Sämtliche Blätter. Ministère des Travaux Publics et des Transports. Institut Géographique National. Paris.

Carte de Tunisie 1:50 000, Type 1922, Edition 1963. Vorhandene Blätter. Sécrétariat d'Etat aux Travaux Publics et à l'Habitat. Service Topographique. Tunis.

Carte de Tunisie 1:200 000, Edition 1932. Sämtliche Blätter. Ministère des Travaux Publics et des Transports. Institut Géographique National. Paris.

Carte de Tunisie 1:500 000, Edition 1948, 1954. Ministère des Travaux Publics et des Transports. Institut Géographique National. Paris.

Carte de Tunisie 1:500 000, Edition 1965. Sécrétariat d'Etat aux Travaux Publics et à l'Habitat. Service Topographique. Tunis.

Carte internationale du monde 1:1 000 000. Tunis Sfax (NS-31/32; NI 32); Ministère des Travaux Publics et des Transports. Institut Géographique National. Paris 1967.

Carte de Tunisie. Limites Administratives 1:750 000. Sécrétariat d'Etat au Plan et à l'Economie Nationale. Direction Générale du Plan. Service des Statistiques Démographiques. Tunis. 1966.

Carte de Tunisie. Limites Administratives 1:750 000. Sécrétariat d'Etat au Plan et à l'Economie Nationale. Direction Générale du Plan. Service des Statistiques Démographiques. Tunis. 1975.

Carte de la „Densité de Population". Centre d'Etudes et de Recherches Economiques et Sociales (CERES). Tunis. 1969.

Summary

Methodological Concept of Map N 8, Population Geography

The methodological concept of Map N 8, Population Geography, of the AFRIKA-KARTEN-WERK had, on the one hand, to take into consideration the contents of the Algerian and Tunisian population censuses of 1966, which are in both countries based on equivalent data. On the other hand, the cartographic representation had to reflect the actual spatial population distribution i. e. basically the settlement pattern. The latter is divided over the whole Map Section into three basic settlement units: towns, non-urban compact settlement centres and dispersed settlements. The statistical data base is adequate to show in detail the above localization of settlements.

1 Analysis of the Population Censuses in Tunisia and Algeria

The 1966 census was carried out in the census districts of both Tunisia and Algeria at three different administrative levels. The largest administrative units of Tunisia, the 13 "governorates", contained a total of 97 "delegations". The lowest-ranking adminstrative unit was the "cheikat". Algeria had a similarly ranked division at the time of the 1966 census, in the order of "wilaya, daira and commune". These administrative units largely correspond to those in Tunisia. The basically clear-cut division has, however, one considerable complication in that the urban settlement areas in Tunisia are frequently dissected by the administrative areas mentioned above. Thus, for example, the population of the city of Kairouan belongs to several cheikats, the boundaries of which converge radially in the city centre. As the peripheral areas of these cheikates extend far into the sparsely populated basin of Kairouan, and thus about three quarters of the cheikats include non-urban areas, the adjustment of the "statistical population density" to the actual settlement structure posed difficulties. A direct take-over of the cheikat population figures obtained in the census, for use in a relative cartographic representation (such as population density) was therefore not considered practicable. The map produced by ATTIA (1969), with no reference to this peculiarity, is unsatisfactory since it neither represents the population density nor assesses the spatial settlement patterns.

From the very beginning the concept of Map N 8 was therefore based on the aim of representing the population distribution as realistically as possible according to actual residential distribution, settlement structure, and their spatial pattern. This aim was to be pursued unmodified even if certain inaccuracies were to occur because of different conversion procedures. These sources of error, however, proved to be acceptably small when the cheikat data were later "converted" into actual quantities according to the settlement structure. The full range of tables from the Tunisian 1966 census was invaluable in achieving this aim. The population of a cheikat i. e. the lowest administrative unit, is divided into "population communale" and "population non cummunale". "Communes" are larger settlement centres i. e. towns, large villages and market places which have been given a municipal constitution by decree. In the cheikat statistics of the 1966 census these communes are numbered with the population proportion belonging to each cheikat and the communes are named separately. With the help of the official Map 1 : 50,000 the population figures counted for the various cheikats belonging to the one commune could be added and comparatively accurately localized.

The census data also facilitated, with the aid of the topographic maps, the localization of the population of the smaller rural centres and market towns of non-municipal status. Because of the regionally dominant settlement types, however, it was necessary to break down the figure of the "population rurale" given for each cheikat. This figure denotes first the population in the above-mentioned non-municipal settlement centres and secondly the rural population living in dispersed settlements. The interpretation of aerial photographs, which were made available in the required quantity and regional selection by the Service Topographique (Tunis), greatly facilitated adequate transfer of the statistical census data to the various settlement types within one cheikat. In this way it was possible to correlate very accurately data from fieldwork, map and air photo interpretation with the census figures at the lowest administrative level (cheikats). Examples were systematically developed for each settlement area. The coordination values for population and settlement could then be transferred on to the neighbouring areas. Final cartography was first done on the topographic map 1 : 50,000, then transferred to scale 1 : 200,000 and lastly transferred with the final symbols on to the map at scale 1 : 500,000. Reduction to the final map scale of 1 : 1 mill. was done photomechanically.

The published and the available, but unpublished, results of the population census in Algeria, carried out at the same time as the Tunisian census, posed considerably fewer problems, especially since compact settlement units here are seldom dissected by administrative boundaries, and so the census data could be used directly. As far as size is concerned the lowest administrative units in Algeria, the "communes", are comparable with the Tunisian "cheikats". Thus the corresponding data from both countries could be used with a high degree of comparability as a basis for the representation of the population density. An additional demarcation had to be drawn in the south of the East Algerian map section, or more precisely on the southern slopes of the Aurès mountain range and east of there in the transitional zone between the high steppe areas of the Nememcha and the north Sahara Chott region. Here the boundaries of the lowest-ranking census districts (communes) had not been precisely mapped at the time of the census. In addition it was neccessary to allow for a population and settlement density which decreases towards the south. For this reason it was decided to separate the two lowest density-area values by an additional dividing-line.

2 Method of Representation

In the next stage the following problem had to be clarified. The committee of the AFRIKA-KARTENWERK coordinating the authors of the Population Maps had decided on a combined relative and absolute representation of the population. The question was whether by means of both methods the same data material was to be represented merely using two different techniques of thematic cartography or whether by differentiated and supplementary use of the localised census data an additional assessment could be made of the residential distribution, and the settlement and economic structures. The latter approach was preferable because the author also had the task of producing the Map of Settlement Geography along with the Population Map. Furthermore, the fieldwork for these projects had been carried out in cooperation with the author of the Economic and Traffic Maps in Series N (A. ARNOLD).

Although the data processing was difficult and lengthy, the author was encouraged by the relatively good fieldwork experience in the widely varying settlement areas of the study region. Consequently, the following methodological concept of representation could be formulated:

— The population of the towns, the larger central places, market places and large villages (Sahel of Sousse) were to be mapped only by means of an absolute representation. The lowest population limit of the settlement centres in this group was fixed at 5,000 inhabitants. This threshold value not only permits realistic consideration of the actual settlement structure but it also proves to be a frequently recurring value in the census data for the "population communale".

The population of settlement units with fewer than 5,000 inhabitants could then be represented in two ways:

a) First, the spatial transfer was carried out using the official topographic map data, by the method described above. Each larger dot represents an actual settlement unit (e. g. a village) with about 1,000 inhabitants. Each smaller dot refers to units of 250 people who may live in several small settlement groups. The spatial concentration or spread of the dots corresponds with the regionally dominant type of settlement structure. The settlement area types are explained in detail in Map N 9 of the AFRIKA-KARTENWERK, which deals with Settlement Geography (H.-G. WAGNER 1981).

b) Secondly, the rural population total, which was calculated for each area unit at the lowest adminstrative level, could be used for a relative representation. Thus the population density, expressed by seven graded (coloured) values, represents the population of areas with dominant agricultural structure. The coloured density areas on the Map therefore correspond only with the larger and smaller dots, and not with the black quadratic symbols.

The method which is applied in this research and which is occasionally referred to in the relevant text books on thematic cartography (ARNBERGER 1966, WITT 1970) has the following advantages as regards the economic area dealt with here.

— Distortions, which usually occur when figures of urban population concentrations are transferred on to large, corresponding administrative units, were able to be avoided in the relative representation. Errors of this kind might have occurred especially in the central steppe areas and in the north Sahara oasis regions. Here the settlement centres are frequently situated in very large but only sparsely populated administrative units (cf. above example of Kairouan).

— Representation of population density by means of isolines was avoided for several reasons. The smallest given administrative units (cheikats in Tunisia and communes in

Algeria, which are comparable in size) give an impression of the population distribution, which shows areal variations in sufficient detail. In view of the scale of 1 : 1 mill. the plotting of isolines would have been too inaccurate. Besides, isolines might have given an impression of continuity i. e. a constant change in the population density from spot to spot, which does not exist. In reality frequent and considerable breaks in density can be observed. Therefore the density-grade representation (ARNBERGER 1966, p. 259) appeared to be the best method.

— By showing the central-peripheral gradation clearly, this method is sufficiently accurate to represent the urbanization radiating from the five major urban regions (Bizerte, Tunis, Nabeul, Sousse and Sfax). As mentioned earlier, the procedure adopted here facilitates a relatively precise classification of the population and settlement structure according to type and area.

The methodological concept of the Map, Population Geography, in Series N (North Africa) of the AFRIKA-KARTENWERK corresponds with the parallel cartographic representations of the Maps in Series E, S and W (East, South and West Africa). The threshold values of the density grades, the colouring of the density areas in the relative representation as well as the sizes of the symbols (dots, squares) in the absolute representation have been largely coordinated. Differences only arise when, for example, in Sheet W 8 (West Africa) darker colours had to be added to the top end of the density scale, due to the higher population density in that area. Deviations in the representation elements can, of course, also result from the variations in the statistical base data. Besides, other natural geographical influences on the settlement structure in Sheet E 8 (East Africa) appear to favour isoline representation.

3 Fieldwork

As mentioned above, the fieldwork was carried out jointly by A. ARNOLD and H.-G. WAGNER to produce the four Maps of Economic, Traffic, Settlement and Population Geography of the AFRIKA-KARTENWERK. Thus regionally differentiated information could be gathered first of all on the interdependent relationships between the economic spatial classification on the one hand, and the settlement and population structure on the other. The latter two complexes were subjected to detailed analysis. As far as area and time were concerned, the fieldwork was organised in such a way that each economic spatial type and thus each settlement type could be analysed within the framework of a case study. The topographic map 1:50,000 enabled the author to classify cartographically the specific settlement forms, using as a base the economic and natural geographical conditions, the historical development trends and the contemporary structural changes.

A full selection of aerial photographs was not available during the fieldwork but a sufficient quantity was obtained for use during the processing phase. In the case of the larger and smaller urban centres, large-scale site plans were kindly put at our disposal by the town planning offices. With the aid of these documents special mapping could be done which provided, particularly for the peripheral area of agglomerations, special information about settlement structure, population distribution and migration processes (cf. H.-G. WAGNER 1971 a, b. 1972. 1973).

Résumé

Conception méthodique de la carte N 8 «Géographie de la population»

La méthode de conception de la carte N 8 «Géographie de la population» de l'AFRIKA-KARTENWERK a été déterminée, d'une part, par les contenus des recensements de la population de 1966 survenus en Algérie et en Tunisie et dont les données sont équivalentes. D'autre part, la représentation cartographique devait correspondre à la répartition géographique réelle de la population, c'est à dire essentiellement, à la diversité de la structure de l'habitat. Elle se divise en trois unités fondamentales: agglomérations urbaines; agglomérations non-urbaines rurales; points d'habitat dispersés. La division du matériel statistique de base a été suffisante pour faire ressortir d'une façon détaillée ce schéma de localisation de la fonction humaine fondamentale «habitat».

1 Exploitation des chiffres des recensements de la population en Tunisie et en Algérie

Le recensement de 1966 a été réalisé aussi bien en Tunisie qu'en Algérie, du point de vue territorial, suivant trois niveaux administratifs différents. Les 13 «Gouvernorats», en tant que les plus grandes unités administratives tunisiennes, englobaient en tout 97 «Délégations». L'unité adminstrative la plus petite était la «cheikhat». Au moment du recensement de 1966, une division d'une gradation semblable existait en Algérie: «Wilaya, Daira, Commune». Pour la superficie, ces unités administratives correspondent dans une large mesure à celles de la Tunisie. Cette classification, au fond bien claire, se complique pourtant considérablement par le fait décisif suivant: Les régions urbaines en Tunisie sont souvent traversées par les frontières des zones adminstratives mentionnées ci-dessus. C'est ainsi p. ex. que la population de la ville de Kairouan est comprise dans plusieurs cheikhate dont les frontières se rejoignent en étoile dans le centre de la ville. Comme chacune de ces cheikhate s'étire avec sa périphérie dans le bassin de Kairouan à faible densité de population, c'est à dire qu'environ 3/4 de leur superficie couvrent des aires non-urbaines, l'adaptation de la «densité statistique officielle» à la structure de l'habitat réelle s'est révélée difficile. Une prise en compte directe des chiffres de la population des cheikhate inscrits dans le recensement dans une représentation cartographique relative (densité de la population) n'était donc pas indiquée. La carte élaborée par ATTIA (1969), sans qu'il ait été tenu compte de cette particularité, se révèle peu satisfaisante, car elle ne traduit ni la densité réelle pas plus qu' elle n'évalue les divers types de la structure de l'habitat à leur juste valeur.

La conception de la présente carte N 8 avait, dès le début, pour objet de représenter la répartition de la population d'une manière la plus proche possible de la réalité d'après la répartition des habitations, d'après la structure de l'habitat et sa répartition géographique. Cette donnée du problème ne devait pas être modifiée même si certaines inexactitudes devaient apparaître à la suite de différents processus de conversion. Ces sources d'erreurs se révélèrent pourtant sans grandes conséquences lors de la «conversion par estimation» des données pour les cheikhate en quantités réelles correspondant à la structure de l'habitat. Une aide décisive pour atteindre ce but a été offerte par l'éventail même de tableaux du recensement tunisien de 1966. La population d'une cheikhat, c'est à dire l'unité administrative la plus petite, est ditinguée en «population communale» et en «population non-communale». Les «communes» sont des centres d'habitat plus grands, c'est à dire des villes, de gros villages et des bourgs, qui ont reçu par décret un statut municipal. Dans la statistique des cheikhate établie lors du recensement de 1966, ces communes sont dénommées et le nombre de la population rattachée à la cheikhat correspondante est chiffré. A l'aide de la carte topographique au 50 000ᵉ il a été donc possible d'additionner les nombres de la population comptés dans les différentes cheikhate mais appartenant à une et même commune et de les localiser avec assez d'exactitude.

En outre, ces données du recensement permettent, d'une manière semblable, de localiser, à l'aide des cartes topographiques, la population des centres ruraux plus petits et des bourgs non-érigés en communes. A ce propos, il a été cependant nécessaire de répartir, en raison des types d'habitat régionaux prépondérants, le nombre de la population rurale indiqué par cheikhat. Cette valeur comprend d'abord la population des centres d'habitat non-communaux tels que mentionnés et ensuite la population agricole vivant en habitat dispersé. Une facilité essentielle, pour une affectation spatiale satisfaisante des données démographiques de la statistique aux différents types d'habitat à l'intérieur d'une cheikhat, a été fournie par l'exploitation des photos aériennes qui ont été mises à notre disposition par le Service Topographique de Tunis, en une quantité voulue et avec un choix par région désiré. De cette façon il a été possible de mettre en corrélation très exacte l'expérience sur le terrain et l'exploitation des cartes et des photos aériennes avec les données du recensement du niveau administratif le plus bas (cheikhate). Des exemples, pour chaque espace d'habitat, ont été développés d'une manière systématique. Les valeurs de classement qui en ont résulté pour la population et l'habitat ont pu ainsi être transposées à des régions avoisinantes. Les résultats ont d'abord été fixés sur la carte topographique au 50 000ᵉ, puis portés à l'échelle à 1/200 000 et enfin transposés — avec les signes définitifs — sur la carte à 1/500 000. La réduction à l'échelle définitive à 1/1 000 000 a eu lieu au moyen photomécanique.

Les résultats publiés et ceux disponibles mais non-publiés, du recensement en Algérie, réalisé en même temps que celui effectué en Tunisie, comportaient beaucoup moins de difficultés. En particulier, des centres d'habitat agglomérés y sont rarement coupés par des limites administratives, de sorte que les données du recensement ont pu être utilisées directement. Les plus petites unités administratives en Algérie, c'est à dire les communes, correspondent par ordre de grandeur aux «cheikhate» de la Tunisie. C'est pourquoi les données correspondantes des deux pays ont pu être employées comme base de représentation pour la densité de la population avec une bonne comparabilité. Une délimitation supplémentaire a du être introduite dans le Sud de la partie de la feuille représentant l'Est algérien, c'est à dire sur le versant Sud des Aurès et — à l'Est de celui-ci — dans la zone de transition de la région des Hautes Steppes des Nememcha vers la région des chotts du Sahara septentrional. Ici, au moment du recensement de 1966, les limites des circonscriptions les plus basses dans l'échelle de la division administrative (communes) n'étaient pas fixées cartographiquement avec exactitude. En outre, il s'avéra nécessaire de faire ressortir d'une manière exacte une densité de population et d'habitat de plus en plus faible vers le Sud. C'est pourquoi il convenait ici de séparer les deux échelons inférieurs de densité de la population par une limite supplémentaire.

2 Méthode de représentation

Dans la phase de travail suivante, la question ci-après devait être clarifiée. La commission de coordination des rédacteurs des cartes de la population de l'AFRIKA-KARTENWERK avait convenu d'une représentation combinée — relative et absolue — de la population. Devait-on traduire uniquement, par ces deux méthodes, le même matériel statistique par deux différentes techniques thématiques-cartographiques ou alors est-ce qu'une utilisation différenciée complémentaire des données locales de recensement pouvait permettre de faire figurer des indications supplémentaires quant à la répartition des habitations, à la structure de l'habitat et de l'économie. La deuxième voie s'est offerte ainsi parce que l'auteur avait à élaborer, parallèlement à la carte de la population, celle de l'habitat, et les travaux sur le terrain à cet effet avaient été effectués ensemble avec l'auteur de la carte de la géographie économique et des transports de la série N (A. ARNOLD).

Malgré la difficile et longue préparation des données, pourtant encouragé par la relativement bonne expérience sur le terrain dans les régions de l'habitat les plus diverses de la zone d'étude, la conception de la méthode de présentation a pu être formulée de la manière suivante:

— La population des villes, des plus grands centres d'habitat («Zentrale Orte»), des bourgs et des gros villages (le Sahel de Sousse) devait être uniquement représentée dans une forme absolue. La limite inférieure des noyaux d'habitat à rattacher à ce groupe fut fixée à 5 000 habitants. Cette valeur seuil permet non seulement une considération réaliste de la structure réelle de l'habitat, mais encore, elle se révéla être aussi, dans les données de recensement pour la population communale, une valeur seuil qui revient souvent.

— La population des éléments d'habitat, avec un ordre de grandeur inférieur à 5 000 habitants chacun, a pu être ainsi représentée de deux façons:

a) Tout d'abord il a été procédé, suivant la méthode ci-dessus décrite, à un classement spatial à l'aide des cartes topographiques officielles. Chacun des plus grands points représente des unités d'habitat réelles (p. ex. des villages) avec environ 1 000 habitants, le type de point plus petites comprend chacun 250 personnes qui, éventuellement, vivent dans plusieurs petits groupes d'habitat. La concentration spatiale ou la dispersion des points, correspond au type de la structure d'habitat dominant régionalement. Dans la carte N 9 de l'AFRIKA-KARTENWERK, traitant de la géographie de l'habitat (H.-G. WAGNER 1981), ces types d'habitat sont commentés en détail.

b) Deuxièmement, le nombre de la population rurale calculé pour la plus petite unité administrative a pu être utilisé pour une représentation relative. La densité de la population comprend alors, séparée suivant 7 échelons de densité des surfaces de couleur, la population de l'espace qui possède une structure de prépondérance agricole. Les surfaces de couleur, indiquant la densité, correspondent ainsi sur la carte seulement aux petits et gros points et non pas aux symboles noirs carrés.

La méthode ici employée et qui est mentionnée isolément dans les manuels relatifs à la cartographie thématique (ARNBERGER 1966, WITT 1970) a à son actif, eu égard à l'espace économique à étudier, les avantages suivants:

— Des altérations, qui surviennent habituellement lors des conversions des chiffres relatifs aux concentrations de population urbaine sur des grandes unités administratives correspondantes, ont pu être évitées dans la représentation relative. Des erreurs de ce genre se seraient produites en particulier dans la région des steppes centrales ainsi que dans les zones des oasis du Sahara septentrional. Ici, les centres d'habitat sont situés dans des unités administratives très grandes mais seulement faiblement peuplées (voir l'exemple de Kairouan ci-dessus).

— Pour de multiples raisons on a renoncé à représenter les lignes réunissant les points de même densité de population. Les plus petites unités administratives données (cheikhate en Tunisie, communes en Algérie, comparables dans leurs dimensions) donnent une image de la répartition de la population suffisamment différenciée sur des petites étendues. Etant donné l'echelle de 1/1 000 000, la construction de lignes réunissant les points de même densité n'aurait été possible qu'avec un risque d'une inexactitude très grande. En outre, ces lignes laisseraient croire à un continuum, c'est à dire à une modification constante de la densité de population d'un point spatial à un autre, ce qui n'existe pas en réalité. Au lieu de cela, on peut souvent observer de grands bonds de densité. La représentation des échelons de densité (ARNBERGER 1966, p. 259) semblait ainsi la meilure méthode.

— L'urbanisation, rayonnante autour des 5 grandes régions urbaines (Bizerte, Tunis, Nabeul, Sousse, Sfax), peut être assez exactement représentée par la méthode ici choisie, car il est possible de mettre bien en évidence les gradations du centre vers la périphérie. Comme il a été déjà mentionné, le procédé employé ici rend possible d'établir un rapport relativement exact, quant aux types et à l'espace, entre la population et la structure de l'habitat.

Quant à la méthode, la conception de la carte de la géographie de la population de la série N (Afrique du Nord) de l'AFRIKA-KARTENWERK correspond aux représentations parallèles des cartes des séries E, S et W (Afrique de l'Est, du Sud et de l'Ouest). Les valeurs seuil des échelons de densité et les coloris des surfaces de densité dans la représentation relative ainsi que la grandeur des symboles (points et carrés) dans la représentation absolue sont largement coordonnées. Des différences surviennent seulement dans la mesure où dans la feuille W 8 (Afrique de l'Ouest) p. ex. l'échelle de densités a dû être prolongée vers le haut, c'est à dire dans des coloris plus foncés par suite de la densité de population dans l'ensemble plus élevée dans cette région. Des éléments divergents de représentation résultant aussi, bien entendu, de la variation des données statistiques de base. En outre, et en raison d'autres influences naturelles sur la structure de l'habitat dans la région de la feuille E 8 (Afrique de l'Est), une représentation des lignes réunissant les points de même densité semblait opportune.

3 Travaux sur le terrain

Comme déjà mentionné plus haut, les recherches sur place pour l'élaboration des 4 cartes: géographie économique, des transports, de l'habitat et de la population, ont été menées en commun par les deux auteurs (A. ARNOLD, H.-G. WAGNER). C'est pourquoi, des connaissances, différenciées par régions, sur les relations interdépendantes entre le classement des espaces économiques, d'une part et la structure de l'habitat et de la population, d'autre part, ont été tout d'abord rassemblées. Dans le détail, les deux sujets cités en dernier, ont été soumis à une analyse approfondie. Les recherches sur place avaient été organisées, dans l'espace et dans le temps, de manière que chaque type d'espace économique et avec cela, en fin de compte, aussi chaque type d'habitat, pouvait être analysé dans le cadre de l'étude d'un cas. A l'aide de l'ensemble des cartes topographiques à 1/50 000 il a été procédé déjà sur le terrain à une description cartographique typée des genres d'habitat spécifiques en fonction des bases économiques et physiques, des lignes de développement historiques et des modifications contemporaines des structures.

Des photos aériennes n'étaient pas encore entièrement disponibles pendant les recherches sur le terrain, mais elles ont été pourtant utilisées dans une large mesure au moment de l'élaboration de la carte. Dans les zones des centres urbains, plus grands et plus petits, des plans cadastraux à grande échelle avaient été aimablement mis à notre disposition par les offices d'aménagement du territoire. A l'aide de ces documents il a été possible d'effectuer des levés cartographiques spéciaux qui ont permis d'obtenir, notamment pour la périphérie des agglomérations, des connaissances particulières sur la structure de l'habitat, la répartition de la population et les processus de migrations (voir H.-G. WAGNER 1971 a, b, 1972, 1973).